TEAC

SWAHILI AND ENGLISH

DICTIONARY

CONCISE SWAHILI AND ENGLISH DICTIONARY

Swahili–English/English–Swahili

D. V. Perrott

TEACH YOURSELF BOOKS

For UK order queries: please contact Bookpoint Ltd, 39 Milton Park, Abingdon, Oxon OX14 4TD. Telephone: (44) 01235 400414, Fax: (44) 01235 400454. Lines are open from 9.00-6.00, Monday to Saturday, with a 24 hour message answering service. Email address: orders@bookpoint.co.uk.

For U.S.A. and Canada order queries: please contact NTC/Contemporary Publishing, 4255 West Touhy Avenue, Lincolnwood, Illinois 60646-1976, U.S.A. Telephone: (847) 679 5500, Fax: (847) 679 2494.

Long renowed as the authoritative source for self-guided learning – with more than 30 million copies sold worldwide – the *Teach Yourself* series includes over 200 titles in the fields of languages, crafts, hobbies, sports, and other leisure activities.

British Library Cataloguing in Publication Data
A catalogue record for this title is available from The British Library

Library of Congress Catalog Card Number: 92-80867

First published in UK 1965 by Hodder Headline Plc, 338 Euston Road, London, NW1 3BH.

First published in US 1992 by NTC/Contemporary Publishing, 4255 West Touhy Avenue, Lincolnwood (Chicago), Illinois 60646 – 1975 U.S.A.

The 'Teach Yourself' name and logo are registered trade marks of Hodder & Stoughton Ltd.

Printed in Great Britain for Hodder & Stoughton Educational, a division of Hodder Headline Plc, 338 Euston Road, London NW1 3BH by Cox and Wyman, Reading, Berkshire.

Impression number	20 19 18 17 16
Year	2002 2001 2000 1999

PREFACE

THIS dictionary forms a companion to *Teach Yourself Swahili* and is intended to be of equal use to both English and Swahili-speaking people. Although it is a Concise Dictionary, its Swahili section contains all the words the compiler heard during thirty years' residence in East Africa, together with a selection of those taken for her own use from the dictionaries of Krapf, Sacleux, and Madan and the writings of Swahili authors, and a few present-day words not yet in any dictionary. It must be remembered, however, that Arabic words and words from other Bantu languages of the mainland are often introduced into Swahili, and that variations in spelling and pronunciation exist. Guidance on some of these will be found in the Alphabetical Notes before the Swahili section.

The English vocabulary is based on that used in other *Teach Yourself* dictionaries, adapted to the different circumstances of a tropical country. Its ten thousand words have therefore been well tested and found a satisfactory selection.

The dictionary contains a Concise Grammar of the Swahili language, but much fuller information is given in *Swahili* in this series.

The compiler wishes to thank the African friends who have helped her by answering her queries, provided her with vernacular periodicals, or checking the work to ensure its accuracy.

CONTENTS

INTRODUCTION

SWAHILI is a Bantu language which has incorporated words from many other sources and so Bantuized them that even the speakers do not recognize that they are foreign words. Most have been introduced by Arab and Indian settlers and traders; a few by Portuguese and German colonists, and a large number by the English. English and Arabic words are now being increasingly used. Arab introductions are distinctive, but one has to be on the lookout for disguised English ones, e.g. **nguo isiyofiti**, *a garment which does not fit.* Most of these foreign words, if nouns, are put into the N and MA classes (see page 2).

Bantu words consist of a root, the meaning of which is changed by various prefixes and suffixes, and nouns are grouped in classes according to their prefix. These prefixes affect other words in a sentence, with the result that the word given in a dictionary is frequently obscured by syllables added at the beginning and the end.

The Concise Grammar which follows is intended to summarize the chief points to be remembered in using this dictionary. They are dealt with more fully in another book in this series, *Teach Yourself Swahili,* which anyone who has not studied the language is advised to get.

A CONCISE GRAMMAR

1. NOUNS

Swahili nouns fall into various classes which, for convenience, are usually grouped as shown in the Table of Concords on page 14, each class with its singular and plural.

Class 1, the *M–WA class* (e.g. **mtu watu**) is the personal class; with only one or two exceptions all the nouns in it denote human beings. Nouns in other classes take the concords of this class if they denote persons or animals.

Class 2, the *M–MI class* (e.g. **mti miti**) consists of the names of things. Trees and plants are in this class.

Class 3, the *N-class* (e.g. **njia njia**) contains the names of most animals and some fruits, and a large number of non-Bantu nouns. Most of the Bantu nouns have dropped their initial *n*. As the plural is the same as the singular, N-class nouns are shown in the dictionary with the plural sign (-), denoting that there is no change. The letter *n* causes changes in some following letters, and these are given in a note following this section.

Class 4, the *KI-VI class* (e.g. **kitu vitu**) consists mostly of the names of concrete things. Words belonging to other classes can be brought into this one by a change of their prefix to show smallness or some diminution (e.g. **mfuko**, *a bag*; **kifuko**, *a little bag*; **kipofu**, *a blind man*). They then take the concords of this class, unless they denote living beings and take the concords of Class 1. Where the noun root is a monosyllable, or confusion might occur with another word, the prefix kiji is used (e.g. **mto**, *a river*; **kijito**, *a stream*). *Ki* before a vowel other than *i* becomes *ch* and therefore most nouns beginning with *ch* belong to this class.

Class 5, the *MA-class* (e.g. **yai mayai**) has no singular prefix except before a vowel or monosyllabic root when **ji** is prefixed (e.g. **jicho macho**). Like the N-class it contains many non-Bantu words, and there is nothing in the form of the word to show which of the two classes it belongs to. Some words are well-established, but others vary, so do not be surprised if you find a word marked (-) in the dictionary used with a MA plural, or vice versa.

Just as nouns can be brought into the KI–VI class to show smallness, so they can be brought into the MA-class to show largeness. Then they have no prefix in the singular (unless they require *ji*) and *ma* in the plural (e.g. **mtu watu**, man, men; **jitu majitu**, giants; **fuko mafuko**, large bags).

For more about the N and MA classes see Teach Yourself Swahili, *chapters 5, 6, and 44, and for largeness and smallness chapter* 10.

Class 6, the *U-class* (e.g. **uzi nyuzi**) consists of nouns beginning with *u* or, before a vowel, *w*. Most are abstract nouns (e.g. **uzuri**, beauty) or names of substances (e.g. **unga**, flour) and these, of course, have no plural. The others, with a few exceptions, take the plural of the N-class with the usual changes caused by the letter *n*. As the plurals are shown in the dictionary, it is not necessary to remember these, but the U-class is a very interesting one, and more can be found about it in *Teach Yourself Swahili*, chapter 7.

Class 7, the *PA-class*, contains only one word, **mahali**, *place* (found sometimes as *mwahali* or *pahali*) and all its concords are made with the prefix **pa**. The other concords given in the Table are explained in the note on *Place* on page 12.

Class 8, the *KU-class*, contains all infinitives used as verbal-nouns (e.g. **kuimba**, *singing*). It is not given separately in the Table, but in the last column, under the prefix *ku*, there is a note "similarly infinitives". Infinitives begin with **ku**, and when used as nouns, all their concords begin with **ku** or **kw** before a vowel.

Noun Prefixes

In the Table of Concords you will see two kinds of prefixes, called there, *Adjective Prefixes* and *Verb Prefixes*. Here we are considering the first kind only.

In the first four classes they are the same as the prefixes of the nouns: **m-wa, m-mi, n-n, ki-vi**. In the MA-class there is a singular prefix **ji**. This is put in brackets, because it is only used when the adjective begins with a vowel. In the U-class the singular prefix is **m** for adjectives, with one or two exceptions. Thus, taking the key-words in the Table, and adding the adjective -**zuri**, *good*, we get **mtu mzuri, watu wazuri; mti mzuri, miti mizuri; njia nzuri, njia nzuri; kitu kizuri, vitu vizuri; yai zuri, mayai maz ri; uzi mzuri, nyuzi nzuri; mahali pazuri; kuimba kuzuri.** As living beings of any class take the concords of the personal class, the adjectives with words like **ndege**, *bird*; **kipofu**, *blind man*, will be **mzuri wazuri**.

Changes before a Vowel

Some changes take place in these prefixes before a vowel, but not all before the vowel **i**:—

M	becomes	**MW**
MI	,,	**MY** in adjectives
KI	,,	**CH**
VI	,,	**VY**
U	,,	**W**
I	,,	**Y**
KU	,,	**KW**
N	,,	**NY**

LI, JI, ZI drop their vowel, and prefixes ending in **A** amalgamate the **A** with a following **E** or **I** to make **E**.

Changes caused by N

Except in one or two monosyllables where it forms a separate syllable and takes the stress (e.g. **ńchi**) N is found in Swahili only before **d, g, j** and **z**. Before a vowel it becomes **ny**, and before **b, p, v** or **w** it becomes **m. nl** and **nr** become **nd**. Thus the following words all belong to the N-class: **ndege, nguo, njia, nzige, nyani, mbwa, mpya, mvua, mbingu, ndimi** (pl. of **ulimi**).

Noun Suffixes

Two suffixes can be added to nouns.

ji can be suffixed to a noun ending in **a**, formed from a verb, to show habitual action: e.g. **chunga,** *to herd*; **mchungaji,** *a herdsman*. **ni** changes the noun from denoting a thing to denoting a place, e.g. **mji,** *a town*; **mjini,** *to-the-town*; **hewa,** *the air*; **hewani,** *in-the-air*. These adverbial nouns no longer take the noun class prefixes but the prefixes shown in the Table under *Place*. More about them is said in the note on *Place* on page 12.

2. ADJECTIVES

In English we think of adjectives as words used with a noun, and pronouns as words used without a noun. But if we use these names (for convenience) in Swahili, we class as adjectives the words which take, with a few exceptions, the same prefixes as the nouns. These are (1) descriptive adjectives; (2) numbers; (3) the words **-ingi,** *much, many*; **-ingine,** *some, other*; and **-ngapi,** *how many*. It is easy to remember these three words as they all contain *ng*.

Descriptive Adjectives

Bantu languages have very few adjectives, but Swahili has borrowed several from Arabic. These do not take the Bantu prefixes. In the dictionary a short line before a word shows that the right prefix must be attached. Swahili having grown up as a spoken language, where much can be conveyed through tone and gesture, as well as by the context, some of the adjectives have a wide range of meaning: **-nyimivu** (from **nyima,** *to withhold*) can denote *economical, careful, thrifty, niggardly, stingy,* even *miserly*; **-shupavu,** *intrepid, resolute, obstinate, bigoted.* It all depends on how you look at it!

There are several ways in which other adjectives can be made:

(1) By the use of **-a,** *of,* or **-enye,** *having*: **maji ya moto,** *hot water*; **watoto wenye afya,** *healthy children.*

(2) By the use of **bila** or **pasipo,** *without*: **mahali pasipo miti,** *a place without trees,* i.e. *a treeless place*; **mji bila watu,** *an uninhabited town.*

(3) By the relative *iliyo, which is,* and *isiyo, which is not*: **maneno yaliyo kweli,** *true words*; **matendo yasiyo haki,** *unjust actions.* These relatives are used with verbs, e.g. **kitabu kilichopotea,** *the lost book*; **miti isiyofaa,** *useless poles.* As will be seen from the examples, the syllables in italics have to be changed according to the noun class.

Adjectives follow the noun they qualify, except **kila,** *every,* which precedes it. There are no special forms for comparison, **zaidi,** *more*; **kupita,** *to pass,* or **kuliko** can be used: **Ali ni mrefu, lakini Juma ni mrefu zaidi,** *Ali is tall, but Juma is taller*; **Ali ni mrefu kuliko** (or) **kumpita Juma,** *Ali is taller than Juma.*

Numbers

The numbers used in Swahili are a mixture of Bantu and Arabic roots. The Arabic ones do not vary, but the Bantu ones (one, two, three, four, five, and eight) take the adjective prefixes. In the N-class, however, the only one changed is **-wili,** *two,* which becomes **mbili.**

The numbers given below are those used in counting; when used as adjectives the six just named must be given prefixes.

1	moja	30	thelathini
2	mbili	33	thelathini na tatu
3	tatu	40	arobaini
4	nne	44	arobaini na nne
5	tano	50	hamsini
6	sita	55	hamsini na tano
7	saba	60	sitini
8	nane	66	sitini na sita
9	tisa (kenda)	70	sabini
10	kumi	77	sabini na saba
11	kumi na moja	80	themanini
12	kumi na mbili	88	themanini na nane
13	kumi na tatu	90	tisini
14	kumi na nne	99	tisini na tisa
15	kumi na tano	100	mia
16	kumi na sita	101	mia na moja
17	kumi na saba	110	mia na kumi
18	kumi na nane	200	mia mbili
19	kumi na tisa (kenda)	250	mia mbili na hamsini
20	ishirini	999	mia tisa tisini na tisa
22	ishirini na mbili	1000	elfu

When the numbers denote order they are formed with -a, of, with the right prefix: **siku ya kwanza**, the first day; **siku ya pili, ya tatu** ... up to **siku ya mwisho**, the last.

-ingi, -ingine, -ngapi,

These are the three other words that take the adjective prefixes; like the other adjectives they follow the noun: **unga mwingi**, *a lot of flour*; **watu wengine**, *other people*; **vitabu vingapi?** *how many books?*

How often? is shown by the word **mara**, *time/s*: **Mara ngapi? How often? Mara mbili**, *twice*.

3. PRONOUNS

The lower half of the columns in the Table of Concords shows the verb prefixes (often called *pronominal*). These look very different from the adjective prefixes, but actually they are remains of old noun prefixes which have been dropped in Swahili. In other Bantu languages we get **umti**, *the* tree, **imiti**, *the* trees, and **u** and **i** are equivalent to saying *it* and *they* with a verb when referring to the M-MI class. Similarly with the other classes. These prefixes have to be prefixed to the verb whether the subject has been named or not, and also to the other words shown at the side of the table.

Personal Pronouns

Before dealing with the other noun classes, we give here those belonging to Class 1:

Pronoun	Possessive pronoun	Verb prefix subject	Verb prefix object	Of
mimi, *I, me*	-angu	ni-	-ni-	
wewe, *you (one)*	-ako	u-	-ku-	
yeye, *he, him; she, her*	-ake	a- *or* yu-	-m(w)-	wa
sisi, *we, us*	-etu	tu-	-tu-	
ninyi, *you (many)*	-enu	m(w)-	-wa-	
wao, *they, them*	-ao	wa-	-wa-	

	this	*this* (2)	*that*	*having*	*self*
mimi wewe yeye	huyu	huyo	yule	mwenye	mwenyewe

	anyone	*all*	*which?*	*who (rel.)*
mimi wewe yeye	ye yote		yupi?	ambaye

	these	*these* (2)	*those*	*having*	*selves*
sisi ninyi wao	hawa	ha(w)o	wale	wenye	wenyewe

	any	*all*	*which?*	*who (rel.)*
sisi ninyi wao	wo wote	wote	wapi?	ambao

NOTE:

1. *This* (2) is the form used when referring to someone just mentioned.

2. The possessive pronouns are shown with a hyphen because they have to agree with the thing possessed, not with the possessor: **mimi na kitabu changu**, *I and my book*.

3. The subject prefix is the first syllable in a verb (unless the negative **ha** precedes it) and the hyphen shows that it is to be joined on to the verb with other prefixes. The object prefix comes in the word immediately before the verb root and therefore has syllables joining it on both sides.

4. A few much-used words are frequently joined to a shortened form of the personal pronoun: **mwanangu**, *my child*; **wenzetu**, *our companions*; **babaye**, *his father*, etc.

Possessive Pronouns

As the possessive pronouns given above all begin with a vowel the changes referred to on page 3 will take place, u becoming w, etc. So we get **mtoto wangu, watoto wangu; mti wangu miti yangu; njia yangu njia zangu; kitu changu vitu vyangu; yai langu mayai yangu; uzi wangu nyuzi zangu; mahali pangu; kuimba kwangu**. In speaking of things -ake is used both for *its* and *their*: **miti na matunda yake**, *trees and* their *fruits*.

Demonstratives

Swahili has no word for *a* or *the*, but it has three forms of demonstrative where in English we have only two, *this* and *that*. *This* is formed by the verb prefix preceded by *h* with the same vowel as in the prefix. *That* is formed by the verb prefix followed by **-le**. In the Table of Concords these two words are given for each of the noun classes, so there is no need to repeat them here. The other demonstrative is *this* with its last letter changed to **o**. It is used when someone or something has already been mentioned; **maneno hayo**, for instance, refers to words already written; **maneno haya** to those about to be written.

Relatives

There are two ways of expressing *who, which, when, where,* when these words are used as relative pronouns. One is by the relative prefix attached to **amba-**, and the other more usual one by the relative prefix put into the verb. These relative prefixes are shown in the Table of Concords, near the bottom of the columns, and are formed by the verb prefix followed by the same **o** of reference as is used in *this* (2). The *amba* relative is shown above in the section on personal pronouns, and in the other classes it is formed in the same way. The other relative will be explained in the section on Verbs.

The **o** of reference also the root of the Bantu words for *all,* referring to the completeness of the thing mentioned, and for *any*: **kitabu chote**, *the whole book*; **vitabu vyote**, *all the books*; **kitabu cho chote**, *any book*.

4. THE VERB

To Be

As in many other languages, the present tense of the verb *to be* is irregular, and is best taken separately.

Connectives. When *am, is* or *are* are merely connectives **ni** can be used for all the noun classes, or even omitted altogether. In the negative **si** replaces **ni** and cannot be omitted: **chakula (ni) tayari**, *the food is ready*; **machungwa si mazuri**, *the oranges are not good.* If it is desired to stress the person the pronominal syllables **ni u yu** are used instead of **ni** for the three persons singular, and **tu m wa** for the plural; with **si** for all persons in the negative: **Tu wageni**, *We are strangers*; **U nani?** *Who are you?* **Si haki**, *It isn't fair.* For things the verb prefixes are used if necessary.

Place. The place syllables **ko mo po** can be added to the prefixes given above to denote place: **Upo wapi?** *Where are you?* **Nipo hapa**, *I am here.* **Yuko wapi Ali?** *Where is Ali?* **Yumo jikoni**, *He is in the kitchen.* The negative forms with persons are **sipo hupo hayupo hatupo hampo hawapo**. In the other classes **ha** is prefixed: **Kitabu kipo?** *Is the book there?* **Hakipo**, *It is not here.*

Emphasis. **Ndi** (a more emphatic form than **ni**) can be joined to a shortened form of the personal pronouns or to the verb prefixes: **ndimi**, *It is I*, **ndiwe**, *it is you*, **ndiye**, *it is he*, **ndio**, *it is they.* The following verb should have both a relative prefix and an object one: **Ndicho kitabu nilichokitaka**, *This is the book which I wanted.* These forms are shown in the Table of Concords. Note also the following words in common use: **Ndiyo** *(it is so)* = *Yes*; **Siyo**, *No*; **Ndipo**, *It is there,* or *It is then*; **Ndivyo ilivyo**, *That's how it is.*

Relative. To make the relative the root **li** is used, preceded by the subject prefix of the right class and followed by the relative prefix. Here are the forms for reference:

Persons: **niliye   tulio** and for **mti ulio, miti iliyo**
   uliye   mlio things: **njia iliyo, njia zilizo**
   aliye   walio   **kitu kilicho, vitu vilivyo**
          yai lililo, mayai yaliyo
          uzi ulio, nyuzi zilizo
          mahali palipo; kuimba kuliko

For negative in all classes substitute **si** for *li*.

To Have

Have is expressed in Swahili by *be with*, and what seems to be the present tense of *have* is really I-with, you-with, etc.

 affirmative **nina   tuna**   negative **sina   hatuna**
     una   mna   **huna   hamna**
     ana   wana   **hana   hawana**

In the other classes the **na** is added to the verb prefix, prefixing **ha** in the negative: **Mti una miiba,** *the tree has thorns*; **Mti hauna miiba,** *the tree has no thorns.* If there is an object the relative prefix is added at the end: **Una***cho* **kitabu changu? Nina***cho.* *Have you my book? (Yes) I have it.*

The relative is the same as that for *be* followed by **na.** If there is an object the **-o** prefix is attached to the **na**: **Watu wasio na watoto,** *people who have no children.* Notice that the subject and object are not always the same: **Kitabu** *ni***licho nacho,** *the book which I have (it).*

The other tenses of to be *and* to have *are conjugated like any other verb, as shown in the next section.*

Verb Tenses

The verb as given in a dictionary is found only in the Imperative, e.g. **Tazama!** *Look!* or, preceded by **ku** in the Infinitive, **kutazama,** *to look.* Usually it is preceded by prefixes, in the order: Subject, Tense, Relative, Object, with often a negative **ha** before them. If the verb is reflexive the object prefix is replaced by **ji.** The prefixes given in the Table of Concords serve both for subject and object. Those for persons are slightly irregular, but are all shown in the Table of Verb Tenses.

The tense prefixes are as follows:
Affirmative
 a simple present; **nataka,** *I want*
 na present continuous; **ninataka,** *I am wanting*
 ta future; **nitataka,** *I shall want*
 li past; **nilitaka,** *I wanted*
 ka connective; **nikataka,** *and I wanted*
 ki if, when; **nikitaka,** *if I want*
 nge, ngali, conditional; **ningetaka, ningalitaka,** *if I wanted, if I had wanted.*
Negative
 ku past; **sikutaka,** *I did not want*
 ta future; **sitataka,** *I shall not want*
 ja not-yet tense; **sijataka,** *I have not wanted (yet)*
 sipo if-not; **nisipotaka,** *unless I want*
 nge, ngali, conditional; **nisingetaka, nisingalitaka,** *if I did not want, if I had not wanted.*

The subject prefixes already given in the Table of Concords are given again in the table of Verb Tenses on page 16. In the simple present, as the tense prefix begins with a vowel, they will be slightly modified, combining with the **a** as in *of* in the Table of Concords.

In the negative tenses the negative prefix **ha** precedes all the subject prefixes except those for *I* and *you*; here **hani** becomes **si**, and **hau, hu**.

Tenses without prefixes

The subjunctive, also used as a polite imperative, is formed by the subject prefix followed by the verb with its last letter, if **a**, changed to **e**. In the negative the prefixes remain the same, and the other negative sign **si** precedes the verb: **Nitazame**, *Let me look*; **Usiende**, *Don't go*; **Nifikiri**, *Let me think*.

Verbs borrowed from Arabic end in **i** *or* **u** *and the ending does not change*.

A habitual tense, used for any time and any person, is made with the prefix **hu**: **husema**, *they say*; **Magari hupita kila siku**, *Trains pass every day*. There is no corresponding negative tense.

The negative present is formed by the negative subject prefix, followed by the verb, with its final letter, if **a**, changed to **i**: **Sitaki**, *I do not want*; **Hawafikiri**, *They don't think*.

The object prefix comes immediately before the verb:

> **Usingali***ni***onyesha kitabu nisingali***ki***taka**, *If you had not shown* me *the book I should not have wanted* it.

The Relative

On page 7 one way of expressing *who*, *which*, *when*, or *where* when used as relatives was explained. The commoner, and better way, is to put the relative prefix into the verb. All the prefixes, except in the singular of the personal class, end in **o**. They are in the Table of Concords, and were given again in these notes on page 8 with the verb *to be*. The Table of Verb Tenses shows how to use them in the present, past, and future tenses. Except in the simple present they follow the tense prefix; in the simple present the tense prefix is omitted and they come at the end. This, however, is for the affirmative only.

In the negative there is only one form for all three tenses: subject prefix, negative **si**, relative, verb, with object (if any) just before the verb.

Compound Tenses can be formed with the past tense of *kuwa* (to be) as shown at the bottom of the Table. The KI-tense given above for *if* and *when* is also a present participle, **nikitaka**, *I wanting*.

Infinitive and Imperative

The infinitive is preceded by **ku**; to form the negative **to** is put after the **ku**, very often with another **ku**: **kutotaka** or **kutokutaka**, *not to want*. A monosyllabic verb (*see below*) must always have the second **ku**: **kutokuwa**, *not to be*.

The infinitive is a verbal noun and takes the **ku** prefixes as shown in the Table of Concords: **Kusema ni kuzuri, na kutokusema ni kuzuri**, *Speaking is good, and silence is good*.

The imperative is the simplest form of the verb: **Soma**, *read*! In speaking to more than one person **ni** is added and the last letter of the verb, if **a**, is changed to **e**: **Someni!** This change to **e** is usually made in the singular as well if there is an object, and in **leta**, *bring*, even without an object: **Visome**, *read them (books)*; **Nipe**, *give me*; **Lete**, *bring (it)*. There are a few irregular imperatives: **Njoo! Njoni!** from **kuja**, *to come*: **Nenda! Nendeni!** from **kuenda**, *to go*.

The negative subjunctive is used in place of a negative imperative: **Usisome** or **Msisome**, *Do not read*. **Usije**, *Do not come*, etc.

Monosyllabic Verbs

There are a few verbs which, without the **ku**, have only one syllable: **ku*wa***, *to be*; **ku*fa***, *to die*; **ku*ja***, *to come*; **ku*la***, *to eat*. For ease of pronunciation, these retain the **ku** in the **na**, **me**, and **ta** tenses, in the conditional, and after a relative pronoun: **anakuja**, *he is coming*; **watakuwa**, *they will be*; **nilichokula**, *which I ate*. The **ku** is often retained in the verbs **enda**, *go*, and **isha**, *finish*.

Impersonal Forms

There is, there are are translated by **kuna**, negative **hakuna**: **Kuna maji njiani? Hakuna.** *Is there water on the way? (No,) there isn't.* For *it*, when used impersonally, the singular of the N-class, **i**, is used: **Yafaa tuende**, *it is good that we go*, i.e. *we had better go*; **Haifai kuchelewa**, *it's not good to be late*. Three very common phrases of this kind are: **haifai**, *better not*; **haiwezekani**, *it can't be done*; **haidhuru**, *it doesn't matter*.

There is also the **hu** tense, already mentioned, **husema**, *they say*.

Verb Suffixes

The following syllables can be attached to the end of a verb:

je, *how? what?* **Ulijuaje?** *How did you know?* **Asemaje?** *What does he say?*

pi, *where?* **Wamekwendapi?** *Where have they gone?*

ni, plural sign, forming the plural of the imperative. This **ni** can also make a second plural of *you* as an object prefix; in speaking to more than one person the usual object prefix is **wa** (see Personal Pronouns, page 6) but the singular **ku** can be used with the suffix **ni**: **Nimekuambia**, *I have told you (one person)*; **Nimekuambieni**, *I have told you (many)*. Notice that the same change of the **a** to **e** takes place as in the imperative.

po, **ko**, or **mo** can be added to the other tenses of the verb *to be* just as they were to the present tense: **Nitakuwapo**, *I shall be there*; **Vitabu vikiwako**, *if the books are there*; **Hawakuwamo nyumbani**, *They were not in the house.*

For more about verbs consult *Teach Yourself Swahili* or any good grammar.

5. DERIVATIVE VERBS

Bantu languages have a very interesting and useful way of altering the meaning of a verb by changes at the end. The notes here are to guide the reader in the use of the dictionary and to enable him to make out the meaning of verbs of this sort that he meets in his reading. References are given to the relevant chapters of *Teach Yourself Swahili* for further study if desired.

wa at the end of a verb (except **kuwa**) shows the passive, e.g.

piga, *to hit*; **pigwa**, *to be hit*; **jibu**, *to answer*; **jibiwa**, *to be answered*; **nunua**, *to buy*; **nunuliwa**, *to be bought*. The apparent irregularities in the last two words are explained in *Teach Yourself Swahili*, chapter 22.

ika or **eka** gives a meaning rather similar to the passive, but instead of thinking of the act and who caused it, we think of the resulting state; e.g. **kikombe kimevunjwa**, *the cup has been broken (by some-one)*; **kikombe kimevunjika**, *the cup is broken*; **Barua haikusomwa**, *the letter was not read*; **Barua haikusomeka**, *the letter was unreadable*. A suffix **na** is sometimes added, and so we get the very common words, **patikana**, *be obtainable*; **wezekana**, *be possible*; **onekana**, *be visible*; **julikana**, *be known*. This form is usually called the stative, and there is more about it in *Teach Yourself Swahili*, chapter 22.

ia or **ea** is a prepositional ending, showing *to, for*, etc., e.g. **leta**, *to bring*; **letea**, *bring to*; **pata**, *to get*; **patia**, *get for*; **toa**, *to offer*; **tolea**, *to offer to*. Notice that in this form the object is the person, not the thing: **Kilete**, *bring* it *(the food)*; **Niletee**, *bring-to* me. See *Teach Yourself Swahili*, chapter 34.

sha, za, nya as well as being ordinary verb endings, often denote the causative form: **anguka**, *fall*; **angusha**, *make fall* (i.e. *drop or break down*); **jaa**, *get full*; **jaza**, *make full, fill*; **pona**, *get well*; **ponya**, *make well, cure*. Causative verbs can be made from adjectives by adding **sha**: **safi**, *clean*; **safisha**, *make clean*; **imara**, *firm*; **imarisha**, *make firm*. See *Teach Yourself Swahili*, chapter 39.

ana makes a reciprocal verb, denoting each other or one another: **penda**, *love*; **pendana**, *love one another*; **ona**, *see*; **onana**, *see each other* (i.e. *meet*). See *Teach Yourself Swahili*, chapter 37.

Of course, these derived verbs can also make other forms; e.g. **ponya**, *cure*; the causative form of **pona**, *get better*, can add a stative ending, **ponyeka**, *get cured* or *be curable*; **niletee**, *bring to me*, can make a passive, **niletewe**, *be brought to me*.

Doubling a verb shows either a repeated action, or some modification of it: **Mbona unasitasita?** *Why do you go on hesitating?* **Anajari-bujaribu**, *he is trying (but not very hard)*.

6. ADVERBS

Adverbs, having nothing to do with nouns, do not need any class prefix. There are, however, three adverbial prefixes which help to form adverbs:

vi makes adverbs from adjectives: **vizuri, vibaya, v(y)ema**, etc. It also makes adverbs like **hivi**, *thus*; **vilevile**, *in the same way*, and is used as an adverbial relative in verbs: **hivyo ulivyosema**, thus as you said. **ki** used with a noun denotes "in the manner of": **Simameni kiaskari**, *stand like soldiers*; **amevaa kizungu**, *he is dressed in European fashion*.

pa, ku, and **mu** make adverbs of place: **hapa**, *here*; **pale**, *there*, etc. They can also denote time: **papa hapa**, *just then*.

Apart from adverbs made with these prefixes there are a large number without any prefix, showing *how, when*, or *where*. They will all be found in the dictionary. Three of them are really intensifiers: **sana, mno** and (sometimes) **kabisa**. Although the general meaning is *very*, they can be translated in various ways: **kimbia sana**, *run fast*; **shika sana**, *hold tight*; **Umekaa mno**, *you have stayed a very long* *time.* The reverse is shown by **kidogo,** *a little*: **Yuko mbali kidogo,** *he is a little way off*; **kazi yake nzuri kidogo,** *his work is fairly good.*

The chief interrogatives are: **lini?** *when?* **wapi?** *where?* **namna gani?** *how?* **kwa nini** or **mbona?** *why?*

7. PLACE

As we saw, when considering nouns and their classes, there is one Swahili word for *place,* **mahali.** But neighbouring Bantu languages have three words, and probably Swahili did too, in the forms of *patu, kutu, mutu,* each with its own prefixes, roughly denoting *at, to,* and *in.* When the Arabic word came into use these three words dropped out, but their prefixes remained. These are shown in the last column of the Table of Concords. When the word *mahali* is used, the **pa** prefixes are used with it; otherwise the **pa** prefixes denote a definite position, or at a place; the **ku** an indefinite one, or to a place; and the **mu** an inside one, in a place. These prefixes form adverbs like **hapa,** *here;* they form the subject of the impersonal verbs *there is* and *there are,* **kuna, pana, mna;** and they are attached to the verb *be* to show place: **nitakuwapo,** *I shall be there.* But perhaps their most frequent use is with verbal nouns: **Yumo nyumbani mwake,** *he is in his house;* **Amekwenda shambani kwake,** *he has gone to his cornfield.* **Anasimama pale mlangoni pake,** *He is standing there at his door.*

Many folk-tales begin **"Hapo zamani palikuwa na mtu"**; *Long ago there was a man.*

8. PREPOSITIONS AND CONJUNCTIONS

Most of the work of these is done by the prepositional form of a verb, and by the KA-tense, see pages 8, 11. It is difficult to distinguish prepositions from conjunctions; it is better to look upon them all as words of association.

Many are made from the **-a** of association:

-a preceded by the class prefix makes **of; majani ya mti,** *the leaves of the tree.* All the forms of *of* are shown in the Table of Concords.

-a preceded by **ku** makes **kwa,** *to, from, with, for,* etc.: **Tuende kwa mwalimu,** *Let us go to the teacher;* **Barua imetoka kwa nani?** *Who has the letter come from?* **Kata kwa kisu,** *Cut it with a knife;* **Nimekuja kwa dawa,** *I have come for medicine.* **Kwa** can be combined with the possessive pronouns: **Njoni kwangu,** *Come to me;* **Naomba kwako,** *I ask from you;* **Ulifika kwake?** *Did you get to him?* **Nakwenda kwetu,** *I am going home;* **Kwenu ni mbali?** *Is your home far off?* **Tuende kwao,** *Let us go to their home.*

ya with an adverb forms a preposition: **Weka ndani,** *Put it inside;* **Weka ndani ya nyumba,** *Put it in the house;* **Nipe zaidi,** *Give me more;* **Watu zaidi ya ishirini,** *more than twenty people.*

na can be translated in several ways: **Lete chai na maziwa,** *Bring tea* and *milk;* **Unaitwa na baba yako,** *You are called by your father;* **Nenda na Hamisi,** *Go with Hamisi.*

For the introductory *that* we use **kama, ya kwamba,** or **ya kuwa: Alisema kama atakuja,** *He said that he would come.*

Kama has other important uses:

if: **Kama akija,** *If he comes.*

whether: **Sijui kama atakuja,** *I don't know whether he will come.*

like: **Nyama ni nzuri leo, si kama ile ya jana**; *the meat is good today, not like that of yesterday.*

as: **Fanya kama upendavyo,** *Do it as you like.*

about: **kama futi kumi,** *about ten feet.*

as though: **Si kama (kwamba) aliona mwenyewe,** *It is not as though he had seen it himself.*

Dis-association is shown by:

au or **ama,** *or*: **Nipe chai au maji,** *Give me tea or water.*

wala, *and not, nor*: **Sikumwona wala sikusikia habari zake,** *I didn't see him, nor did I hear about him.*

lakini or **bali,** but: **Alikuja lakini sikumwona,** *He came but I did not see him.*

ila or **isipokuwa,** *except*: **Hakuna watu ila mtoto mmoja tu,** *There are no people, except one child.*

Among other important words are **ili,** *in order that*; **kwa sababu,** *because*; **kwa hiyo,** *therefore*; **ingawa,** *although*; **ijapo,** *even if.*

Instead of the introductory words *Well, So, Now,* etc., with which many sentences begin in English, **basi, hata, tena, ikawa** are common in Swahili.

For more about these words see *Teach Yourself Swahili*, chapters 32, 33, 36, 38

ORTHOGRAPHY AND PRONUNCIATION

Comments are made on this, where necessary, in the following Notes on the Swahili section of the Dictionary. It should be remembered that Swahili words are stressed on the syllable before the last, and therefore any suffixes move the stress forward: e.g. **kitábu,** *book*; **kitabúni,** *in the book*; **Amekwénda,** *He has gone*; **Amekwendápi?** *Where has he gone?*

TABLE OF CONCORDS

Noun classes	mtu	watu	mti	miti	njia	njia	kitu	vitu
Adjective Prefix	m	wa	m	mi	n	n	ki	vi
-zuri nice	mzuri	wazuri	mzuri	mizuri	nzuri	nzuri	kizuri	vizuri
-ema good	mwema	wema	mwema	myema	njema	njema	chema	vyema
-ingi much, many	mwingi	wengi	mwingi	mingi	nyingi	nyingi	kingi	vingi
-ngapi? how many?	wangapi	wangapi	mingapi	mingapi	ngapi	ngapi	vingapi	vingapi
Verb Prefix	ni- u- a-	tu- m- wa-	u	i	i	si	ki	vi
of	wa	wa	wa	ya	ya	za	cha	vya
his, its[1]	wake	wake	wake	yake	yake	zake	chake	vyake
all[3]	wote	wote	wote	yote	yote	zote	chote	vyote
this, these[3]	huyu	hawa	huu	hii	hii	hizi	hiki	hivi
that, those[3]	yule	wale	ule	ile	ile	zile	kile	vile
this spoken of	huyo	hao	huo	hiyo	hiyo	hizo	hicho	hivyo
relative prefix	ye	o	o	yo	yo	zo	cho	vyo
this is it (he)	ndiye	ndio	ndio	ndiyo	ndiyo	ndizo	ndicho	ndivyo
and it (he)	naye	nao	nao	nayo	nayo	nazo	nacho	navyo

[1] Similarly -angu -ako -etu -enu -ao.
[2] Similarly -pi? which? except with mahali.
[3] Similarly -enye, -enyewe, -o-ote, except in sing. of WATU class.

TABLE OF CONCORDS—Continued.

Noun classes	yai	mayai	uzi	nyuzi	mahali		mu
	(ji)	ma	m	n	pa	ku [4]	
Adjective Prefix							
-zuri nice	zuri	mazuri	mzuri	nzuri	pazuri	kuzuri	
-ema good	jema	mema	mwema	njema	pema	kwema	
-ingi many	jingi	mengi	mwingi	nyingi	pengi	kwingi	
-ngapi? how many?		mangapi	ngapi		pangapi	kungapi	
Verb Prefix							
	li	ya	u	si	pa	ku	mu
of	la	ya	wa	sa	pa	kwa	mwa
his, its [1]	lake	yake	wake	sake	pake	kwake	mwake
all [2]	lote	yote	wote	zote	pote	kote	mwote
this, these [3]	hili	haya	huu	hizi	hapa	huku	humu
that, those [3]	lile	yale	ule	zile	pale	kule	mle
this spoken of	hilo	hayo	huo	hizo	hapo	huko	humo
relative prefix	lo	yo	o	so	po	ko	mo
this is it (he)	ndilo	ndiyo	ndio	ndizo	ndipo	ndiko	ndimo
and it (he)	nalo	nayo	nao	nazo	napo	nako	namo

[1] Similarly -angu -ako -etu -enu -ao.
[2] Similarly -pi? which? except with mahali.
[3] Similarly -aye, -ayewe, -o-ote, except in sing. of WATU class.
[4] Similarly infinitives.

VERB TENSES

Verb Prefixes	Present A, NA	Past LI	Future TA
CLASS I PERSONAL *Subject* AFFIRMATIVE ni tu u m a wa NEGATIVE si hatu hu ham ha hawa *Object* ni tu ku wa m wa	**Present A, NA** ataka — he wants atakaye — he who wants anataka — he is wanting anayetaka — he who is wanting hataki — he does not want asiyetaka — he who does not want	**Past LI** alitaka — he wanted aliyetaka — he who wanted hakutaka — he did not want asiyetaka — he who did not want	**Future TA** atataka — he will want atakayetaka — he who will want hatataka — he will not want asiyetaka — he who will not want
	Present Perfect ametaka — he has wanted hajataka — he has not yet wanted	**KI tense** akitaka — if he wants asipotaka — if he does not want	**KA tense** akataka — and he wanted
	HU tense hutaka¹ — he wants (habitually)	**Subjunctive** atake — let him want asitake — let him not want	**Conditional (Present)** angetaka — he would want asingetaka } he would not want hangetaka }
NON-PERSONAL CLASSES. CLASS SING. PLUR. 2 u i 3 i zi 4 ki vi 5 li ya 6 u zi 7 pa, ku, mu 8 ku	**Conditional (Past)** angalitaka — he would have wanted asingalitaka } he would not have wanted hangalitaka }	**Imperative** taka } takeni } want usitake } msitake } do not want	**Infinitive** kutaka — to want kutokutaka — not to want
Subject and object prefixes are the same. *Prefix ha for the negative*	**Compound Tenses** alikuwa akitaka — he was wanting alikuwa hataki } hakuwa akitaka } he was not wanting	**Compound Tenses** alikuwa ametaka — he had wanted alikuwa hakutaka — he had not wanted	

¹ All persons.

SWAHILI-ENGLISH
DICTIONARY

NOTES ON THE SWAHILI–ENGLISH SECTION

A is pronounced like the English *a* in *father*. For the class prefixes to be used with the possessives **-angu, -ako,** *my, your,* etc., and with **-a,** *of,* see page 6 and the Table of Concords. For the suffix to be used with **amba-,** see page 7. Some words beginning with **a** may be verbs in which the **a** stands for the subject *he* or *she,* e.g. **asema,** *she says*; **atakuja,** *he will come.* These will be found under **S** and **J,** i.e. **sema** and **ja.**

B is sometimes confused with V and doublets occur, e.g. **buruga** and **vuruga,** and a word not found under B may be looked for under V, and vice versa. In using an adjective beginning with B with an N-class noun, remember that the N changes to M; e.g. **nyumba mbovu.**

C is not found in the Swahili alphabet; its place is taken by K or S. CH is the form the KI prefix takes before a vowel.

D is one of the few letters before which N can stand; therefore an adjective beginning with *d* if used before an N-class noun will take the prefix N: e.g. **nyumba ndogo.** DH has the sound of the English *th* in this, with, etc. It is found in words taken from the Arabic, and is often pronounced, or even written as *z.*

E has the sound of the English *a* in *say,* but without the closer sound made in English at the end. **-enu, -etu, -enye,** and **-enyewe** take the verb prefixes, and **-embamba** and the other adjectives the noun prefixes. See the Table of Concords. Note that **-ema** with an N-class noun becomes **njema.**

G is always hard, as in *get.* The soft English G, as in *gem* is shown by J. GH, which occurs in a few Arabic words, is a throaty sound, something between G and R. Many people pronounce it like G. N can stand before G, and therefore adjectives beginning with *g* prefix N with N-class nouns.

H enters into several prefixes which will, of course, have to be discarded before looking for the word in the dictionary. For **ha** as a negative prefix see page 7. For **hu** as a tense prefix see page 9; and for **ha hi hu** as the first syllables of *this* and *these* see pages 6–7.

H now takes the place of the Arabic KH, and words heard or written with that sound should be looked for under H.

I is pronounced as the English *ee* in *see.* For the concords of **-ingi** and **-ingine,** see page 5. I is the subject prefix of verbs used with nouns of the N-class, e.g. **Nyumba inavuja,** *The house is leaking*; here the second word will be found under V.

J Notice the uses of the syllable **ji**:
    (1) A singular prefix in some MA-class nouns, e.g. **jicho,** an eye.

(2) A singular prefix denoting largeness, e.g. **jumba**, a palace (from **nyumba**).

(3) A reflexive verb prefix denoting *self*: **kuficha**, *to hide*; **kujificha**, *to hide oneself.* In many cases the meaning is slightly changed, e.g. **kujiona**, *to see oneself*, means to be conceited. A selection of these verbs is given in the dictionary, with the *ji* in italics.

(4) As a suffix at the end of a noun it can denote a customary occupation, e.g. **wachezaji**, *the players.*

K enters into many prefixes, which it may be convenient to summarize here, although they are more fully explained in the grammar section.

ki (1) Noun and verb prefix in the KI–VI class; the verb as well as its subject will begin with *ki*.

(2) Diminutive prefix by which a thing can be made smaller, e.g. **kichupa**, *a little bottle.* Such words will be found in the dictionary in their original form, e.g. **chupa**.

(3) In a verb, coming after the subject prefix, it makes the IF tense or the present participle: **Akija**, *If* or *when he comes*; **Nilikuona ukija**, *I saw you coming.*

ko refers to place. *See page 7.*

ku (1) A place syllable, see note on page 12.

(2) The object prefix in a verb, denoting *you*, as in **nili*ku*ona** above.

(3) The infinitive prefix. When the infinitive is used as a noun it takes the **ku** concords: **Kuja *kw*ako *ku*menifurahisha sana,** *Your coming has made me very happy.*

ka (1) Although **ki** has taken its place in Swahili, **ka** is the old Bantu prefix for smallness and is sometimes found in Swahili, **katoto**, *a little child.*

(2) Following the subject prefix in a verb it shows an action subsequent to the previous one; it thus takes the place of *and*: **Alikuja akaniambia**, *He came and told me.*

L is frequently heard as R and R as L, therefore a word not found under one letter should be looked for under the other. **Li** is the verb prefix used with singular nouns of the MA-class and so many words beginning with **li** are verbs: e.g. **linauma**, *it hurts*, is the verb **uma**.

M Most of the nouns beginning with M belong to the first class, if people, and to the second if things. Plural nouns beginning with **mi** are given under their singular **m** or **mw**. Words beginning with **ma** are usually plurals in the MA-class: **machungwa**, for instance, will be found in the dictionary as **chungwa**. But some have no singular, e.g. **maji**, *water*; and others are abstract nouns with another form beginning with **u**, e.g. **uasi** *or* **maasi**, *rebellion*. Any word not found under **ma** should be looked for under **u** or the letter following the **ma**.

mo and **mu** are place prefixes.

N For N as the prefix of the N-class, see note on page 3.

na, *and, with, by*, is frequently joined to a pronoun in a shortened form: **nami nawe naye nasi nanyi nao**, *and I, and* *you*, etc. At the beginning of a verb it is the prefix of the -*a*- of the simple present tense preceded by **ni**, *I*: **Nataka**, *I want*.

ni is the subject prefix *I*: **Niende**, *Let me go*; it is also used with all persons and things as a copula: **Chakula ni tayari**, *the food is ready*.

ny is the form **n** takes before a vowel other than *i*. It must be pronounced like the *ni* in onion, e.g. **nyama** is two syllables, **nya-ma**, not *ne-a-ma* or *ni-a-ma*.

ng' has the sound of *ng* in singing; there must be no *g* sound in it, even when it begins a word.

O is pronounced like the French or German O, i.e. without the closed sound at the end of our English O.

P For **pa** as a place prefix see page 12.

-**pi**, which? is preceded by a verb prefix: **Mti upi?** *Which tree?* **Miti ipi?** *Which trees?* **Mtu yupi?** *Which man?* It can also be added to the end of a verb to show *where?* **Wamekwendapi?** *Where have they gone?*

Note that the monosyllabic verb **pa**, *give*, must always have a personal object, e.g. **Nitawapa fedha**, *I will give them the money*. N before P becomes **m**, hence we get **nyumba mpya**, *a new house*; in the singular of the MA-class, **pya** being a monosyllable, **ji** is prefixed, **neno jipya**, *a new word*.

R occurs only in foreign words, and the nouns in this section belong to the MA or N-class. But there is considerable confusion between the Arabic R and the Bantu L.

S is always pronounced as the S in *this*; the sound of the S in *these* is written with *z*. Many speakers interpose an *i* between *s* and a following consonant, so we find **stawi** and **sitawi**, *prosper*; others change the *s* to *sh*, and we get **stuka**, **situka**, **shtuka**, all in use for *be startled*.

T **ta** is an Arabic prefix and words with this prefix are frequently introduced into Swahili. Several of them are in the dictionary. If you find one that is not, take off its *ta* and look for a word of three syllables having the same consonants; this will be the same word in its Swahili form: e.g. **takabali**, **kubali**; **tabaruki**, **bariki**; **tanafusi**, **nafasi**, etc. The syllable **ta** after the subject prefix in a verb, shows the future tense.

th represents the sound of the English *th* in *thin*; its sound in *then* is written **dh**. Both are Arabic sounds, and Swahili speakers often replace **th** by **s**, just as they do **dh** by **z**.

U is pronounced as *oo* in *tool*, without any *y* sound; **yu** in Swahili sounds the same as the English word *you*. The prefix U forms abstract nouns from nouns, adjectives, and verbs: **mfalme**, *king*; **ufalme**, *kingdom*; -**chache**, *few*; **uchache**, *fewness*; **kupenda**, *to love*; **upendo**, *love*. It is, of course, impossible to give every abstract noun that could be made in this way, and any that are not found in the dictionary should be looked for under the other abstract prefix **ma** or under the letter following the U.

U is also the verb prefix for the singular of the M–MI class, and for *you* (one person), and therefore many words beginning with *u* are verbs. U before a vowel becomes *w*.

V VI or **VY** usually denotes the plural of the KI–VI class, and nouns such as **vitu** will be found in the singular, under K. It is also an adverbial prefix, e.g. **vizuri**, *well*; **vibaya**, *badly*.

W is the form U takes before a noun; **wema**, for instance, is an abstract noun formed from the adjective **-ema**, *good*.

    wa is the plural prefix of the personal class; nouns beginning with **wa** should be looked for under M, and verbs under the root: e.g. **Watu wamefika**: look for **mtu** and **fika**.

    wa is also the root of the verb *to be*; being a monosyllabic verb it keeps the **ku** of the infinitive in most of its tenses.

Y is the form *i* takes before a vowel, so **ya, yangu, yako**, etc., are the possessives *of, my, your*, etc., for the plural of the M–MI class, the singular of the N-class, and the plural of the MA-class: **milima ya Kenya**, *the Kenya mountains*; **nyumba yangu**, *my house*; **mayai yako**, *your eggs*. **ya** is also the subject and object prefix for the MA-class.

    ye, a shortened form of **yake** or **yeye** is attached to the end of some words: **nduguye**, *his brother*; **baadaye**, *after that*; **ndiye**, *it is he*, etc. For the personal prefix **yu** see page 6.

Z is frequently heard for the Arabic **dh**, and vice versa. **Za, zi**, and **zo** are concords of nouns in the N-class plural.

A

-a, of
abiri, to travel as passenger
abiria(-), a passenger
abirisha, to convey as passenger
abudu, to worship; abudiwa, be worshipped
acha, to leave; let; achwa, be left
achama, to open mouth wide
achana, to leave one another; diverge
achia, to leave to
achilia, to forgive; achiliwa, be forgiven
achilio(ma), forgiveness
achisha maziwa, to wean a child
ada(-), a fee
adabu(-), good manners
adha(-), trouble
adhabu(-), punishment
adhama(-), honour; glory
adhana(-), Moslem call to prayer
adhibika; adhibiwa, be punished
adhibisha; adhibu, to punish
adhimisha, to honour
adhini, to call to prayer
adhuhuri, noon
adibisha, to train in good manners
adili, righteous; just
adilisha, to teach right conduct
adimika, be scarce
adimu, rare; unobtainable
adui(ma), an enemy
afa(ma), a calamity; ill-omened person
afadhali, preferable; preferably
afikiana, to make an agreement
afisa(ma), an officer
afisi(-), an office
afu, afua(-), deliverance from calamity
afua, to deliver; save
afya(-), health
afyuni(-), opium
aga, to take leave of
agana, to say Goodbye; to make an agreement
agano(ma), an agreement

Agano Jipya, the New Testament
Agano la Kale, the Old Testament
agia, to befit; to suit
agiza, to order; direct; agizwa, be ordered
agizo(ma), directions
agua, to divine; predict; aguliwa, be predicted
ahadi(-), a promise
ahera(-), place of future life
ahidi, to promise; ahidiwa, be promised
ahidiana, to promise one another
ahirisha, to postpone
aibika, be disgraced
aibisha, to put to shame
aibu(-), shame
aidha, moreover; next
aili, to blame
aina(-), kind; species
ainika, be specified
ainisha, to classify; distinguish
ajabu(ma), a wonder; wonderfully
ajali(-), fate
ajili, sake; kwa ajili ya, because of
ajiri, ajirisha, to hire for work; ajiriwa, be hired
ajizi(-), slackness
aka, to work as mason
akali, a few
-ake, his; hers; its
akiba(-), reserve; store
akili(-), mind; intelligence; clever idea
akina, relations; connections; akina mama, the women-folk; akina sisi, people like us
-ako, your/s
ala(-), tool; utensil
ala(ny), a sheath
alama(-), a mark; sign
alasiri(-), afternoon
alfabeti(-), alphabet
alfajiri(-), before dawn
Alhamisi, Thursday
alika, alisha, 1 to click; crackle; 2 to invite; summon

Allah, God
almaria(-), braid; embroidery
almasi(-), a diamond
ama, either; or
amali(-), action; occupation
amana(-), pledge; deposit
amani(-), peace
amara(-), urgent business
amari(-), cable
amba-, who; which; **vitu amba-vyo,** things which
amba, to abuse
ambaa, to skirt; avoid
ambata, to stick to
ambatana, to stick together
ambatisha, to cause to adhere
ambia, to tell; say to; **ambiwa,** be told
ambika, to bait a trap
ambilika, be approachable; affable
ambo(ma), glue; gum
ambua, to peel off; **ambuka,** to come off
ambukiza, to infect
ambukizo(ma), infection
ami, amu, paternal uncle
amia, to guard crops from birds; **amiwa,** be guarded
amini, to believe; **aminiwa,** be believed
amini, -aminifu, faithful
aminika, be trusted
aminisha, to entrust
amka, to awake
amkia, amkua, to greet
amri(-), command; authority
amriwa, be ordered
amsha, to awaken someone
amua, to arbitrate; judge; **amuliwa,** be judged
amuru, to command
amwa, to suck the breast; **amwisha,** to suckle
ana, he has
-anana, soft; gentle
anasa(-), luxury; pleasure
andaa, andalia, to prepare; **jiandaa,** to make oneself ready
andaliwa, be ready
andama, to follow; **andamwa,** be followed by

andamana, to follow in procession
andika, *1* to set in order; set the table; *2* to write; to enrol
andikia, to write to; **andikiwa,** be written to
andiko(ma), something written
anga(-), the sky; light
angaa, angaza, to shine; give light
angalia, to pay attention; take care; **angaliwa,** be taken care of
-angalifu, careful; attentive
angama, to hang in mid-air
angamia, to perish
angamiza, to destroy
-angavu, clear; shining
angaza, to give light
angika, to hang up; **angikwa,** be hung up
-angu, my; mine
angua, to throw down; hatch eggs; **anguliwa,** be taken down; hatched
anguka, to fall
anguko(ma), a fall; a ruin
angusha, to throw down: make fall
angusho(ma), destruction
anika, put out to dry; **anikwa,** be put out
ankra(-), invoice
anua, to take in, from rain, etc.
anuka, to clear up (*weather*)
anwani(-), the address
anza, to begin
anzisha, to start off; institute; **anzishwa,** be started off
-ao, their/s
apa, to take an oath
apisha, to put on oath
apiwa, be sworn to
apiza, to curse
apizo(ma), a curse
arabuni(-), a deposit; guarantee
ardhi(-), soil; ground
ari(-), eagerness; self-respect
arifu, to inform; **arifiwa,** be informed
aroba, four
arobaini, forty
arusi(-), a wedding; **maarusi,** the bridal couple

asali(-), honey; syrup
asante, thank you
asherati(-), fornication; profligate
ashiki(-), strong desire
ashiria, to make a sign to; ashiriwa, be signalled to
asi, to disobey; rebel
asili(-), origin; nature
asilia, genuine; original
askari(-), a soldier
askofu(ma), a bishop
asubuhi(-), morning
atamia, to sit on eggs
athari(-), a mark; blemish
athiri, to mark; mar
Ati, I say!
atika, to plant out
atua, to split; crack; atuka, be cracked
au, or
aua, to survey; inspect; auliwa, be surveyed
aula, important; better
auni(-), help
awali(-), the beginning; first
aya(-), a verse; short section
ayari(-), a cheat; a rogue
azali, without beginning; eternal
azima, *1* to borrow; lend; *2* a charm
azimia, azimu, to intend; azimiwa, be intended
azimio(ma), intention; plan
aziri, to disparage publicly
azizi(-), a treasure; excellent

B

baa(ma), *1* disaster; plague; *2* public bar
baada ya, after
baadaye, afterwards
baadhi, some
baba(-), father
baba mkubwa; baba mdogo, paternal uncle
babaika, to babble
babaiko(ma), meaningless talk
babaisha, to cause confused speech
babata, to tap lightly
babu(-), grandfather
babua, to strip off with fingers

babuka, be disfigured
badala(-), a substitute
badala ya, instead of
badili, badilisha, to change; exchange
-badilifu, changeable; unstable
badilika; badiliwa, be changed
badiliko(ma), change
bado, not yet; still
bafta(-), thin white calico
bagua, to separate; segregate; baguliwa, be separated
bahari(-), the sea
baharia(ma), a sailor
bahasha(-), envelope; bag; bundle
bahati(-), luck; chance; bahati nasibu, a lottery
bahatisha, to guess; take a chance
bahili(-), a miser; miserly
baina ya, between; among
bainika, be clear; manifest
bainisha, to show clearly
baisikeli(-), a bicycle
baki(ma), remainder
baki, to remain over
bakiza, to leave over
bakora(-), a walking-stick
bakshishi(-), a tip
bakuli(-), a basin
balaa(ma), a calamity
balehe, to reach puberty
bali, but; on the contrary
balozi(ma), a consul; ambassador
bamba, to hold; arrest; bambwa, be arrested
bana, to squeeze; hold by pressure
banda(ma), a barn, shed
bandari(-), a harbour
bandi(ma), stitching
bandia(-), home-made doll
bandika, to attach; stick on; bandikwa, be stuck on
bandua, to strip off; banduliwa, be stripped off
banduka, to get detached from
bangi(-), bhang (*hemp*)
bangili(-), a bangle
bango(ma), mudguard; protective sheath
banika, fix in a spit
banja, to crack nuts

banzi(ma), spit for roasting

bao(ma), *1* board for game or divination; *2* goal; points

bapa(ma), a broad flat surface

bara(-), a continent; mainland

barabara(-), *1* highroad; *2* exactly right

baradhuli(ma), a simpleton

barafu(-), ice

baragumu(ma), a war-horn

baraka(-), blessing; prosperity

baraza(-), verandah; council-house

baridi(-), cold, coolness

bariki, to bless: **barikiwa**, be blessed

barizi, to hold a reception; attend a council

barua(-), a letter

baruti(-), gunpowder

bashiri, to predict; bring news; **bashiriwa**, be announced; predicted

basi, well! That's all!

basi(ma), a bus

bastola(-), a pistol

bata(ma), a duck

bata la bukini, a goose

bata mzinga, a turkey

bati(ma), galvanized iron sheets

batili, batilisha, to annul: **batilika**, be annulled; cancelled

batili, invalid; worthless

batiza, to baptize

batobato(ma), coloured markings

bawa(ma), a wing

bawaba(-), a hinge

bawabu(ma), a doorkeeper

-baya, bad

bayana, certainty

beba, to carry on back (*child*); bear cobs (*maize*)

beberu(ma), a he-goat; a strong man

bega(ma), shoulder

behewa(ma), *1* inner courtyard; *2* compartment of train

bei(-), price

bekua, to parry

bemba, to wheedle; seduce

bembeleza, to coax; soothe

bendera(ma), a flag; banner

benibeni, askew; awry

benuka, to bulge: protrude

beti(-), *1* small leather pouch; *2* verse of a song

beza, to scorn

-bezi, disdainful

bia(-), co-operation

biashara(-), commerce

bibi(-), grandmother; lady

Biblia, Bible

-bichi, unripe; uncooked; damp

bidhaa(-), merchandise

bidi, to be obligatory; **imenibidi**, I feel bound to

bidii(-), energy; effort; **jibidiisha**, to exert oneself

biga(ma), earthenware beer-pot

bikari(-), drawing compasses

bikira(ma), a virgin

bikiri, to deflower; **bikiriwa**, lose virginity

bila, without

bilashi, in vain

bilauri(-), a glass; tumbler

bilingani(ma), aubergine

bima(-), insurance

bin, son of

binadamu, son-of-Adam; a human being

bindo(ma), a fold of loincloth used as pocket

bingwa(ma), an expert

binti(ma), daughter

birika(ma), kettle; tank

bisha, to knock; oppose

bishana, to wrangle

bisi, popcorn

bisibisi(-), a screwdriver

bitana(-), thin lining material

-bivu, ripe

biwi(ma), a rubbish heap

bizari(-), curry powder

bizimu(-), buckle; brooch

blanketi(ma), a blanket

boboka, to blurt out

boga(ma), a pumpkin

bohari(ma), a warehouse

bokoboko, a mashy substance

bokoka, to come off (*as handle*)

boma(ma), a fort; government office

bomba(ma), a pump; pipe; chimney

bomoa, to break down; bomo-
lewa, be broken down
bomoka, to collapse
bomoko(ma), a demolished build-
ing
bonde(ma), a valley
bonge(ma), a lump; ball of
string, etc.
bonyea, to sink in
bonyeka, to be dented
bonyeza, to press in
bopa, be soft; sink in
bopo(ma), a soft place; mud-hole
bora, fine; excellent
boriti(ma), thick pole; beam
boronga, to bungle
borongo(ma), spoilt work
-bovu, rotten; worthless
bua(ma), stem of maize, millet,
etc.
buba, yaws
bubu(ma), a dumb person
bubujika, to bubble out
bubujiko(ma), a bubbling-up
buburushana, to scuffle
budi, a way out; alternative; sina
budi, I must
buibui(-), 1 a spider; 2 woman's
covering-cloak
bukua, to ferret out scandal
bulula, a tap
buluu, blue
bumba(ma), a lump; cluster of
bees, etc.
bumbuaza, to confuse; perplex
bumbuazi(-), perplexity; help-
less confusion
bumburuka, be startled; rush off
bumburusha, to startle; frighten
away
bunda(ma), a parcel; bale
bundi(ma), an owl
bunduki(-), a gun
bungu(ma), a boring insect
bungua, to bore holes in wood,
grain, etc.
bunguka, be worm-eaten
buni(-), coffee berries
buni, to compose; make up;
buniwa, be invented; imaginary
burashi(-), a brush
bure, 1 free of charge; 2 useless
burudika, be refreshed

burudisha, to cool; refresh
burudisho(ma), relaxation
buruga, to stir up
burura, to drag
busara(-), prudence
bustani(-), a garden
busu, to kiss
butu, blunt
buu(ma), maggot; grub
buyu(ma), calabash
bwaga, to throw down; bwaga
moyo, throw off cares; rest
bwana(ma), master; gentleman
bwawa(ma), swamp; bog
bweni(-), sleeping quarters for
girls or boys
bweta(-), small box

CH

For prefix ch *see page* 2

cha, of
cha, 1 to dawn; 2 to reverence
chacha, to ferment; go sour
chachari(ma), restlessness
chachatika, to tingle
-chache, a few; not much
-chafu, dirty
chafua, to soil; mess up; chafu-
liwa, be messed up
chafuka, be in disorder
chafuko(ma), muddle; disorder
chafya, a sneeze; piga chafya, to
sneeze
chaga, to do vigorously; be pre-
valent
chagiza, be insistent; pester
chagua, to choose; vote for;
chaguliwa, be chosen
-chaguzi, critical; fastidious
chai(-), tea
chakaa, to grow old; wear out
chakacha, to rustle
chakarisha, to make a rustling
noise
chaki(-), chalk
chakula(vy), food
chakura, to scratch the ground
chale(-), incisions; tribal marks
chali, flat on back
chama(vy), a society; wana-
chama, members
chambega, on the shoulders

chambo(vy), bait

chambua, to clean cotton, vegetables, etc.

chamchela(-), a whirlwind

chamshakinywa, breakfast; first food of the day

chana, to comb hair; to split leaves for plaiting

chandalua(vy), mosquito net

chane(-), slit leaves for plaiting

-changa, young

changa, *1* to chop up; *2* to collect (*money, etc.*)

-changamfu, cheerful

changamka, be cheerful

changamsha, enliven

changanua, to separate; analyse

changanya, to mix

changanyiko(ma), a mixture

changarawe(-), grit; gravel

chango(-), contribution; levy

chango(vy), hook; peg

changua, to dismember

chanikiwiti, light green

chanja, to cut; vaccinate; chanjwa, be vaccinated

chano(vy), wooden tray

chanua, to put forth leaves; to flower

chanuo(-), a comb

chanyata, to slice up; wash carefully

chanzo(vy), a beginning

chapa(-), a mark; print; piga chapa, to print

chapua, to speed up; chapua miguu, stamp; walk quickly

chapuchapu!, Hurry up!

chapukia, be well-flavoured

chapwa, insipid

charaza, do with vigour or skill

chatu(-), a python

chawa(-), a louse; lice

chaza(-), an oyster

checha, to cut into small pieces

cheche(-), spark; small piece

chechemea, to limp

cheka, to laugh; laugh at

chekecha, to sieve

chekecheke(-), a sieve

chekelea, to smile

chekesha, to amuse

cheko(ma), a roar of laughter

chekwa, in large quantities

chelewa, be late

cheleza, to keep overnight

chelezo(vy), a raft; buoy

chembe(-), a grain

chemchemi(-), a spring of water

chemka, to bubble up; boil

chemsha, to boil

chenezo(vy), a measuring-line

chenga, a dodge; piga chenga, to dodge

chengachenga, small bits; grains

chenza(ma), tangerine orange

cheo(vy), size; measure; rank

chepe(ma), ill-bred person

chepechepe, moist; soppy

cherehani(-), sewing machine

-cheshi, amusing

chetezo(vy), a censer

cheti(vy), certificate; pass; chit

cheua, to eructate; chew the cud

cheza, to play

chezacheza, be loose-fitting

chezea, to play with; to mock; chezewa, be mocked

chicha(-), grated coconut

chimba, to dig; chimbika, be dug

chimbua, to dig out

chimbuka, to appear

chimbo(ma), a pit; quarry

chimbuko(ma), a pit; source

chimvi, ill-omened person or animal

chini, on the ground; chini ya, under; below

chinja, to slaughter

chipua, chipuka, to sprout

chipukizi(ma), young plant

chocha, to prod

chochea, to stir up; provoke

choka, to get tired

chokaa(-), lime; whitewash

chokoa, to poke out

chokochoko(-), discord

chokoza, to provoke

-chokozi, annoying

choma, to stab; to burn; chomwa, be stabbed; burnt

chombo(vy), *1* any kind of utensil; *2* sailing vessel

chomeka, to stick into

chomoa, to draw out

chomoza, to burst forth
chonga, to cut to shape
chongea, to slander; **chongewa,** be slandered
chongelezo(ma), talebearing
chongo, one-eyed
chongoa, cut to a point
chongoka, be sharp, jagged
chonyota, to smart
choo(vy), *1* cess-pit, lavatory; *2* faeces; urine
chopi, limping
chopoa, pull out; snatch away
chopoka, let slip
chora, to engrave; **chorachora,** to scribble
choroko(-), small peas
chosha, to fatigue; **-a kuchosha,** dreary; tiresome
chota, take up little by little
choto(ma), small amount
-chovu, tiring
chovya, to dip; immerse; **chovywa,** be immersed
choyo, greed
chozi(ma), *1* a tear-drop; *2* a sunbird
chubua, to graze the skin
chubuka, be grazed
chubuko(ma), a raw place
chuchu(-), a teat
chuchumia, to reach up to
chuguu(ma), an ant-heap
chui(-), a leopard
chuja, to filter; strain; **chujwa,** be strained
chujio(-), a strainer
chujo(-), the strained product
chujuka, to fade
chuki, hatred; resentment
chukia, to hate; dislike; **chukiwa,** be disliked
chukiza, to inspire aversion; **chukizwa,** be offended
chukizo(ma), a disgusting thing
chukua, to carry; **chukuliwa,** be carried
chukuana, to agree together; be relevant
chukuliana, bear with one another
chukuza, employ as porter
chuma(vy), iron, steel

chuma, *1* to gather flowers or fruit; *2* to gain by trade
chumba(vy), a room
chumvi(-), salt
chuna, to skin
chunga, *1* to look after; shepherd; *2* to sift
-chungu, bitter
chungu(vy), cooking pot
chungu(-), *1* an ant; *2* a heap
chungua, chunguza, to scrutinize
chungulia, to peep at; inspect carefully; **chunguliwa,** be scrutinized
chungwa(ma), an orange
chuo(vy), a book; school
chupa, to jump down
chupa(-), a bottle
chura(vy), a frog
churuzika, to trickle away
chuuza, to trade
chwa, to set (*sun*)
chwea, chwelewa, be overtaken by dark

D

daawa(-), a lawsuit
dada(-), sister; **dadiye,** his sister
dadisi, be inquisitive
dafina(-), treasure
daftari(-), account-book; register, etc.
dafu(ma), a young coconut
dagaa(-), whitebait
dai, to claim; **jidai,** to claim falsely
dai(ma), a claim
daima, constantly; **-a daima,** perpetual
daiwa, be sued
daka(ma), a recess
daka, to pounce on; catch
dakika(-), a minute
dakiza, to interrupt; contradict
dakizo(ma), an objection; contradiction
daktari(ma), a doctor
dakua, to let out secret
dalali(-), an auctioneer; broker
dalasini(-), cinnamon
dalili(-), a sign

damu(-), blood
danga, to scoop up carefully
danganya, to deceive; **danga-nywa**, be deceived
-danganyifu, crafty
danganyika, be deceived
danganyo(ma), a deception
danguro(ma), a brothel
daraja(ma), a bridge; steps; rank
daraka(ma), responsibility
darasa(ma), a class; classroom
dari(-), ceiling; flat roof
darubini(-), telescope; micro-scope
dau(ma), native dhow
dawa(-), medicine; **dawa ya viatu**, shoe-polish
debe(ma), 4-gallon oil tin
deka, be conceited
dekeza, to spoil a child
dekua, bring down at one blow
dema(-), a fish-trap
demani(-), end of south mon-soon; lee-side
dengu(-), lentils
deni(-), a debt
dereva, driver
desturi(-), custom
dhabihu(-), a sacrifice
dhahabu(-), gold
dhahiri, evident
dhaifu, weak
dhalimu, unjust
dhalimu(ma), a tyrant
dhamana(-), surety; bail
dhambi(-), sin
dhamini, to guarantee
dhamiri(-), conscience
dhana(-), a supposition
dhani, to think; suppose
dhara(-), harm
dharau(-), contempt; scorn
dharau, to despise; **dharauliwa**, be despised
-dharaulifu, discourteous
dharuba(-), a blow
dhati(-), free-will; determination
dhihaka(-), ridicule
dhihaki, to ridicule; **dhihakiwa**, be ridiculed
dhihirisha, to show clearly; **dhihirika**, be clear
dhiki(-), distress

dhikika, be hard-pressed
dhili, to humiliate; **dhiliwa**, be humiliated
dhili(-), mean condition
-dhilifu, mean; insignificant
dhoofika, to lose strength
dhoofisha, to weaken
dhoruba(-), a storm
dhulumu, to treat unjustly; oppress; **dhulumiwa**, be op-pressed
dhuru, to harm; **dhurika**, be harmed
dia(-), a ransom; compensation
dibaji(-), a preface
didimia, to sink down
didimisha, to force down
dimbwi(ma), a pool
dini(-), religion
dira(-), mariner's compass
diriki, to be in time to
dirisha(ma), a window
divai(-), wine
diwani(ma), a councillor
doa(ma), a blotch; stain
dobi(ma), a laundryman
dodoki(ma), a loofah
-dogo, small
dokeza, to hint
dokezo(ma), a hint
dola, the government
dona, donoa, to peck at
dondoa, to pick up bit by bit; make a selection
dondoo(ma), selections; antho-logy
donge(ma), a lump; ball of thread, etc.
donoa, to peck; strike (*snake*)
doria(-), a patrol
dosari(-), a blemish
dua(-), a petition; prayer
duara(-), a circle; wheel
dubu(-), a bear
dubwana(ma), a monster
dudu(ma), large insect
duduka, be pock-marked
dufu, insipid
dugi, blunt
dugika, be blunt
duka(ma), shop
dukiza, to eavesdrop
dumaa, be stunted; stupid

dume(ma), a male animal
dumisha, to cause to continue
dumu, to continue; persevere
dunduliza, to save up
dungu(ma), raised platform for bird scarers
duni, inferior
dunia(-), the world
dunisha, to underrate; despise
dutu(ma), a wart, pimple, etc.
duwaa, be dumbfounded

E

eda(-), wife's period of mourning
edashara, eleven
egama, to lean
egamia, to lean on
egemea, *see* **tegemea**
eka(-), an acre
-ekundu, red
elea, *1* be intelligible; *2* to float
eleka, to carry on back or hip
elekea, be inclined to; be probable
-elekevu, quick to learn
elekeza, to show the way; direct
eleleza, to follow a pattern
elewa, to understand
eleza, to explain
elezo(ma), explanation
elfeen, two thousand
elfu, a thousand
elimisha, to educate; **elimika**, be educated
elimu(-), knowledge; science
-ema, good
-embamba, narrow; thin
embe(ma), a mango
enda, to go
endeka, be passable
endekeza, to adapt; put right; spoil a child
endelea, to continue; progress
endesha, to drive
enea, be spread out; be sufficient
eneo(ma), area
eneza, to spread abroad; measure; fit
enezi(ma), distribution
engua, to skim off
-enu, your/s
-enye, having
-enyewe, self

Enyi!, You!
enzi, might; dominion
epa, to avoid
epea, to miss the mark
-epesi, *1* quick; *2* light in weight; *3* easy
epua, to take pot off fire
epuka, to avoid; **epukwa**, be avoided
eropleni(-), aeroplane
-etu, our/s
eua, to purify ceremonially
-eupe, white
-eusi, black
Ewe!, You there!
ezeka, to thatch; **ezekwa**, be thatched
ezua, to take thatch off

F

fa (kufa), to die
faa, be useful; proper
fadhaa(-), dismay
fadhaika, be troubled
fadhaisha, to disquiet
fadhili(-), a favour
fadhili, do a kindness to
fafanisha, fafanua, to liken to; make clear
fafanuka, be clear
fafanusha, to explain; make clear
fagia, to sweep; **fagiwa**, be swept
fagio(ma), a broom
fahali(ma), a bull
fahamika, be comprehensible
fahamisha, to inform; remind
-fahamivu, intelligent
fahamu(-), consciousness
fahamu, to know; understand
fahari(-), splendour
fahirisi(-), table of contents; index
faida(-), profit
faidi, to profit from
faini(-), a fine
fali(-), augury of good or bad luck
fanaka(-), prosperity
fanana, to resemble
fananisha, to compare
fanikiwa, to prosper
fanusi(-), a hand-lamp

fanya, to do; make

fanyika, be done; be doable

fanyiza, to make

fara, level measure

faradhi(-), obligation

faragha(-), seclusion; faraghani, in private

faraja(-), consolation

faraka(-), a division

farakana, be estranged

farakano(ma), a sect

farasi(-), a horse

fariji, to console; farijika, be comforted

fariki, to die

farisi, expert; capable

fasaha, fasihi, elegant in speech or writing

fasiki(-), a profligate

fasiri, to interpret; translate; fasiriwa, be translated

fataki(-), fireworks; crackers, etc.

fatiha, opening of the Koran; prayer for the dead

faulu, to succeed

fedha(-), silver; money

fedheha(-), shame

fedheheka, be put to shame

fedhehesha, to put to shame

feli, 1 an act; 2 a misdeed

fenesi(ma), jakfruit

ficha, to hide; fichwa; fichika, be hidden

fidhuli, insolent

fidi, to ransom

fidia(-), a ransom

fifia, to fade

figo(-), a kidney

fika, to arrive

fikara(-), meditation

fikia, to reach; overtake

fikicha, to crumble; rub

fikichika, be friable

fikiliza, to bring about

fikira(-), reflection

fikiri, to consider; fikiriwa, be considered

fikirisha, to make one think

fikisha, help someone to arrive

filimbi(-), a whistle; pipe

filisi, to ruin

filisika, to go bankrupt

fimbo(-), a light stick

finga, to protect by charms

fingirika, fingirisha, to roll along

fingo(ma), a charm

finya, to pinch; make too narrow

finyana, be shrivelled; wrinkled

finyanga, to make pots

finyo(ma), a narrow place; a crease

fisadi(ma), a corrupt person; seducer

fisha, to kill

fisi(-), a hyena

fisidi, to corrupt; seduce

fitina(-), discord

fitini, fitinisha, make discord

fiwa, be bereaved

foka, to burst out; boil over

fora(-), a success; a win

forodha, The Customs

frasila(-), a measure c. 35 lbs

fua, 1 to wash clothes; 2 to work in iron; 3 to husk coconuts

fuata, to follow; fuatwa, be followed

fuatana, to accompany

fuatisha, to copy

fuawe(-), an anvil

fudifudi, (to lie) face downwards

fudikiza, turn upside down

fufua, to revive

fufuka, to come to life

fuga, to keep livestock

fugo(ma), stock-keeping; animal given in payment

fuja, to bungle; waste

fujo(ma), mess; disorder

fukara(-), a destitute person

fukarika, become poor

fukarisha, make poor

fukia, 1 to fill in a hole; 2 to give out smoke

fukiza, to fumigate

fukizo(ma), vapour; fumes

fuko(ma), 1 an excavation; 2 a mole

fukua, to dig out; fukuliwa, be dug out

fukuto(ma), sweat

fukuza, to drive away; fukuzwa, be driven away

fukuzana, to chase one another

fukuzano(ma), a persecution

fulana(-), vest
fulani, a certain person or thing
fuliza, fululiza, to keep on doing; continue
fuma, to weave; knit
fumania, to take in the act; **fumaniwa**, be caught doing
fumba, to close; mystify
fumbata, to grasp
fumbo(ma), a dark saying; mystery
fumbua, to unclose; reveal
fumua, to unravel; unpick
fumukana, to disperse
funda, *1* to pound; *2* to gulp; *3* to instruct
fundi(ma), a craftsman
fundika, to make a knot
fundisha, to teach
fundo(ma), a knot
funga, to fasten; to fast; **fungwa**, be fastened
funganya, fungasha, to pack
fungate(-), seven-days honeymoon
fungu(ma), *1* a portion; *2* a sandbank; heap; *3* a group
fungua, to unfasten; open; **funguliwa**, be opened
funguka, to come undone
funika, to cover; **funikwa**, be covered
funua, to uncover; reveal
fununu(-), a rumour
funza(ma), maggot; jigger
funza, to instruct
funzo(ma), instruction
-fupi, short; low
fupisha, to shorten
fura, to swell; effervesce
furaha(-), joy
furahi, to rejoice; **furahiwa**, be rejoiced at
furahisha, to delight
furika, to overflow
furiko(ma), a flood
furufuru(-), confusion
furukuta, be restless
furushi(ma), a bundle
futa, *1* to wipe; obliterate; *2* to unsheathe
futika, to stick into belt, etc.
futua, to pull out

fuu, fuvu(ma), empty shell; the skull
fuzi(ma), shoulder
fuzu, to succeed; win
fyata, to put between legs; **fyata ulimi**, control your tongue
fyatua, let off a gun or trap
fyatuka, go off suddenly
fyeka, to cut down bush
fyeko(ma), cleared space for cultivation
fyoa, to reap by cutting
fyonza, to suck

G

gaagaa, to roll from side to side
gadi(ma), a prop
gadimu, to prop; shore up; **gadimiwa**, be propped up
gaidi(ma), a bandit
gamba(ma), bark; scale
gambusi(-), native banjo
ganda(ma), shell; pod; skin of fruit
ganda, to coagulate; freeze
gandama, be frozen, coagulated
gandamia, adhere to
gandamiza, to press; compress
gando(ma), crab's claw
gandua, to pull away; rescue
ganga, to mend; heal
gango(ma), a splint; splice
gani?, what kind of?
ganzi(-), numbness; **kufa ganzi**, go numb
gao(ma), a handful
gari(ma), a wheeled vehicle
gati(-), landing-stage
gauni(ma), a dress
gawa, gawanya, to divide; **gawiwa**, be divided
gawia, gawanyia, give a share to
gazeti(ma), magazine; newspaper
gego(ma), a molar tooth
gema, to tap (*for rubber, palmwine, etc.*)
genge(ma), precipice; ravine
-geni, strange; **-a kigeni**, foreign
gereji(ma), a garage
gereza(ma), a prison
-geugeu, changeable

geuka, geuza, to turn round; change

ghadhabika, be angry

ghadhabu(-), anger

ghafilika, be taken unawares

ghafula, suddenly; unexpectedly

ghairi, to change one's mind; **ghairi ya,** without

ghala(-), store-room

ghali, scarce; expensive

ghalika, to rise in price

ghamu(-), grief

gharama(-), expense

gharika(-), a flood

gharikisha, to inundate

gharimia, to bear the expense of

ghasi, to disturb

ghasia(-), disturbance

ghiliba, rivalry

ghilibu, get the better of

ghofira(-), absolution

ghoshi, to adulterate

ghuba(-), a gulf

giza(-), darkness

goboa, to break off; strip off

godoro(ma), a mattress

gofu(ma), a broken-down house

gogo(ma), a log

gogota, to tap

goigoi, lazy; useless

gololi(ma), a marble

goma, to strike work

gomba, gombana, to quarrel

gombea, to compete for; dispute

gombeza, to reprimand

gombo(ma), leaf of book

gome(ma), bark; shell

gonga, to knock

gongana, to collide

gongo(ma), a cudgel

gongomea, to nail up; **gongomewa,** be nailed up

gota, to tap

goti(ma), a knee; **piga magoti,** kneel down

gubeti(-), prow of native vessel

gubika, to cover; **gubikwa,** be covered

gubua, to uncover

gudi(ma), a dock

gudulia(ma), water-jar

gugu(ma), a weed

gugumia, to gulp down

gugumiza, to stutter

guguna, to gnaw

gumba, sterile; **kidole gumba,** the thumb

-gumu, hard; difficult

guna, to grunt; show discontent

gundi(-), adhesive gum

gundua, to catch unawares; startle; **gunduliwa,** be come upon unexpectedly

gunga, to keep a taboo

gunia(ma), a sack

guno(ma), grumbling

gunzi(ma), a maize cob

gurudumu(ma), a wheel

gusa, to touch; **guswa,** be touched

gusika, be touchable

guta, to shout

gutu(ma), a stump

gutua, to startle; **gutuka,** be startled

gwaride, military parade

H

For other words with H prefixes see page 19

haba, few; very little

habari(-), news; **habari za,** about

Habeshi, Abyssinia

hadaa, to cheat; **hadaiwa,** be cheated

hadaa(-), trickery

hadhara(-), a meeting; in front of

hadhari(-), caution

hadhari, be cautious; **jihadhari!,** Look out!

hadi, until; up to

hadithi(-), a story

hadithia, to narrate; **hadithiwa,** be told

hafifu, insignificant

hai, alive

haiba, noble bearing

haidhuru, it doesn't matter

haini(-), a traitor; to betray

haja(-), need; request

hajambo, he is well

haji(-), pilgrimage to Mecca

haki(-), justice; right; **-a haki,** just

hakika(-), certainty

hakikisha, to make sure

hakimu(ma), a judge

hakuna, no; there is not

halafu, afterwards

halaiki(-), a crowd

halali, lawful

halalisha, to legalize

hali, state; **U hali gani?** How are you?

halifu, to rebel against; disobey

halisi, genuine; truly

halmashauri(-), a council

halzeti, olive oil

hama, to move away; **hamia,** to move to

-hamaji, migratory

hamaki, to get angry suddenly; quick temper

hamali(ma), a porter

hamamu(-), public baths

hame(ma), a deserted village

hamira(-), yeast

hamisha, to move people; banish

hamu(-), a yearning

hanamu, oblique; sloping edge

handaki(ma), a trench

hangaika, be anxious

hangaiko(ma), anxiety

hangaisha, make anxious

hani, to condole with

hapa, here

hapana, no; there is not

hapo, there; then

hara, to have diarrhoea

-harabu, destructive

haraka(-), haste

harakisha, to hustle

haramia(ma), bandit; pirate

haramu, prohibited

harara(-), body heat; hot temper

hari(-), heat

-haribifu, destructive

haribika, be spoilt

haribu, to destroy; spoil

harimisha, to excommunicate; declare illegal

harimu(ma), forbidden persons or things

hariri(-), silk

harisha, to cause diarrhoea; purge

harufu(-), odour

hasa, especially

hasara(-), loss; damage

hasira(-), anger

hasiri, to damage; **hasiriwa,** be damaged; incur loss

hata, until; up to; **hata kidogo,** not at all

hatamu(-), bridle

hatari(-), danger

hati(-), document; **hati ya maombi,** application form

hatia(-), guilt

hatima(-), end; **hatimaye,** finally

hatirisha, to endanger

hatua(-), a step; pace

hawa(-), strong desire; **hawa nafsi,** egotism

haya(-), modesty; bashfulness

hayawani(-), a beast

hazina(-), treasury

hedaya(-), a costly gift

hedhi(-), menses

hekaheka, shouts of encouragement

hekalu(ma), temple

hekaya(-), a legend

hekima(-), wisdom

hema(-), a tent; **piga hema,** pitch a tent

hema, to pant for breath

hemera, to search for food

heri(-), happiness; **Kwa heri,** Goodbye

herufi(-), a letter (*alphabet*)

hesabia, consider to be

hesabu(-), accounts; arithmetic

hesabu, to reckon; **hesabiwa,** be reckoned

heshima(-), honour; respect

heshimu, to honour; **heshimiwa,** be honoured

hewa(-), air

hiari(-), choice; free-will; **-a hiari,** voluntary

hidi, to convert; **hidiwa,** be converted

hifadhi, to preserve; **hifadhiwa,** be preserved

hiji, to go on pilgrimage

hila(-), craftiness

hima(-), haste; quickly

himaya(-), protection

himidi, to praise (*God*); **himidiwa,** be praised

himili, to bear; support

himiza, to urge haste

hini, hinisha, to withhold from

hirizi(-), a charm; amulet

hisa(-), a share; portion

hisani(-), kindness

hitaji, to need; **hitajiwa,** be needed

hitilafiana, be different

hitilafu(-), difference; blemish

hitimu, to finish education

hivi, hivyo, thus

hizi, to disgrace

hodari, brave; capable

hodi, May I come in? *Ans.* **karibu**

hofia, be afraid for

hofu(-), fear

hohe hahe, utterly destitute

hoi, in a bad state

hoja(-), subject under discussion; business

hoji, to interrogate

hojiana, to discuss

homa(-), fever

honga, to bribe; pay toll

hongeza, *1* extort payment; *2* to congratulate

hori(-), *1* a creek; *2* a manger

hotuba(-), a sermon; address

hua(-), a kind of dove

huba(-), love; friendship

hubiri, to preach

hudhuria, to attend a meeting

hudhurio(ma), attendance

huduma(-), service; ministry

huenda, perhaps

huisha, to give life to

hujambo?, Are you well?

huko, huku, here; there; **huko nyuma,** meanwhile

hukumu(-), judgement

hukumu, to judge; **hukumiwa,** be judged

hulka(-), human condition, characteristics, etc.

huluku, to create

humo, humu, in there

huru, free

huruma(-), compassion

hurumia, show mercy to

husiana, be relevant

husika, to apply to; be concerned with

husu, to concern

husuda(-), envy

husudu, to envy; **husudiwa,** be envied

hususa, special; especially

hutubu, to preach

huzuni(-), grief

huzunika, be grieved

huzunisha, to grieve

I

iba, to steal

ibada(-), worship

Ibilisi, the Devil

ibia, to rob; **ibiwa,** be robbed

idadi(-), a number; **bila idadi,** uncountable

idara(-), a Government Department

idhini(-), permission

idhini, idhinisha, to sanction; authorize

idi(-), Moslem festival

iga, igiza, to imitate

igizo(ma), imitation; dramatization

ijapo, although

ijara(-), wages

ijumaa, Friday

ikiwa, if

ikiza, to lay across

iktisadi(-), economy

ila, except; **ilakini,** but

ila(-), a flaw

ilani(-), a notice; proclamation

ili, in order that

imamu, Mosque minister

imani(-), faith

imara, firm

imarisha, make firm

imba, to sing

imla, dictation

inama; inamisha, to bend down

inda(-), spite

ingawa, although

-ingi, many; much

ingia, to enter; **ingiwa,** be entered

-ingine, some; other

ingiza, to admit; put in

ini(ma), the liver

Injili, the Gospel

inshallah, God willing

inua, to lift up; **inuliwa,** be lifted up

inuka, to get up

inzi(ma), a fly

ipi?, which?

isha, to finish; be finished

ishara(-), a sign; signal

ishi, to live

ishilio(ma), stopping point

ishirini, twenty

ishiwa na, to have none left

isipokuwa, unless

islamu, Moslem religion

ita, to call; **itwa,** be called

itika, to answer a call

itikio(ma), response

iva, to get ripe; be well-cooked

iwapo, if

J

ja (kuja), to come

jaa(-), a rubbish-heap

jabali(ma), rocky prominence

jadi(-), lineage

jadili, to cross-question

jadiliana, to debate

jadiliano(ma), a debate

jaha(-), good fortune

jahazi(ma), a dhow

jaji(ma), a judge

jalada(-), a book cover

jali, to heed; respect

jalia, to grant; **jaliwa,** be granted

jalidi, to bind a book

jamaa(-), family; relatives

jamala(-), courtesy

jambia(-), Arab dagger

jambo (mambo), a matter; something; **jambo!,** a greeting

jamhuri(-), a republic

jamii(-), a group: collection

jamii, to have intercourse

jamvi(ma), plaited mat

jana, yesterday

jangwa(ma), desert

jani(ma), a leaf

-janja, cunning

japo, although

jaribio(ma), an experiment; trial

jaribosi, metal foil

jaribu, to try; test; **jaribiwa,** be tested

jaribu(ma), trial; temptation

jasho(-), sweat; **toka jasho,** to perspire

jasiri, to venture; **-jasiri,** daring

jasisi, to spy

jasusi(ma), a spy

jawabu(ma), an answer; a matter

jaza, to fill

jazi, to bestow on

je?, well? **-je,** how?

Jehanum, Hell

jela(-), prison

jemadari(ma), a commanding officer

jembe(ma), a hoe

jeneza(-), a bier

jenga, to build; **jengwa,** be built

jengo(ma), a building; building materials

jeraha(ma), a wound

jeruhi, to wound; **jeruhiwa,** be wounded

jeshi(ma), an army

jeuri(-), violence

jia, to come to; **jiwa,** be visited

jibini(-), cheese

jibu, to answer; **jibiwa,** be answered

jibu(ma), an answer

jicho (macho), an eye

For prefix **JI** *see page* 20

*ji*endesha, be automatic

*ji*fanya, to pretend

*ji*gamba, to brag

*ji*hadhari, take care

*ji*hini, to abstain from

jike (majike), female animal

jiko (meko), cooking place; **jikoni,** kitchen

*ji*kwaa, to stumble

jimbo(ma), province; county

jina(ma), a name

-jinga, stupid; ignorant

jini(ma), a genie

jino (meno), a tooth

jinsi, how

*ji*nyima, to deny oneself

*ji*ona, be vain

jioni, evening

*ji*patia, to acquire

jipu(ma), abscess
jirani(ma), neighbour
*ji*sifu, to boast
*ji*stahi, have self-respect
*ji*suka, to balance oneself
jitahidi, make an effort
*ji*tanguliza, put oneself forward
*ji*tegemea, be self-reliant
jitihadi(-), an effort
jitu(majitu), a giant
jiuzulu, abdicate
*ji*vuna, to boast; *ji*vunia, pride oneself on
jiwe (mawe), a stone
jogoo(ma), a cock
johari(-), a jewel
joho(ma), an Arab robe
joka(ma), a huge snake; dragon
joko(ma), a kiln
jongea, jongeza, to move along
jongoo(ma), a millipede
jora(ma), a bale of cloth
joto, heat
jozi(-), a pair
jua(ma), the sun
jua, to know; juliwa, be known
juana, to know one another
juha(ma), a simpleton
juhudi(-), zeal
jukwaa(ma), stage; scaffolding
julikana, be known
julisha, make known
juma(ma), a week
Jumamosi, Saturday
Jumapili, Sunday
jumba(ma), a hall; large house
jumbe(ma), a Chief
jumla(-), the total
jumlisha, to add up
jumuiya(-), a society; association
juta, to regret
juto(ma), remorse
juu, up; above; juu ya, over; down from
juujuu, superficially
juzi(ma), day before yesterday
juzu, be fitting; behove

K

kaa(ma), charcoal; coal; embers
kaa(-), a crab
kaakaa(ma), roof of mouth

kaanga, to fry; kangwa, be fried
kaango(-), a frying-pan
kaba, to press, throttle; kabwa, be throttled
kabari(-), a wedge
kabati(ma), a cupboard
kabidhi, to entrust to; kabidhiwa, be entrusted with
-kabidhi, economical; miserly
kabidhi(-), charge; guardianship
kabila(-), tribe
kabili, to face towards
kabiliana, to confront one another
kabisa, absolutely
kabla (ya), before (*time*)
kaburi(ma), a grave
kadamnasi, in front of
kadhalika, likewise
kadha, various; such-and-such
kadha wa kadha (kwk), etcetera (etc.)
kadhi(ma), Moslem judge
kadiri, kadirisha, to evaluate; kadiriwa, be estimated
kadiri(-), amount; moderation
kadiri ya, about
kafara(-), a sacrifice
kafi(ma), a paddle
kafiri(ma), an infidel
kaga, to protect by charms
kago(ma), a protective charm
kagua, to inspect; audit; kaguliwa, be inspected
kahaba(ma), a prostitute
kahawa, coffee (*after grinding*)
kaidi, to contradict; be obstinate; -kaidi, obstinate
kaimu(ma), an agent
kaka(ma), elder brother
kakakaka, in a hurry
-kakamizi, stubborn
kakamua, to struggle to do something
kakao(-), cocoa
kakara, struggling; wrestling
kakawana(ma), a strong well-built man
kalamka, be quick-witted
kalamkia, to outwit; kalamkiwa, be outwitted
kalamu(-), pen; pencil

kale, old times; **-a kale,** old; **-a kikale,** old-fashioned

kale na kale, for ever and ever

kalenda(-), calendar

-kali, sharp; fierce

kalika, kaliwa, be inhabited

kama, to squeeze; milk

kama, *1* as, like; *2* if, whether; *3* that; *4* about

kamari(-), gambling

kamata, to seize; **kamatwa,** be seized

kamba(-), *1* rope; *2* lobster; *3* honeycomb

kambi(-), a camp

kambo, step-; **baba wa kambo,** stepfather

kame, arid

kamia, to extort by threats

kamili, -kamilifu, perfect; complete

kamilika, be completed, perfected

kamilisha, to complete, make perfect

kamio(ma), threatening demands

kampuni(ma), company

kamsa(-), an alarm

kamua, to squeeze; **kamuliwa,** be squeezed

kamusi(-), a dictionary

kamwe, never; not at all

kana, to deny

kana kwamba, as if

kanda, to knead

kandika, to plaster; **kandikwa,** be plastered

kandiko(ma), clay for plastering

kando, aside; **kando ya,** beside

kanga(-), *1* women's garment; *2* guinea-fowl

kanikana, be deniable

kaniki, dark cotton material

kanisa(ma), a church

kanuni(-), a rule; principle

kanusha, to refute

kanya, to forbid, rebuke

kanyaga, to trample on, tread; **kanyagwa,** be trodden on

kanzu(-), men's garment

kao(ma), dwelling-place

kaputula(-), shorts

karafuu(-), cloves

karaha(-), disgust

karakana(-), a factory

karama(-), a gracious gift

karamu(-), a feast

karanga(-), groundnuts

karani(ma), a clerk

karata(-), playing-cards

karatasi(-), paper

karibia, to draw near

karibiana, to converge

karibisha, to welcome; **karibishwa,** be welcomed

karibu! Come in!

karibu, near; nearly

karimu, generous

karipia, to rebuke; **karipiwa,** be rebuked

karipio(ma), a reprimand

kariri, to repeat, recite

karne(-), a century

kasa(-), a turtle

kasa, less by; **kasa robo,** three-quarters

kasha(ma), a box

kashifa(-), slander; libel

kashifiwa, be slandered

kashifu, to slander

kasi, with force

kasia(ma), an oar

kasidi, intentionally

kasirani(-), anger

kasirika, to be angry

kasirisha, to anger

kasisi(ma), a priest

kaskazi(-), north-wind; the hot season

kaskazini, the north

kasoro, less by; a blemish

kasuku(-), a parrot

kaswende(-), syphilis

kata(-), a ladle

kata, to cut; to decide; **katwa,** be cut

kataa, final; decisive

kataa(-), a section; a part of

kataa, to refuse; **kataliwa,** be refused

katani(-), sisal

kataza, to forbid; **katazwa,** be forbidden

katazo(ma), a prohibition

kati, katikati, in the middle

kati ya, between; among

katibu(-), a clerk

katika, in; out of; off

-katili, cruel

katiza, to cut short

katua, to polish; **katuliwa**, be polished

kauka, to get dry

kauli(-), expressed opinion

kauri(-), a cowrie shell; china

kausha, to dry

-kavu, dry

kawa(-), a plaited dish-cover

kawaida(-), custom; usage

kawia, to delay

kawilisha, to detain

kawisha, to get into arrears

kayamba(-), a rattle

kaza, to make fast; emphasize; **kazwa**, be emphasized

kazana, to make a united effort

kazi(-), work

-ke, female

kefu, kifu(-), sufficiency

kekee(-), a boring tool

kelele(ma), uproar; shouting

kemea, to rebuke; **kemewa**, be rebuked

kenda, nine

kengele(-), a bell; **piga kengele**, to ring

kengeua, to turn from the right way

kera, to irritate, worry

kereketa, to irritate

kero(-), importunity

kesha, to stay awake; keep watch

kesho, tomorrow

kesho kutwa, day after tomorrow

kesi(-), a lawsuit

keti, to sit down

    KH *is now written as* **H**. *For prefix* **KI** *see page* 20

ki, it is

kiada, carefully; distinctly

kiaga(vi), a promise

kiambaza(vi), a partition wall

kianga, sunshine

kiangazi, the hot season

kiapo(vi), an oath

kiarabu, Arabic

kiasi, amount; moderation; **-a kiasi**, temperate

kiatu(vi), shoe

kiazi(vi), potato

kibaba(vi), grain measure *c.* 1 pt.

kibali, acceptance; favour

kibanda(vi), shed; hut

kibandiko(vi), anything stuck on

kibano(vi), tweezers, pincers, vice, etc.

kibanzi(vi), splinter

kibao(vi), slate; shelf, board

kibarua(vi), a casual labourer

kiberiti(vi), a match; sulphur

kibeti(vi), a dwarf

kibiongo(vi), a hunchback

kibofu(vi), bladder

kiboko(vi), hippopotamus

kibonyeo(vi), a dent

kibuhuti, perplexity

kiburi(-), pride

kiburudisho(vi), anything refreshing

kibuyu(vi), a calabash

kibweta, small box

kichaa, insanity

kicha(vi), bunch of palm-leaf strips

kichaka(vi), bush; copse

kichala(vi), bunch of fruit

kichefuchefu, nausea

kicho, awe

kichochoro(vi), alley; passage

kichomi(vi), a stabbing pain

kichuguu(vi), an anthill

kichwa(vi), head

kidau(vi), an inkpot

kidevu(vi), chin

kidhi, to grant; satisfy; **kidhiwa**, be granted

kidimbwi(vi), a pool

kidogo, a little; **kidogo kidogo**, gradually

kidokezi(vi), a clue

kidole(vi), a finger; toe; **kidole gumba**, thumb

kidonda(vi), an ulcer

kidonge(vi), a pill; small lump

kidudu(vi), small insect

kielekezo; kielelezo(vi), directions; pattern

kifaa(vi), a useful thing

kifaduro, whooping cough

kifani(vi); kifano(vi), something similar

kifaranga(vi), chicken

kifaru(vi), rhinoceros
kifichifichi, stealthily
kificho(vi), concealment
kifijo(vi), applause
kifiko(vi), arrival
kifo(vi), death
kifua(vi), chest; chest complaint
kifudifudi, prostrate
kifundo(vi), a knot
kifungo(vi), a button; fastening
kifungoni, in prison
kifuniko(vi), a lid
kifupi, briefly
kifurifuri, brimming over
kifusi(vi), debris
kigae(vi), piece of broken pot; a roof-slate
kigego(vi), ill-omened child or animal
-a kigeni, unusual
kigeugeu, changeableness
kigingi(vi), a tethering-peg
kigongo(vi), a hump
kigosho(vi), a deformed arm
kigugumizi, stammering
kigwe(vi), braid, cord, etc.
kiherehere, anxiety
kihoro, great grief
Kiingereza, the English language; -a kiingereza, English
kiini(vi), inner part; kernel
kiinimacho, jugglery; magic
kiitikio(vi), refrain; response
kijaluba(vi), small metal box
kijana(vi), a youth
kijicho, envy; malice
kijidudu(vi), a germ; microbe
kijiji(vi), a village
kijiko(vi), a teaspoon
kijiti(vi), a small stick; peg
kijito(vi), a brook
kijivu, grey
kijumba(vi), a small compartment; a cell
kijumbe(vi), a go-between
kikaango(vi), a frying-pan
kikaka, a rush, hurry
kikao(vi), position; place of residence
kukapu(vi), plaited basket
-a kike, female
kikiki, firmly
kikisa, to perplex

kiko(vi), 1 tobacco pipe; 2 elbow
kikoa(vi), co-operation; a team
kikombe(vi), a cup
kikomo(vi), end
kikoromeo(vi), larynx
kikosi(vi), a band; a troop
kikuku(vi), a bracelet
kikumbo(vi), a shove
kikuza-sauti, microphone
kila, every
kilaji, food
kile, that
kilele(vi), a peak; tree-top
kilema(vi), a lame person
kilemba(vi), a turban
kileo(vi), an intoxicant
kilima(vi), a hill
kilimi, uvula
kilimo, agriculture
kilindi(vi), deep water
kilio(vilio), a mourning; lamentation
kilo(-), a kilogramme
kiluwiluwi(vi), a tadpole; mosquito larva
kima(-), 1 a monkey; 2 price
kimaada, genuine
kimacho, alert
kimbia, to run
kimbilia, to run to safety
kimbilio(ma), a refuge
kimbiza, to drive away; kimbizwa, be driven away
kimbunga(vi), typhoon
kimelea(vi), a parasite
kimetameta(vi), a sparkling light
kimia, network; trellis
kimo, height
kimombo, the English language
kimu, to provide for
kimulimuli(vi), firefly
kimwa, be put out; be sulky
kimwondo(vi), meteor
kimya, silence; silently
kina, same as akina
kina(vi), 1 depth; 2 rhyme
kinai, to be 1 satisfied; 2 surfeited
kinaisha, to satisfy; to nauseate
kinanda(vi), stringed instrument
kinara(vi), candlestick
kinaya(-), self-sufficiency
kinga, to ward off; guard; kingwa, be protected

kinga(-), an obstruction
kingalingali, on the back
kingama, to lie across
kingi, much
kingine, another
kingiza, to protect; ward off
kinu(vi), mortar for pounding corn; grinding mill
kinubi(vi), a Nubian harp
kinundu(vi), a knob
kinyaa, filth; disgust
kinyemi, something good
kinyesi, excrement
kinyevu, humidity
kinyonga(vi), a chameleon
kinyongo, illfeeling; **kwa kinyongo**, unwillingly
kinyozi(vi), a barber
kinyume, the contrary; backwards
kinywa(vi), mouth
kinywaji(vi), a beverage
kinza, kinzana, to oppose; obstruct
kioja(vi), a marvel
kiolezo(vi), a pattern; sample
kiongozi(vi), a leader, guide
kionjo(vi), a taste
kionyo(vi), a hint
kioo(vi), glass; mirror
kipaji(vi), a gift
kipaku, speckled
kipande(vi), a piece
kipandio(vi), step; rung
kipatanisho, a reconciling gift
kipawa(vi), *1* a gift; *2* a ladle
kipengee(vi), a side-path; subterfuge
kipenyo(vi), an opening
kipenzi(vi), darling; favourite
kipeo(vi), the highest point; maximum
kipepeo(vi), butterfly
kipimio(vi), a scale to measure with
kipimo(vi), measurement
kipindi(vi), a period of time
kipini(vi), a nose ornament
kipofu(vi), a blind person
kipokeo, by turns
kipunguo, deficiency
kipunguzi, discount
kipunjo, slyly

kipusa, rhino horn; a young girl
kiraka(vi), a patch; spot
kiri, to acknowledge
kiriba(vi), water-skin
kirihi, to abhor
kirimu, be generous to
kiroboto(vi), a flea
kisa(vi), story; report
kisahani(vi), a saucer
-a kisasa, modern; up-to-date
kisasi, revenge
kisha, then; afterwards
kishaufu(vi), a trinket
kishawishi(vi), an incentive
kishenzi, uncivilized (*abusive*)
kishimo(vi), burrow; small hole
kishindo(vi), a shock
kisi, kisia, to estimate; kisiwa, be estimated
kisigino(vi), heel; elbow
kisima(vi), a well
kisio(ma), estimation
kisirani(-), misfortune
kisiwa(vi), island
kisogo(vi), back of head; **kupa kisogo**, turn the back on
kisonono, gonorrhoea
kisu(vi), knife
kisua(vi), a garment
kisulisuli, giddiness
kisura, a pin-up
kita, to stand firm; fix firmly
kitabu(vi), a book
kitakia(vi), a pad
kitalu(vi), a fenced enclosure
kitambaa(vi), a cloth; material
kitambo, a short period
kitana(vi), a comb
kitanda(vi), a bed
kitanga(vi), *1* palm of hand; *2* pan of scales; *3* plaited mat
kitani, linen; flax
kitanzi(vi), a loop
kitasa(vi), a lock
kitefutefu, sobbing
kitembe, a lisp
kitendawili(vi), a riddle
kithiri, to increase
kiti(vi), a seat; **mwenye-kiti**, chairman
kitisho(vi), a threat
kito(vi), a jewel
kitovu(vi), the navel

kitoweo(vi), side-dish eaten with main dish

kitu(vi), an object; a thing

kitubio(vi), a penance

kituko(vi), feeling of fear; alarm

kitumbuizo(vi), a lullaby

kitundu(vi), a cage

kitunguu(vi), an onion

kituo(vi), a resting-place; pause

kiu, thirst

kiumbe(vi), a created thing; human being

kiume, male

kiunga(vi), suburb

kiungo(vi), a joint

kiuno(vi), the waist

kiunzi(vi), framework

kivimbe(vi), a swelling

kivivu, lazily

kivuko(vi), a ford

kivuli(vi), a shadow; shade

kivumbi, commotion

kivumi, a rumour; reputation

-kiwa, solitary; desolate

kiwambo(vi), a screen; anything stretched over a frame

kiwanda(vi), a workshop

kiwango, position in life; corresponding duty

kiwanja(vi), a plot of ground

kiwasho, irritation; inflammation

kiwete(vi), a cripple

kiwi, dazzle

kiwiko(vi), wrist; ankle

kiwimbi(vi), a ripple

kiyama(vi), the general resurrection

kiyoga(vi), mushroom; toadstool

kiyowe(vi), a scream

kizazi(vi), a generation

kizibo(vi), a cork; stopper

kizibuo(vi), a corkscrew

kizimba(vi), a coop; hutch

kizingiti(vi), the threshhold

kizio(vi), hemisphere

kiziwi(vi), a deaf person

kizuizi(vi), an impediment

kizuka(vi), an apparition

kizunguzungu, dizziness

ko kote, anywhere; wherever

kobe(ma), a tortoise

kochokocho, abundantly

kodi(-), tax; rent

kodi, kodisha, to rent, let

kodolea macho, stare, glare at

kofi(ma), the open hand; piga kofi, to slap; piga makofi, to clap

kofia(-), hat; cap

koga(-), 1 mould; blight; 2 to show off

kohoa, to cough

kojoa, to urinate

kokota, to drag along; kokotwa, be dragged

-kokotevu, dilatory

kokwa(-), stone of fruit; nut

kolea, be well-seasoned

koleo(ma), tongs

koleza, to season food

koma, to come to an end

komaa, be full-grown; ripe

komamanga(ma), a pomegranate

komba, to hollow out; kombwa, be hollowed out

kombe(ma), large dish; anything bowl-shaped

kombe(-), kome(-), kinds of sea-shells

kombeo(ma), sling for throwing stones

kombo(ma), 1 scraps of food; 2 malformation

komboa, to redeem; kombolewa, be redeemed

komeo, to bolt, bar a door; komewa, be barred

komeo(ma), bolt or bar

komesha, to bring to a stop

komoa, to unbar; komolewa, be unbarred

komwe(-), seeds used as marbles

konda, to get thin

konde(ma), 1 the fist; 2 a field

kondoo(-), a sheep; kikondoo, meekly

konga, to grow old

kongoa, to extract nails

kongoja, to walk feebly; jikongojea, walk with a stick

kongoka, to come apart

kongolea, to take to pieces

kongomea, to put together; nail up

-kongwe, old, worn-out

konokono(-), a snail
konyeza, give covert sign; wink
konzi(ma), a fist; fistful
koo(ma), *1* throat; *2* a breeding animal
kopa, to borrow
kope(ma), *1* a loan; *2* eyelids and lashes
kopesha, to lend
kopo(ma), a tin; can
korija(-), a score
-korofi, evil-minded
koroga, to stir
korokoni, a lock-up
koroma, to snore; grunt
korongo(ma), *1* a heron; *2* a donga
korosho(ma), a cashew nut
korti(ma), lawcourt
kosa(ma), a fault; mistake
kosa, to fail; to err
kosana, to disagree
kosea, to make a mistake
kosekana, be missing
kosesha, to lead astray
kotekote, everywhere
koti(ma), a coat
kovu(-), a scar
kua, to grow
kuba(-), vaulted roof; dome
kubali, to agree to
kubalika, be acceptable; kubaliwa, be accepted
-kubwa, large; great
kucha(ma), a claw
kucha(-), sunrise; kuchwa, sunset
kufuli(-), a padlock
kufuru, to blaspheme
kuhani(ma), Jewish priest
kuku(-), a hen
kulabu(-), a hooked instrument; hook
kule, there
kuliko, than
kulungu(-), bushbuck
kumba, kumbana, to push, jostle
kumbatia, to embrace; kumbatiwa, be embraced
Kumbe!, Behold
kumbikumbi(-), flying ants
kumbuka, to remember

kumbuko(ma), memory; memories
kumbukumbu, a souvenir
kumbusha, to remind
kumbusho(ma), reminder
kumi, ten
kuna, to scratch; grate
kuna, there is; there are
kundaa, be stunted
kunde(-), small beans
kundi(ma), a flock; group
kunga(-), confidential teaching
kungugu(-), mist, fog
kungumanga(-), nutmeg
kunguni(-), a bug
kunguru(ma), a crow
kung'uta, to winnow
kung'uto(ma), a sifting tray
kungwi(ma), instructor at initiation rite or marriage
kuni, firewood(-)
kunja, to fold; kunjwa, be folded
kunjamana, to be wrinkled, creased
kunjo(ma), wrinkle; crease
kunjua, to unfold; smooth out; kunjuliwa, be unfolded
-kunjufu, genial
Kunradhi, Excuse me
kunyanzi(ma), a wrinkle; crease
kupe(-), cattle tick
kupua, to shake off; throw off
kupuka, to rush off
kura, a lot; piga kura, cast lots
kurunzi(-), searchlight; electric torch
kusanya, to collect; kusanywa, kusanyika, be collected
kusanyiko(ma), an assembly
kushoto, the left side
kusi, the south monsoon; kusini, the south
kusudi(ma), intention; kwa kusudi, intentionally
kusudi, kusudia, to intend; kusudiwa, be intended
kuta, to come upon
kutana, to meet
kutano(ma), a meeting
kuti(ma), a coconut leaf
kutu, rust; tarnish
kutwa, all day
-kuu, great; -kuukuu, worn-out

kuume, the right side
kuvu(-), mould; mildew
kuwa, to be; **kuwapo,** to be present
kuwadi(ma), a procurer
kuwili, two-sided
kuza, to enlarge; exalt
kuzimu, place of the dead
kwa, to; by; with; for
kwa heri, goodbye
kwa hiyo, therefore
kwa kuwa, kwa sababu, because
Kwa nini?, Why?
kwaa, to stumble; trip over
kwajuka, to fade; get spoilt
kwama, to get jammed
kwamba, that
kwangua, to scrape
kwani, why? because
kwanza, first; at first
kwapa(ma), armpit; **kwapani,** under the arm
Kwaresima, Lent
kwaruza, to grate; graze
-kwasi, wealthy
kwata(-), drill; parade
kwatua, to clean; **kwatuka,** be clean and tidy
kwaza, cause to stumble
kwazo(ma), a stumbling block
kwea, to go up
kwekwe(-), weeds
kweli, truth; true
kwenye, towards; to
kwepua, to snatch
kweza, to raise
-kwezi, climbing
kwikwi(-), hiccup

L

la! No; not so!
la (kula), to eat; **liwa,** be eaten
laana(-), a curse
laani, to curse; **laaniwa,** be cursed
labda, perhaps
ladha(-), flavour
laghai, to cheat
-laghai, dishonest
laiki, what is fitting; be fitting
laini, smooth; soft

lainika, be softened
lainisha, make smooth, soft
laiti!, if only!
laki, go to meet; **lakiwa,** be met
lakini, but; however
lala, to sleep; lie down
lalamika, to cry for mercy
lalamiko(ma), an appeal for mercy
lamba, to lick; **lambwa,** be licked
lami(-), tar
lango(ma), gate; portal
laumiwa, be blamed
laumu, to blame
lawama(ma), reproach; blame
laza, to lay down; **lazwa,** be laid down
lazima(-), necessity; obligation
lazimika, lazimiwa, be obliged to
lazimisha, to compel
lazimu, to be obligatory
lea, to bring up a child
legalega, be loose; rickety
legea, to be slack, loose
-legevu, slack, lazy
legeza, to loosen
lemaa, be disfigured; maimed
lemaza, to cripple; maim
lemea, to burden; **lemewa,** be burdened
lemeza, to oppress
lenga, 1 to aim; 2 to slice
lengelenge(ma), a blister
lengo(ma), aim
leo, today
lepe(ma), drowsiness
leso(-), handkerchief; scarf
leta, to bring; fetch; **letwa,** be brought
letea, to bring to; **letewa,** be brought to
levuka, to get sober
levya, to intoxicate
lewa, to get drunk
lia, to utter a sound; to cry
licha, not only
lika, be eatable
likiza, to give leave; send away
likizo(-), vacation; leave
lilia, to weep for; **liliwa,** be wept for

lima, to plough; hoe; **limwa,** be ploughed

limau(ma), a lemon

limbika, to wait till ripe; **limbikwa,** be waited for

limbuka, to enjoy the firstfruits

limbuko(ma), firstfruits

linda, to guard; **lindwa,** be guarded

linga, put together for comparison

lingana, to match

linganisha, to compare and rectify

linganya, to harmonize

lini?, when?

lipa, to pay; **lipwa,** be paid

lipiza, to exact payment

lipizo(ma), a forced payment

lipo(ma), a payment; recompense

lipu(-), plaster; **piga lipu,** to plaster a wall

lipuka, to flare up; explode

lisha, to feed; graze; **lishwa,** be fed

liwa, be eaten

liwaza, to console

liwazo(ma), consolation

loga, to bewitch; **logwa,** be bewitched

logoa, to remove a spell

londea, hang round hoping for something

lowa, lowana, to get drenched

loweka, loweza, put to soak

lozi(ma), an almond

lugha(-), language

lulu(-), a pearl

lungula, to extort money; blackmail

M

For prefix **ma** *see page* 20

maadamu, while; as

maadili, honourable conduct

maafa, disaster

maafikano, maagano, an agreement

maagizo, commands; directions

maaguzi, predictions

maakuli, diet

maalum, special

maamkio, maamkizi, greetings

maamuzi, arbitration

maana(-), the meaning; the reason; because

maandalio, preparations

maandamano, procession

maandazi, confectionery

maandiko, writings

maangalizi, watchfulness

maanguko, a fall

maanisha, to denote

maarifa, knowledge

maarufu, well known

maasi, rebellion

maawio ya jua, sunrise

maazimio, intention

mabaya, evil

mabishano, contention

mabomoko, ruins

maburudisho, recreation

machachari, disturbance

machafuko, disorder

machela(-), hammock

macheo, sunrise

macho, eyes

machozi, tears

machukio, sulkiness

machungani, pasture

madaha, gracefulness; **-enye madaha,** attractive

madahiro, elegance

madai, claims

madaraka, responsibility

madhahabu(-), altar

madhali, while; seeing that; since

madhara, harm

madhehebu, customs; sect

madhubuti, reliable

madhumuni, intention

madini(-), metal

madoadoa, mottling, spots

maelekeo, tendency

maelezo, explanation

maendeleo, progress

maenezi, distribution

mafaa, utility

mafua, a cold

mafuatano, a following-together

mafundisho, mafunzo, teaching

mafuriko, overflow; flood

mafuta, oil; fat

mafya, fire-stones

magadi, soda

magazini(-), warehouse

mageuzi, fluctuations
magharibi, the west
magofu, broken-down houses
magugu, weeds
mahabusi, a prisoner
mahali, a place; **mahali pote,** everywhere
mahame, a deserted place
maharagwe, beans
mahari(-), marriage payment
maharimu, close relations (forbidden marriage)
mahindi, maize
mahiri, skilful
mahitaji, needs
mahususi, special
maili(-), mile
maisha, life
maishilio, livelihood
maiti(-), corpse
maizi, to know
majadiliano, debate
majaliwa, things granted by God
majani, grass; leaves
maji, water
majilio, coming
majira, season; ship's course
majisifu, boasting
majivu, ashes
majivuno, boasting
majonzi, grief
majusi(ma), astrologer
majuto, remorse
majuzi, recently
Maka, Mecca
makaa, fuel; embers
makaburini, cemetery
makala(-), a written article
makali, the sharp edge of knife
makamasi, a cold
makamu, deputy; Vice-; Acting-
makao, makazi, residence
makaribisho, welcoming
makatazo, embargo, prohibition
makelele, noise; shouting
makinda, young birds
makini(-), serenity; calm
makokoto, pebbles
makopa, dried cassava cooked
maksai, castrated animal
maktaba, library
makufuru, blasphemy
makuruhi, offensive

makusudi, on purpose; purposing
makutano, a crowd
makuti, coconut leaves for thatching
makuu, *1* good qualities; *2* self-importance
malaika(-), *1* angel; *2* soft down
malaji, diet
malalamiko, supplication
malale, sleeping-sickness
malalo, **malazi,** sleeping accommodation
malango, initiation teaching
malaya, a prostitute
malezi, upbringing
mali(-), wealth; property
malidadi, well-dressed; smart
malimbuko, firstfruits
malimwengu, worldly affairs
malipo, recompense; payment
malisho, pasture
maliza, to finish
malkia(-), queen
mama(-), mother
mama mkubwa, mama mdogo, maternal aunt
mamba(-), a crocodile
mambo, affairs; difficulties
mamlaka(-), authority
manati(-), a catapult
mandari(-), a picnic
mandhari(-), scene; view
manjano, turmeric; yellow
manowari(-), battleship
manufaa, usefulness; useful things
manukato, perfume
manyoya, feathers
manyunyu, a shower
manza(-), litigation
manzili, state of life
maombezi, intercessions
maombi, petitions
maongezi, conversation
maongozi, guidance
maono, feelings
mapaa, roof
mapambazuko, dawn
mapangilio, rotation (crops)
mapatano, agreement
mapatilizo, retribution
mapato, receipts; income

MAP 48 MBA

mapema, early
mapendezi, pleasing things
mapenzi, good-pleasure
mapigano, fighting
mapindi, windings
mapokeo, tradition
maponea, livelihood
mara(-), a time; at once
mara moja, once; at once
maradhi, sickness
maradufu, double
marahaba (answer to greeting), Thankyou
marashi, perfume
marehemu(-), the departed
marejeo, return
marhamu, ointment
maridhawa, plentiful
marijani(-), coral
marika, contemporary in age, initiation, etc.
marisaa, shot
marmari(-), marble
marufuku, forbidden
masalio, masazo, left-overs
masamaha, forgiveness
mashairi, poetry
mashaka, troubles
mashapo, dregs; residue
mashariki, the east
mashindano, contest; match
mashine, machine
mashtaka, accusation
mashua(-), a boat
mashudu, dregs; residue
mashuhuri, renowned
masihara(-), a jest
masika(-), the rainy season
masikilizano, agreement
masikitiko, regrets
masilahi, reconciliation
masimulizi, a story, news
masingizio, slander
Masiya, Messiah
masizi, soot
maskani, dwelling place
maskini, poor, miserable
masurufu, housekeeping money
masuto, open accusations
matako, buttocks
matakwa, wants
matamko, pronunciation
matamvua, fringe

matandiko, furnishings, bedding
matanga, days of mourning
matangazo, proclamation; advertisement
matata, trouble
matatizo, perplexing matters
mate, saliva
mateka, plunder, captives
matembezi, a stroll, trip; gadding about
matengenezo, arrangements
mateso, sufferings
mateteo, matetezi, arguments in law-suit
matilaba(-), motive
matokeo, sequel; result
matope, mud
matubwitubwi, mumps
matukano, abuse
matumaini, hope
matumbo, entrails
matusi, vile abuse
mauaji, massacre
mauguzi, medical treatment
mauidha, good advice
maujudi, what is to be expected
Maulana, Lord
maulizo, interrogation
maumbile, created state; nature
maumivu, pains
maungo, limbs
mauti(-), death
mavi, excrement
mavu(-), hornet
mavuno, the harvest
mawaidha, and so on; furthermore
mawe, stones; weights
mawese, palm-oil
mawindo, prey from hunting
mazao, crops; produce
mazigazi, optical illusion; mirage
maziko, a funeral
mazingaombwe, magic, jugglery
mazingira, environment
mazingiwa, blockade
maziwa, milk
mazoea, habits
mazungumzo, conversation
For prefix M *see page* 20
mbaazi(-), pigeon-peas
mbalamwezi, moonlight

mbali, far; **mbalimbali,** different

mbamia(-), okra

mbandiko(mi), anything stuck on

mbano(mi), pincers; vice; etc

mbao(-), planks, timber

mbashiri(wa), a soothsayer

mbata(-), copra

mbavu(-), ribs; side; **mbavuni,** alongside

mbawa(-), wings

mbayuwayu(-), a swallow

mbega(-), colobus monkey

mbegu(-), seeds

mbele(ya), in front of; before

mbeleko(-), child's carrying-cloth

mbembe(wa), a smooth-tongued man; seducer

mbenuko(mi), a bulge; protrusion

mbezi(wa), a scornful person

mbigili(mi), a thornbush

mbili, two

mbilikimo(-), a pygmy

mbingu(-), the sky

mbinguni, heaven

mbini(wa), a forger

mbinja(-), a whistle; **piga mbinja,** to whistle

mbio(-), running; **piga mbio,** to run

mbishi(wa), an argumentative person

mbiu(-), a proclamation

mbizi(-), a dive; **piga mbizi,** to dive

mboga(-), vegetables

mbogo(-), a buffalo

mbolea(-), manure

mbona?, why?

mbu(-), mosquito

mbuga(-), low-lying grassy plain

mbugi(-), small bells

mbung'o(-), tsetse fly

mbuni(-), an ostrich

mbuni(mi), coffee bush

mbuyu(mi), baobab tree

mbuzi(-), a goat

mbwa(-), a dog

mbweha(-), a jackal; fox

mcha Mungu, mchaji, a god-fearing man

mchaguo(mi), an election

mchaguzi(wa), an elector; a fastidious person

mchai(mi), tea-bush; lemon-grass

mchakacho(mi), a rustling

mchana(mi), daytime; **mchana kutwa,** all day

mchanga, sand

mchanganyiko(mi), a mixture

mchango(mi), a worm

mchawi(wa), a sorceror

mche(mi), a seedling

mchele(mi), husked rice

mcheshi(wa), an entertaining person

mchenza(mi), tangerine-orange tree

mchezo(mi), a game

mchi(mi), a pestle

mchicha(mi), spinach

mchirizi(mi), a gutter

mchokoo(mi), a pointed stick

mchokozi(wa), an annoying person

mchongelezi(wa), a tale-bearer

mchoro(mi), engraving; scribble

mchukuzi(wa), a porter

mchumba(wa), fiancé, fiancée

mchungaji(wa), shepherd; herdsman

mchunguzi(wa), inquiring person

mchungwa(mi), an orange tree

mchuuzi(wa), a trader

mchuzi(mi), gravy; sauce

mchwa, termites

mdai(wa), claimant; **mdaiwa(wa),** defendant, debtor

mdakizi(wa), an eavesdropper

mdalasini(mi), cinnamon

mdeni(wa), a debtor

mdhalimu(wa), unjust oppressor

mdhamini(wa), a sponsor; guarantor

mdomo(mi), lip; beak

mdudu(wa), insect

mdukizi, *see* **mdakizi**

mdukuo(mi), a poke; nudge

mdumu(mi), a can, mug, jug

mdundo(mi), a drumming

mea, to grow (*plants*)

mega, to break a piece off

meka, to grow

meli(-), a ship
mema, good things
memeteka, to sparkle
mende(-), cockroach
meno, teeth (see jino)
menya, to peel, shell
meremeta, metameta, see me-
    meteka
methali, see mithali
meza(-), *1* a table; *2* to swallow
mezani, dining-room
mfadhili(wa), a benefactor
mfalme(wa), a king
mfano(mi), an example; parable
mfanya(wa), a doer
mfasiri(wa), a translator, inter-
    preter
mfenesi(mi), a jakfruit tree
mfereji(mi), a ditch
mfidhuli(wa), an insolent per-
    son
mfiko(mi), range; reach
mfinyanzi(ma), a potter
mfitini(wa), a mischief-maker
mfo(mi), a torrent
mforsadi(mi), a mulberry tree
mfu(wa), a dead person
mfuasi(wa), a follower
mfuko(mi), a bag
mfulizo, mfululizo(mi), a series
mfumbi(mi), a water-channel
mfumi(wa), a weaver
mfungwa(wa), a prisoner
mfuo(mi), a furrow
mfupa(mi), a bone
mfuto(mi), *1* abolishment; *2*
    plain, undecorated work
mgambo(mi), a proclamation
mganda(mi), a sheaf
mganga(wa), a native doctor
mgawo(mi), a dividing; distribu-
    tion
mgemi(wa), a tapper for palm-
    wine
mgeni(wa), a stranger; guest
mghalaba(-), commercial com-
    petition
mgogoro(mi), an obstacle
mgomba(mi), a banana plant
mgomvi(wa), a quarrelsome per-
    son
mgongano(mi), a collision;
    knocking together

mgongo(mi), the back
mgonjwa(wa), a sick person
mgono(mi), fish-trap
mgoto(mi), a tapping, beating
mguu(mi), leg; foot
mgwisho(mi), a fly-switch
Mhabeshi(wa), an Abyssinian
mhamaji(wa), an emigrant
mhamiaji, an immigrant
mharabu(wa), a vandal
Mheshimiwa, the Honourable
mhimili(mi), a support
Mhindi(wa), an Indian
mhisani(wa), a kind person
mhitaji(wa), a person in need
mhubiri(ma), a preacher
mhudumu(wa), a minister, ser-
    vant
mhuni(wa), a vagrant
mhunzi(wa), a blacksmith
mia, a hundred
miayo, yawning; kupiga miayo,
    to yawn
mifugo, livestock
mihindi, maize
mila(-), traditional customs
milele, eternity; for ever
milia, striped
miliki, to rule over; milikiwa,
    to be ruled
milioni, million
milki(-), dominion
mimba(-), pregnancy
mimbari(-), pulpit
mimi, I, me; mimi mwenyewe,
    I myself
mimina, to pour out
miminika, to be poured out; to
    overflow
minajili, because of
minghairi, without, except
mintarafu, concerning
minya, to squeeze out
miongoni mwa, among
Misri, Egypt
mithali, a proverb, similitude
mithali ya, like; as if
mithilisha, to compare
miunzi, whistling
mivuo, bellows
miwani, spectacles
mizani, scales for weighing
mizungu, clever ruses

mjadili(wa), a debater
mjakazi(wa), a female slave
mjane(wa), widow; widower
mjanja(wa), a cunning person
mjasiri(wa), a venturesome person
mjasusi(wa), a spy
mjeledi(mi), a whip
mjengaji(wa), a builder
mjeuri(wa), a violent man
mji(mi), town, village
mjinga(wa), foolish, ignorant person
mjomba(wa), uncle
mjukuu(wa), grandchild
mjumbe(wa), delegate
mjusi(wa), a lizard
mjuvi(wa), an impudent person
mjuzi(wa), an experienced sagacious person
mkaaji(wa), mkaazi(wa), a resident
mkaguo(mi), an audit, inspection
mkaguzi(wa), an inspector, auditor
mkahawa(mi), a cafe, a bar
mkaidi(wa), an obstinate person
mkale(wa), an ancestor
mkandaa(mi), a mangrove
mkanju(mi), a cashew-nut tree
mkano(mi), a denial
mkarafuu(mi), a clove tree
mkarimu(wa), a generous person
mkasa(mi), an event
mkasi(mi), scissors
mkataa, final
mkataba(mi), a contract
mkate(mi), bread, loaf
mkatili(wa), a cruel person
mkato(mi), a deduction
mkazo(mi), force; emphasis
mke(wa), wife; mkewe, his wife
mkebe(mi), a tin
mkeka(mi), plaited mat
mkesha(mi), a vigil
mkia(mi), tail
mkichaa(wa), a mad person
mkimbizi(wa), a runaway; a pursuer
mkingamo(mi), obstacle
mkinzani(wa), an obstructionist
mkiwa(wa), a friendless person

mkoa(mi), district; region
mkoba(mi), wallet
mkogo(mi), showing-off
mkojo(mi), urine
mkoko(mi), mangrove
mkoma(wa), leper
mkomamanga(mi), pomegranate tree
mkondo(mi), current
mkonga(mi), elephant's trunk
mkonge(mi), sisal plant
mkongwe(wa), very old person
mkono(mi), arm, hand
mkoo(wa), a slattern; hooligan
mkorofi(wa), a villain
mkorosho(mi), cashew-nut tree
mkosaji(wa), a sinner
Mkristo(wa), a Christian
mkubwa(wa), a superior
mkufu(mi), a chain
mkuki(mi), a spear
mkuku(mi), keel of ship
mkulima(wa), a grower of crops
mkunga(wa), a midwife
mkunjo(mi), a fold, crease
mkurugenzi(wa), a leader; Chancellor of University
mkutano(mi), a meeting
mkuu(wa), chief person
mkwaju(mi), tamarind tree
mkwaruzo(mi), a scraping; trail of snake
mkwe(wa), an in-law
mlafi(wa), a greedy person
mlaghai(wa), a cheat
mlango(mi), door, gate
mle, in there
mlegevu(wa), a slack person
mlevi(wa), a drunkard
mlezi(wa), a child's nurse
mlia(mi), coloured stripe
mlima(mi), mountain, hill
mlimaji (wa), a cultivator
mlimau(mi), lemon tree
mlimbiko(mi), a saving-up
mlimbuko(mi), using for first time after waiting
mlimwengu(wa), inhabitant of the earth
mlingoti(mi), a mast, pole
mlinzi(wa), a guard
mlio(mi), a cry, a sound
mlozi(wa), a sorceror

mlozi(mi), an almond tree
mlungula(mi), blackmail
mluzi(mi), whistling
mmea(mi), plant; vegetation
mmomonyoko(mi), soil erosion
mnada(mi), an auction sale
mnadi(wa), auctioneer
mnafiki(wa), hypocrite
mnajimu(wa), an astrologer
mnamo, about
mnanasi(mi), pineapple plant
mnara(mi), tower
mnazi(mi), coconut tree
mndimu(mi), lime tree
mng'aro(mi), brightness
mngoja(wa), mngojezi(wa), a guard, keeper
mno, exceedingly
mnofu(mi), flesh-meat
mnong'ono(mi), a whispering
mnukio(mi), a sweet smell
mnuko(mi), a bad smell
mnunuzi(wa), a buyer
mnyama(wa), an animal
mnyamavu(wa), a silent person
mnyang'anyi(wa), a robber
mnyenyekevu(wa), a humble person
mnyofu(wa), an upright man
mnyonge(wa), a sick, weak person
mnyoo(mi), a worm
mnyororo(mi), chain, fetters
moja, one; moja moja, one by one; moja kwa moja, straight on
mojawapo, one of
Mola, Lord God
moma(-), puff-adder
momonyoka, be eroded
moshi(-), smoke
mosi, one
moto(mi), fire, heat
moyo(mi), heart
mpagazi(wa), a porter
mpaji(wa), a generous giver
mpaka(mi), boundary
mpaka, until; up to; as far as
mpangaji(wa), a tenant
mpango(mi), a plan
mpanzi(wa), a sower
mpapai(mi), pawpaw tree
mparuzi(wa), careless worker

mparuzo(mi), rough work
mpasi(wa), a grasping avaricious person
mpasua(wa) mbao, a sawyer
mpasuko(mi), a crack; split
mpatanishi(wa), reconciler
mpayukaji(wa), a gossiper
mpekuzi(wa), a prying person
mpelekwa(wa), one sent out
mpelelezi(wa), a spy; a detective
mpendwa(wa), mpenzi(wa), a loved one
mpenyezi(wa), a smuggler
mpenyezo(mi), illicit entry; bribe
mpera(mi), guava tree
mpiko(mi), pole for carrying load
mpimaji(wa), surveyor
mpindano(mi), cramp
mpinduzi(wa), a revolutionary
mpingo(mi), ebony
mpini(mi), handle
mpinzani(wa), an opposer
mpira(mi), rubber
mpishi(wa), a cook
mpitaji(wa), a passer-by
mpotevu(wa), a wasteful person
mpotovu(wa), an unprincipled person
mpumbavu(wa), a fool
mpunga(mi), rice before husking
mpungate(mi), prickly pear
mpurukushani(wa), a slipshod worker
mpwa(wa), nephew, niece
mpweke(wa), solitary person
mraba(mi), square
mradi(mi), intention
mrama(mi), rolling motion
mrembo(wa), well-dressed person
Mreno(wa), a Portuguese
mrija(mi), reed; pipe
Mrima, East African Coast
mruko(mi), a jump; a flight
Mrumi(wa), an Ancient Roman
msaada(mi), help
msafa(mi), line; row
msafara(mi), an expedition
msafiri(wa), a traveller
Msahafu, Koran; Bible
msahaulifu(wa), a forgetful person
msaidizi(wa), a helper

msaka(wa), a trapper; hunter
msala(mi), _1_ a closet; lavatory; _2_ a prayer-mat
msalaba(mi), a cross; crucifix
msaliti(wa), a traitor
msameheji(wa), a forgiving person
msanaa(wa), msanii, a skilled craftsman
msasa(mi), sandpaper
msemaji(wa), a fluent speaker
msengenyi(wa), a calumniator
mseto, a mash; purée
mshahara(mi), wages; salary
mshairi(wa), a poet
mshale(mi), an arrow
mshangao(mi), astonishment
mshari(wa), an evil-minded man
mshaufu, showy frivolous person
mshauri(wa), counsellor
mshazari, slanting
mshindaji(wa); mshindi(wa), winner
mshinde(wa), loser
mshindo(mi), noise; bang
mshipa(mi), muscle; vein
mshipi(mi), belt; sash
mshiriki(wa), a sharer; communicant
mshoni(wa), tailor
mshono(mi), sewing
mshtaki(wa), accuser; plaintiff
mshtakiwa(wa), the accused; defendant
mshtuko(mi), a jerk
mshuko(mi), descent
mshumaa(mi), candle
mshupavu(wa), an intrepid obstinate man
msiba(mi), misfortune; grief
msichana(wa), a young girl
msikiaji(wa), a hearer
msikiti(mi), a mosque
msikivu(wa), an attentive obedient person
msikwao(wa), a homeless person; displaced person
msimamizi(wa), overseer; foreman
msimu(mi), a season
msimulizi(wa), a narrator
msindani(wa), competitor
msingi(mi), building foundation

msiri(wa), a confidant
msisimko(mi), excited feeling
msitu(mi), bush; woodland
msomaji(wa), a reader
msongano(mi), a crowd
msonge(mi), a round house
mstaarabu(wa), a civilized person
mstadi(wa), a skilled worker
mstari(mi), line; row
mstatili(mi), a rectangle
mstiri(wa), a concealer
msufi(mi), kapok tree
msukosuko(mi), a disturbance
msuluhishi(wa), a peacemaker
msumari(mi), a nail
msumeno(mi), a saw
mswaki(mi), a toothbrush
mtaa(mi), a district
mtaalamu(wa), scientist; scholar
mtafiti(wa), an inquisitive person
mtai(mi), a scratch
mtaimbo(mi), a crowbar
mtajo(mi), a mention
mtama(mi), millet
mtambatamba(wa), a braggart
mtambo(mi), a spring; machine
mtangatanga(wa), a loiterer
mtangulizi(wa), leader; pioneer
mtanguo(mi), abolishment
mtani(wa), a familiar friend
mtatizo(mi), an entanglement
mtawa(wa), a devout person
mtawala(wa), a ruler
mtazamaji(wa), a spectator
mtego(mi), a trap
mtekaji(wa), a marauder
mtelemko(mi), a downward slope
mtembezi(wa), a walker; tourist; gadabout
mtemi(wa), native chief
mtendaji(wa), active person; a doer
mtende(mi), date palm
mtengenezaji(wa), an administrator; editor
mtepetevu(wa), a slack, lazy person
mteremeshi(wa), a genial, friendly person
mteremo(mi), comfort; cheerfulness

mtesa(wa), a persecutor
mteswa(wa), a victim
mteteaji(wa), an advocate
mtetemeko(mi), earthquake
mteule(wa), a chosen person
mteuzi(wa), fastidious, critical person
mti(mi), tree; stick; wood
mtihani(mi), school examination
mtii(wa), an obedient person
mtindi(mi), buttermilk; cream; beer
mtindo(mi), sort; style
mtini(mi), fig-tree
mtiririko(mi), trickling; gliding; trail of snake
mto(mi), *1* river; *2* pillow
mtoa(wa), mtoaji(wa), a giver
mtongozi(mi), a seducer
mtopetope(mi), custard-apple tree
mtoro(wa), a truant; runaway
mtoto(wa), a child
mtribu(wa), a musician
mtu(wa), a person
mtulinga(mi), the collar-bone
mtulivu(wa), a quiet person
mtumba(ma), a bundle, bale
mtumbwi(mi), native canoe
mtume(mi), an apostle
mtumishi(wa), a servant
mtumwa(wa), a slave
mtungaji(wa), an author
mtungi(mi), a waterpot
mtungo(mi), an essay
mtupa(mi), fish-poison
mtupo(mi), a throw
mtutumo(mi), distant rumbling
muda, period
muhimu, important; urgent
muhindi(mi), maize plant
muhogo(mi), cassava
muhtasari, syllabus; summary
muhula, a period of time
muhuri, a seal; **tia muhuri,** to seal, confirm
mujibu, what is fitting
mulika, to give light to
mume(wa), husband
mumo; mumu, in there
mumunya, to suck, munch, mumble
mumunyika, to be friable

mundu(mi), a scythe
Mungu(mi), God; a god
murua, elegant; refined
mustarehe, repose; comfort
Muumba(wa), Creator
muwa(mi), sugarcane
mvazi(wa), a well-dressed man
mvi(-), grey hair
mvinyo, wine; spirits
mviringo(mi), a circle
Mvita, Mombasa
mvivu(wa), an idler
mvua(-), rain
mvuke(mi), vapour; gas
mvuko(mi), a ford
mvulana(wa), boy; youth
mvumbuzi(wa), a discoverer
mvunaji(wa), a reaper
mvungu(mi), a cavity
mvurugo(mi), a muddle
mvuto(mi), pulling; persuasion
mvuvi(wa), a fisherman
mwaga, to pour away
mwagika, to be spilt
mwaguzi(wa), a soothsayer
mwaka(mi), a year
mwako(mi), a blaze
mwali(w), a virgin bride
mwali(mi), a ray; a flame
mwaliko(mi), a summons
mwalimu(w), a teacher
mwamba(mi), a rock
mwamuzi(wa), a referee; judge
mwana(w), a child; **mwanangu,** my child
mwanachama(w), member of a society
mwanadamu(w), human being
mwanafunzi(w), learner, disciple
mwanakondoo(w), a lamb
mwanamaji(w), a sailor
mwanambuzi(w), a kid
mwanamke (wanawake), woman
mwanamume (wanaume), man
mwanamwali (wanawali), maiden
mwananchi(w), citizen
mwanasheria(w), lawyer
mwandikaji(wa), a writer
mwandiko(mi), writing
mwanga, mwangaza(mi), light

mwanga(wa), wizard
mwangalizi(wa), a caretaker
mwangamizi(wa), a destroyer
mwangavu(wa), an intelligent person
mwangwi(mi), echo
mwanya(mi), a gap
mwanzi(mi), bamboo
mwanzo(mi), the beginning; mwanzoni, at first
Mwarabu(wa), Arab
mwaridi(mi), rose-tree
mwasherati(wa), an adulterer
mwashi(wa), a mason
mwasi(wa), a rebel
mwatuko(mi), crack; crevice
mwavuli(mi), an umbrella
mweleka, wrestling; kushinda-na mieleka, to wrestle
mwembe(mi), a mango tree
mwendo(mi), movement; journey
mwenendo(mi), conduct
mwenge(mi), a firebrand
mwenye(w), possessor of
mwenyewe(w), the owner; himself
mwenyeji(w), householder; host; citizen
Mwenyezi, Almighty
mwenzi(w), companion; mwe-nzangu, my companion
mwewe, a hawk; kite
mwezi(mi), moon; month; mwe-zi mwandamo, new moon
mwiba(mi), a thorn
mwigaji(wa), imitator; actor
mwigo(mi), a copy
mwiko(mi), 1 a spoon; 2 a taboo
mwili(mi), body
mwimbaji(wa), a singer
mwinamo(mi), a slope
mwindaji(wa), a hunter
Mwingereza(wa), Britisher
mwingilio(mi), an entry
mwingine(we), someone else; another
mwinuko(mi), an elevation
mwisho(mi), the end; mwi-showe, ultimately
Mwislamu(wa), a Moslem
mwitu(mi), forest
mwivi(we), mwizi(we), a thief

mwivu(wa), a jealous person
mwoga(wa), a coward
mwokaji(wa), a baker
mwokozi(wa), saviour
mwombezi(wa), intercessor
mwongo(wa), a liar
mwongofu(wa), a converted person
mwovu(wa), an evil person
mwuaji(wa), a murderer
mwuguzi(wa), a sick-nurse
mwujiza(mi), a miracle
mwungano, mwungamano(mi), unification
mwungwana(wa), a gentleman
mwuzaji(wa), a salesman
Myahudi(wa), a Jew
myeyusho(mi), a solution; melting
Myunani(wa), ancient Greek
mzabibu(mi), grape vine
mzaha(mi), joking; ridicule
mzalendo(wa), a patriot
mzalishi(wa), a midwife
mzao(wa), offspring
mzazi(wa), a parent
mzee(wa), an old person; village elder
mzeituni(mi), olive tree
mzembe(wa), careless idle person
mzigo(mi), a load
mzima?, Are you well? Ans: mzima
mzimu(mi), spirit of dead person
mzinga(mi), a beehive; a cannon
mzingo(mi), circuit; winding
mzinzi(wa), an adulterer
mzishi(wa), a burier
mzizi(mi), a root
mzoga(mi), a dead animal
mzuka(mi), sudden apparition
mzungu(mi), clever device; something wonderful
Mzungu(wa), a European
mzunguko(mi), a going-round; turning-round

N

For prefix N see page 20
na, 1 and; 2 by; 3 with
naam, yes
nabii(ma), a prophet

nadhari(-), choice
nadhifisha, to tidy
nadhifu, tidy; neat
nadhiri(-), a vow; **weka nadhiri**, make a vow; **ondoa nadhiri**, fulfil a vow
nadi, to announce; hold a sale
nadra, unusual
nafaka(-), corn
nafasi(-), spare time; opportunity
nafisika, be eased
nafsi(-), self; person
nafuu(-), improvement
nahodha(ma), ship's captain
naibu(ma), delegate; Acting-
najisi, to defile
nakala(-), a copy
nakawa, sound; good-looking
nakili(-), a copy; to copy
nakshi(-), carving; decoration
nama, be flexible
namba(-), a number
nami, and I, *see page* 20
namna(-), sort; pattern
namua, to disengage
nanasi(ma), a pineapple
nane, eight
nanga(-), an anchor
nani?, who?
nasa, to trap; snare; **naswa, be caught**
nasaba(-), lineage
nasibu, to trace lineage; **jinasibu**, to claim relationship
nasibu(-), chance; **kwa nasibu**, unintentionally
nasua, to take out of trap
nata, to adhere; be sticky
nauli(-), fare
nawa, to wash hands or face
nazi(-), coconut
ncha(-), tip; point
nchi(-), country
ndama(-), a calf
ndani, inside
ndege(-), bird; omen
ndevu(-), beard
ndiga(-), root eaten in famine
ndimi, it is I, *see page* 7
ndimi, *see* ulimi
ndimu(-), a lime
ndipo, then

ndivyo, thus
ndiyo, yes; it is so
ndizi(-), banana
ndoa(-), marriage
ndoana(-), fish-hook
ndoo(-), bucket
ndoto(-), a dream; **kuota ndoto, to dream**
ndovu, elephant
ndugu(-), brother; kinsman
ndui(-), smallpox
neema(-), favour; grace of God
neemeka, be comfortably off
neemesha, to provide well for
nema, nemesha, to bend
nemsi(-), good reputation
nena, to speak
Nenda!, Go!
-nene, thick; fat
nenea, to speak against
nenepa, to get fat (*person*)
nenepesha, to fatten
neno(ma), word
nepa, to sag
neva(-), a nerve
ng'aa, to shine
ng'akia, to snarl (*dog*)
ngalawa(-), a dug-out canoe
ngama(-), ship's hold
ng'ambo(-), the far side (*river. etc.*)
ngamia(-), a camel
ng'amua, to realize
ng'ang'ania, to pester
ngano, *1* wheat; *2* a tale
ngao(-), a shield
-ngapi?, How many? **Saa ngapi?, What time is it?**
ngariba(-), a circumciser
ng'arisha, ng'ariza, to polish; shine
ngazi(-), ladder; stairs
nge(-), scorpion
ngiri(-), wart-hog
ngisi(-), cuttlefish
ng'oa, to uproot
ngoa, jealousy
ngoja, to wait, wait for; **ngojewa, be waited for**
ng'oka, be uprooted; come out
ng'olewa, be pulled out
ngoma(-), drum; dance
ng'ombe(-), cow; cattle

ngome(-), a stronghold
ng'onda(-), sun-dried fish
ng'ong'a, to buzz
ngono, sexual intercourse
ngozi(-), skin; leather
ngumi(-), fist; pigana ngumi, to box
nguo(-), clothes; material
nguruma, to growl; rumble
ngurumo(-), loud roar; thunder
nguruwe(-), a pig
nguvu(-), strength; power
nguzo(-), a pillar; strong pole
ngwe(-), small plot of ground
ni, is; are; I am
nia(-), intention; to resolve
nidhamu(-), discipline
nikaha(-), marriage
ning'inia, to dangle, sway
nini?, what? kuna nini?, what's the matter? kwa nini?, why?
ninyi, you
nira(-), a yoke
nishani(-), medal; badge
njaa(-), hunger
njama(-), confidential discussion
nje, outside
njema!, Good!
njesi(-), hinge
njia(-), road; way
njiwa(-), a dove
njoo, njoni, Come here!
njozi(-), a vision
njuga(-), ankle bells
njugu(-), groundnuts
nne, four
noa, to sharpen; nolewa, be sharpened
nona, to get fat (animals)
nondo(-), a moth
nonesha, to fatten
nong'ona, nong'oneza, to whisper
nongwa(-), a grudge
-nono, fat (animals)
nta(-), wax
nufaika, to prosper
nuia, to intend
nuka, to smell (bad); nukia, to smell (sweet)
nukilia, nukiliza, to follow a scent

nuksani(-), a mischievous action
nukta(-), a second; a dot
nuna, to sulk; grumble
nundu(-), a hump
nungu(-), a porcupine
nung'unika, to grumble
nunua, to buy; nunuliwa, be bought
nurisha, to show light
nuru, light
nusa, to smell something
nusu, half
nusura, almost
nusurika, to be succoured in time of trouble
nusuru, to succour
nya, to rain; urinate
nyakua, to snatch; nyakuliwa, be snatched away
nyama(-), meat; animal
nyamaa, nyamaza, to be quiet
-nyamavu, silent
nyamazisha, to silence
nyambua, to pull to pieces; nyambuka, to fall to pieces
nyangalika, a what's-its-name
nyang'anya, to seize; rob; nyang'anywa, be robbed of
nyangumi(-), a whale
nyani(-), a baboon
nyanya(-), tomato
nyanyasa, to annoy
nyara, booty
nyasi(ma), grass; reeds
nyati(-), a buffalo
nyatia, creep up to
nyauka, to dry up; wither
nyayo(-), footprints, track
nyemelea, to stalk; nyemelewa, be taken by surprise
nyenya, to ply with questions
nyenyekea, to act humbly
-nyenyekevu, humble
nyesha, to rain; to send rain
nyeta, be hard to please
nyigu(ma), a hornet
nyika(-), dry grassland
nyima, to withhold from
-nyimivu, stingy
nyinyirika, to glide along
nyoa, to shave; nyolewa, be shaved
-nyofu, upright

nyoka, to be straight; straightforward

nyoka(-), a snake

nyonga(-), the hip

-nyonge, weak; mean

nyongeza(-), an increase; supplement

nyongo, bile; bitterness

nyonya, to suck the breast

nyonyesha, to suckle

nyonyoa, to pluck out (*feathers, hair*)

nyonyoka, to fall out

nyonyolewa, be plucked

nyonyota, to drizzle

nyosha, to stretch out

nyota(-), a star

nyote, you all; **ninyi nyote,** all of you

nyoya(ma), feather; wool

nyuki(-), a bee

nyukua, to pinch

nyuma, behind

nyumba(-), a house; **nyumbani,** at home

nyumbu(-), a mule

nyumbuka, to be elastic, flexible

nyundo(-), a hammer

nyuni(-), a bird

nyunya, to drizzle

nyunyiza, to sprinkle

-nyuzinyuzi, fibrous

nywa, to drink; **nywewa,** be drunk; evaporate

nywea, to shrink, shrivel

nywele(-), hair

nywesha, to give drink to

nzige(-), locust

O

oa, to marry (*man*); **olewa,** be married (*woman*)

oga, to bathe

ogelea, to swim

ogesha, to bathe someone

ogofya, to frighten

ogopa, to be afraid

oka, to bake

okoa, to save; **okoka, okolewa,** be saved

okota, to pick up; **okotwa,** be picked up

ole, woe; **ole wangu!,** woe is me!

olewa, *see* oa

oleza, to copy a pattern

omba, to ask; beg

ombea, to intercede for

omboleza, to lament

omekeza, to pile up

omo(ma), forepart of ship

omoa, to break up; dig up; **omolewa,** be dug up

ona, to see; feel

onana, to meet

ondoa, to take away; **ondolewa,** be taken away

ondoka, to go away

ondokeo(ma), departure

ondoleo(ma), removal; forgiveness

onea, to oppress; **onewa,** be oppressed

onekana, be seen

ongea, to talk, converse

ongeza, to increase; **ongezwa, ongezeka,** be increased

ongezewa, to receive an increase

ongezo(ma), an increase

ongoa, to guide aright; **ongolewa,** be guided

ongoka, be converted

ongoza, to direct

onja, to taste; **onjwa; onjeka,** be tasted

ono(ma), feelings

onya, to warn; **onywa,** be warned

onyesha, to show

onyeshano(ma), an exhibition

onyo(ma), a warning

opoa, to draw out; rescue; **opolewa,** be rescued

orodha(-), a list; tables, etc.

orofa(-), an upper room; storey

-ororo, smooth; soft

osha, to wash; **oshwa,** be washed

osheka, be washable

ota, *1* to grow; *2* **ota ndoto,** to dream; *3* **ota jua,** to bask

otamia, to sit on eggs

-ote, all; the whole

otea, to lie in wait for

oteo(ma), an ambush

otesha, *1* to grow plants; *2* to cause a dream

-ovu, wicked
ovu(ma), evil
ovyo, just anyhow
oza, *1* to marry (*parents, priest*); *2* to go bad

P

For prefix PA see page 12
pa, of
pa, to give to; pewa, be given
paa(-), small gazelle
paa(ma), roof of native house
paa, *1* to ascend; *2* to scrape
paaza, to lift up
pacha(ma), a twin
pachapacha, exactly alike
pachika, to insert between two things
pafu(ma), a lung
pagawa, be possessed
pahali, *see* mahali
paja(ma), thigh; pajani, on the lap
paji(ma), forehead
paka(-), cat
paka, *1* to smear on; *2* to fix boundary
pakacha(ma), plaited fruit basket
pakana, be adjacent
pakata, to nurse a child
pakia, to embark passengers or cargo
pakiza, to load
pakua, to unload; dish up food
pale, there; pale pale, just there; just then
palia, to hoe up weeds
palikuwa na, there was
pamba, to decorate; pambwa, be decorated
pamba(-), cotton
pambana, to meet in conflict
pambanisha, to bring together; contrast
pambanua, to separate; distinguish between
pambanya, to browbeat
pambazua, to make clear
pambazuka, to dawn
pambizo(ma), margin
pambo(ma), adornment

pamoja, together; pamoja na, with
pana, there is; there are
-pana, wide; flat
panda(-), *1* a crosspiece; fork; njia panda, crossroads; mti wa panda, a forked stick
panda(-), *2* a trumpet; piga panda, blow a trumpet
panda, *1* to mount; go up; *2* to sow; plant
pande(ma), a block; large piece
pandikiza, to plant out
pandikizo(ma), seedlings; planting-out
pandio(ma), steps for climbing
pandisha, to raise
panga(ma), a large bush-knife
panga, *1* to arrange; *2* to rent; *3* to co-habit
panganya, to stack
pangilia, to alternate; interpose
pangilio(ma), interposition; rotation
pangisha, to let accommodation
pango(ma), cave; den
pangusa, to dust; panguswa, be dusted
panua, to widen; panuliwa, be widened
panuka, to get wider
panya(ma), rat
panzi(ma), grasshopper
pao(-), roofing poles; iron rods
papa(-), a shark
papa, *1* to palpitate; *2* be porous
papa hapa, just here; just then
papai(ma), a pawpaw
papara(-), haste
papasa, to stroke; grope about
papasi(ma), fever-tick
papatika, to flutter
papi, thin laths; upapi, a lath
papo(ma), palpitation
papura, to rend; claw
paraga, to swarm up tree
paruparu, roughly
paruza, to graze; be rough
pasa, to concern; behove; imenipasa, it is my duty
Pasaka, Easter

pasha, cause to get; **pasha habari**, inform; **pasha moto**, warm up

pasi(-), an iron; **piga pasi**, to iron

pasipo, without

pasisha, to inflict

pasiwa, be liable for

pasua, to tear; split; saw

pasuka, to burst; be torn; split

pata, to get

pata(-), a hinge

patana, to agree

patanisha, to reconcile

patanisho(ma), reconciliation

patikana, be obtainable; be caught

patiliza, to punish; visit on

pato(ma), an acquisition

patwa, to be seized by; **kupatwa mwezi**, be eclipsed

paua, to roof a house

paya, payuka, to talk foolishly; be delirious

payo(ma), foolish talk

paza, see paaza

pazia(ma), a curtain

peke, alone; **peke yangu**, by myself

-a pekee; -a peke yake, unique; lonely

pekecha, to drill hole; **peketeka**, be drilled

pekesheni(-), investigation

pekua, to scratch the ground

-pekuzi, inquisitive

peleka, to send; take; **pelekwa**, be sent

pelekea, to send to

peleleza, to spy out

pemba, to hook down; outwit

pembe(-), 1 horn; tusk; ivory; 2 an angle; corner

pembea(-), a swing; see-saw; to swing

pembeza, to set swinging; to rock

penda, to love; like; **pendwa**, be loved

pendana, to love one another

pendeka, be popular

*ji*pendekeza, to ingratiate oneself

pendeza, to please

pendo(ma), love

penga, to blow the nose

pengine, sometimes; another time or place

pengo(ma), a gap; notch

penya, to penetrate

penye, at

penyeka, to be penetrable

penyeza, to introduce by stealth; to bribe

penzi(ma), desire; will

pepea, to wave; fan

peperuka, be blown away

peperusha, to blow away

pepesa, to blink

pepesuka, to stagger

pepeta, to winnow

pepo(-), disembodied spirit

Peponi, Paradise; Heaven

pera(ma), guava

peremende(-), sweets

pesa, money

peta, to bend round

petana, petemana, be bent into a circle

pete(-), a ring

peupe, an open place

-pevu, mature

pevuka, be fully developed

pewa, to receive; see pa

pezi(-), fin of fish

-pi?, who? which? what?

pia, all; also

pia, child's top

picha(-), picture; photograph; **piga picha**, to photograph

piga, to hit; beat; **pigwa**, be beaten

pigana, to fight

pigano(ma), a battle; fight

pigilia, to ram concrete floors

pigo(ma), a blow

pika, to cook; **pikwa**, be cooked

pikipiki(ma), 1 stick thrown to knock down fruit; 2 motorcycle

pili, two; -a pili, the second; **kwa pili**, the other side

pilipili(-), pepper

pima, to measure, weigh, test; **pimwa**, be measured

pimika, be measurable

pinda, to bend; fold

pindi(ma), a curve
pindika, be bent
pindo(ma), a hem
pindua, to turn upside down
pinduka, be overturned
pinduli(ma), a pendulum
pinga, to obstruct; **pingwa**, be thwarted
pingamana, be in opposition
pingamizi(ma), an obstacle
-pingani, obstructive
pingo(ma), a barrier; door-bar
pingu(-), *1* fetters; *2* charm against evil
pipa(ma), a barrel
pisha, to allow to pass
pishi(-), a grain measure *c.* ½ gallon
pita, to pass
pitika, be passed; be passable
pitisha, to make pass; make way for
pito(ma), a path
plau(-), a plough
poa, to get cool; feel better
podo(ma), arrow quiver
-pofu, blind
pofua, pofusha, to blind; **pofuka**, get blind
pogo, lopsided
pogoa, to lop, prune; **pogolewa**, be pruned
pokea, to receive; **pokewa**, be received
pokeo(ma), tradition; custom
pokeza, to hand over
pokezana, to take turns
pokonya, to take by force
-pole, gentle; **pole!**, a condolence
polepole, slowly; gently
polisi(ma), a policeman
pombe, beer
pomboo(-), a porpoise
pona, to get well
ponda, to crush by pounding; **pondwa**, be crushed
pondo(ma), a punting pole
pongeza, to congratulate
pongezi, congratulations
ponya, to cure
ponyeka, be curable
ponyoka, to slip away
ponyosha, to let fall

pooza, be paralysed; be dull, lifeless
popo(-), a bat
po pote, anywhere; wherever
popotoa, to wrench
popotoka, be strained
pori(ma), treeless plain
poromoka, to descend with a rush
poromoko(ma), landslide; cataract
poromosha, to shower down
posa, to ask in marriage; **poswa**, be courted
posho(-), rations
posta(-), post
pota, to twist; make string
pote, everywhere
potea, to get lost
-potevu, wasteful
poteza, to lose; misuse
potoa, to distort, spoil
-potofu, wrongheaded
potoka, be crooked; perverted
potosha, to pervert
povu(-), froth; scum
poza, to cool, heal
pua(-), nose
-pujufu, shameless
pukupuku, full to overflowing
pukusa, *1* to shower down; *2* strip maize off cob
pukuso(-), a congratulatory present
pukutika, to fall off in showers
puliza, to blow on; blow up
puma, to throb
pumbaa(ma), relaxation
pumbaa, *1* be foolish; *2* be relaxed
pumbaza, *1* make a fool of; *2* take the mind off
pumu(ma), lung
pumzi(-), breath
pumzika, to rest
punda(-), donkey
punda milia(-), zebra
punde, a little
punga, to wave; to exorcize
punga pepo, to drive out a devil
punga upepo, to have a change of air
pungia mkono, to wave to; beckon
pungua, punguka, to get less

-**pungufu**, deficient
pungukiwa na, be short of
punguza, to make less
punja, to cheat; defraud
punje(-), a grain of corn
pupa(-), over-eagerness
purukusha, to treat with contempt
purukushani(-), wilful negligence
puza, to treat lightly; talk nonsense; **jipuza**, play the fool
-**puzi**, silly
pwa, to dry up; ebb
pwani, the coast
pwaya, be loose-fitting
pwelea, to run aground; **pwelewa**, be aground
pwewa, be dried up; hoarse
pweza(-), cuttlefish
pwita, to throb
-**pya**, new

R

rabsha(-), brawling
radhi, goodwill; **omba radhi**, ask forgiveness
radi(-), thunderclap; **piga radi**, to thunder
rafiki(-), friend
rafu(-), shelf
raha(-), rest; happiness
rahisi, cheap; easy; light
rahisika, to get cheaper, easier
rahisisha, to cheapen; make easier; make light of
rai(-), 1 opinion; reflection; 2 ability
rai, rairai, to flatter, cajole
raika, be cajoled
raia(-), citizen; subject
rakaa(-), Moslem prayers with bows
rakibisha, rekebisha, to put together, assemble; put right
rakibishwa rekebishwa, be put together, put right
rakibu, to mount; ride
Ramadhani, Moslem month of fasting
ramani(-), a map
rambaza, to cruise about for fish

ramisi, to amuse oneself
ramli(-), divination
ramsa(-), merrymaking; a fair
randa, to show off; to dance
randa(-), carpenter's plane; **piga randa**, to plane
rangi(-), colour
rarua, to tear, rend; **raruka, raruliwa**, be torn
rasi(-), a promontory, cape
rasilmali, assets; capital
rasmi, official
ratibu, ratibisha, to arrange; **ratibika**, be in order
ratli(-), a pound (*weight*)
raufu, gentle
ree(ma), ace of cards
-**refu**, long; tall; high; deep
refusha, to lengthen
rehani(-), a pledge; **weka rehani**, to pawn
rehema(-), mercy
rehemu, to pity
rejareja, retail
rejea, to return; refer to
rekebisha, *see* **rakibisha**
reli(-), railway
remba, to decorate
rembo(ma), ornament
rembua, to disfigure
riba(-), usury; interest
ridhaa(-), agreement, contentment
ridhi, to please, content; **ridhika**, be satisfied
ridhia, to approve
ridhisha, to satisfy
rika(ma), a contemporary; **rika moja**, same age
ringa, to put on airs: be self-conceited
ripota(-), a reporter
ripoti(-), a report
risasi, a bullet; **tia risasi**, to solder
risiti(-), a receipt
rithi, to inherit
riziki(-), food and other needs
robo, a quarter
robota(ma), bundle; bale
roho(-), soul; spirit
ropoka, to talk nonsense
roshani(-), balcony

ruba(-), leech
rubani(ma), a pilot
rudi, to return; to punish; to shrink
rudisha, to give back; send back
rudishiwa, to receive back
rudufiwa, be doubled
rudufu, to double
rufaani(-), legal appeal
ruhusa(-), permission
ruhusiwa, be permitted
ruhusu, to permit
ruka, to jump; fly
ruko(ma), a leap; flight
rungu(ma), a knobbed stick
rusha, to throw
rusho(ma), a throw
rushwa(-), a bribe; kula rushwa, to take bribes
rutuba(-), moisture; fertility
rutubisha, to improve the soil
ruzuku, to supply food and other needs

S

saa(-), an hour; a clock; watch
saba, seven
sababu(-), reason; kwa sababu, because
sabahi, to make morning visit
sabalheri, Good morning
sabini, seventy
sabuni(-), soap
saburi(-), patience; to be patient
sadaka(-), a religious offering
sadifu, correct; exact
sadiki, to believe; sadikiwa, be believed
sadikika, be believable
sadikisha, to convince
safari(-), a journey
safi, clean; pure
safidi, to put in order; safidika, be clear, orderly
safihi, be arrogant, rude
safina(-), Noah's ark
safiri, to travel
safirisha, to send on a journey
safisha, to clean
safu(-), a row; line; safu-safu, in rows
safura(-), hookworm disease

saga, to grind; sagwa, sagika, be ground
sahani(-), plate; dish
sahau, to forget; sahauliwa, be forgotten
-sahaulifu, forgetful
sahaulisha, to cause to forget
sahihi(-), signature; attestation; correct
sahihisha, to correct; attest
saidia, to help; saidiwa, be helped
saidiana, to co-operate
saili, to question; sailiwa, be questioned
saka, to hunt; to trap
sakafu(-), concrete floor or roof
sakama, to stick fast
saki, to fit tight
sakifu, to make concrete floor etc.; sakifiwa, be concreted
sakini, to settle in a place
sakitu(-), hoar-frost
sala(-), a prayer
Salaam!, Peace!
salama(-), peace; safety
salamu(-), greetings
sali, to pray
salia, to remain over
salimu, to greet; salimiwa, be greeted
salisha, to lead prayers
saliti, to betray; salitiwa, be betrayed
sama, to stick in the throat
samadi(-), manure
samaki(-), a fish
samani(-), utensils of any kind
samawati, sky-blue
sambaa, be scattered about
sambamba, alongside
samehe, to forgive; samehewa, be forgiven
samli, ghee (*clarified butter*)
sana, very; very much
sana, to forge knives, hoes, etc.
sanaa(-), skilled handicraft
sanamu(-), a statue; photograph; picture
sanda(-), a shroud
sandali(-), sandal-wood
sandarusi(-), resin
sanduku(ma), box; chest

sanifu, to compose; invent

sanii, to make with skill; invent

sanjari, in a convoy

santuri(-), a gramophone

sarafu(-), a coin

sare, equality between two things; a draw

sarifu, to use words grammatically

sarufi, grammar

sasa, now; sasa hivi, at once

sataranji(-), the game of chess

saumu(-), a fast

sauti(-), sound; voice

sawa, equal; alike

sawazisha, to make equal

sawia, just then

sayari(-), a planet

saza, to leave over

sazo(ma), remainder

sebule(-), entrance hall

sedeka, be of long duration

sega(ma), honeycomb

sehemu(-), portion; fraction

sema, to say; speak; semwa, be said

sembuse, much less; much more; let alone

semeka, to be utterable

semezana, to talk together

senea, be blunt

seng'enge(-), fencing wire

sengenya, to backbite; sengenywa, be spoken ill of

sentensi(-), a sentence

senti(-), a cent

seremala(ma), carpenter

Serikali, Government

seta, to mash

setiri, to conceal

Shaabani, month before Ramadhani

shaba, copper

shabaha(-), 1 target; aim; 2 likeness

shabihi, to resemble

shada(-), a string of beads; bunch; cluster, etc.

shahada(-), the Moslem creed

shahamu(-), fat grease

shahidi(ma), a witness; martyr

shairi(ma), a poem

shaka, doubt

Sham, Syria; Bahari ya Sham, the Red Sea

shamba(ma), cultivated field; plantation

shambulia, to attack

shambulio(ma), an attack; shambuliwa, be attacked

shangaa, to be astonished

shangaza, to astonish

shangazi(-), paternal aunt

shangilia, to shout with joy; shangiliwa, be received with rejoicings

shangwe(-), rejoicings

shani(-), an adventure; accident; something unusual

shanta(-), a knapsack

sharabu, to absorb; saturate

shari(-), adversity; evil; kutaka shari, to defy

sharifu, to esteem; -sharifu, noble; honourable

sharti(ma), obligation; terms

shashi(-), tissue

shaufu, to show off; -shaufu, affected

shauku(-), strong desire

shauri(ma), advice; to consult

shavu(ma), the cheek; calf of leg; biceps

shawishi, to persuade; shawishiwa, be persuaded

shawishi(ma), inducement

shayiri(-), barley

shehena(-), freight

shemasi(ma), a deacon

shemeji(-), brother- or sister-in-law

-shenzi, uncivilized

sherehe, triumphant rejoicing

sherehekea, to greet with rejoicings

sheria(-), a law

sherizi(-), glue

sheshe(-), beauty

shetani(ma), evil spirit

shetri(-), ship's stern

shiba, be satisfied, filled with

shibe(-), repletion

shibisha, to satisfy fully

shida(-), hardship; scarcity

shika, to hold fast; shikwa, be held

shikamana, to cleave together

shikamuu, greeting to a superior; *Ans.* marahaba

shikilia, to hold on to

shikio(ma), handle; rudder

shikiza, to make fast

shikizo(ma), a prop, wedge, etc.

shilingi(-), a shilling

shimo(ma), a pit

shina(ma), root and trunk; source

shinda, partly full

shinda, to overcome; shindwa, be overcome

shindana, to contend

shindano(ma), a contest

shindika, be overcome

shindilia, to press down

shindo(ma), loud sudden noise

shinikizo(ma), a crushing machine; oil mill

shirika(ma), partnership

shiriki, to share in

shirikiana, to share

shirikisha, to give a share to

shoka(ma), an axe

shokoa(-), forced labour; requisition

shona, to sew; shonwa, be sewn

shonesha, to get a garment made

shono(ma), sewing

shoto, lefthandedness; kushoto, on the left

shtaka(ma), accusation

shtaki, to accuse; shtakiwa, be accused

shtua, to startle; jerk

shtuka, be startled

shua, to launch a boat; shuliwa, be launched

shudu(ma), refuse of oil-seed

shughuli(-), business

shughulika, be busy

shuhuda(ma), testimony

shuhudia, to witness to; shuhudiwa, be witnessed to

shujaa(ma), a hero

shuka(ma), a loincloth; sheet

shukrani(-), gratitude

shuku, to doubt

shukuru, to thank; shukuriwa, be thanked

shule(-), school

shungi(ma), a plait of hair; a flaring lamp

shupaa, be firm, unyielding

shupatu(ma), plaited strip for bed

-shupavu, obstinate

shurutisha, to compel

shurutisho(ma), compulsion

shusha, to lower

shutumu, to upbraid; shutumiwa, be upbraided

shwari(-), a calm

si, not; siyo, no

siafu(-), biting ants

siagi(-), butter

siasa, politics: orderliness

sibu, to afflict; strike; sibiwa, be afflicted; be struck

sidiria(-), a brassiere

sifa(-), praise; reputation

sifiwa, sifika, be praised

sifongo(-), sponge

sifu, to praise; jisifu, to boast

sifuri(-), nought; zero

siha(-), good health

sihi, to entreat

sihiri(-), witchcraft; to bewitch

sijambo, I am well

siki(-), vinegar

sikia, to hear; sikiwa, be heard

sikika, be audible

sikiliza, to listen

sikilizana, to agree together

sikio(ma), an ear

sikitika, to grieve

sikitiko(ma), grief

-sikivu, attentive

siku(-), a day

sikukuu(-), a festival

sikuzote, always

silabi(-), a syllable

silaha(-), weapon

silika(-), disposition; instinct

silimu, to become a Moslem

simadi, to manure

simama, to stand

simamia, to superintend

simamisha, to halt; to erect

simanga, to triumph over

simango(ma), ill-natured triumph

simba(-), a lion

sime(-), a short sword

simika, to set up; appoint

Simile! Make way!

simo(-), *1* something new; *2* a saying, proverb

simu(-), telegram

simulia, to narrate; **simuliwa,** be told

simulizi(ma), news; story

sina, I have not

sindano(-), a needle; **piga sindano,** give an injection

sindika, to press out oilseed or sugarcane

sindikiza, to accompany part of the way

sindikizo(ma), oil-press; sugar-mill

singizia, to slander; **jisingizia,** to pretend

singizio(ma), slander

sinia(-), metal tray

sinyaa, to shrivel up

sinzia, to doze

sinzilisha, to lull to sleep

sira(-), dregs, lees

siri(-), a secret

sisi, we; us; **sisi wenyewe,** we ourselves

sisimizi(-), small ants

sisimka, to tingle with excitement

sisitiza, to urge

sita, six

sita, to hesitate; be uncertain

sitaha(-), ship's deck

sitawi, to prosper

sitawisha, to cause to prosper

sitini, sixty

sitiri, to conceal

sivyo, not so

siyo, no

sizi(ma), soot

soga(ma), idle chatter; **piga masoga,** have a chat

sogea, sogeza, to move

soko(ma), market; **sokoni,** marketplace

sokota, to twist

soksi(-), socks; stockings

sokwe(-), a chimpanzee

solo(-), seeds used as marbles or counters

soma, to read; go to school

somesha, to teach

somo(ma), *1* a reading; *2* a lesson; *3* a confidential friend

songa, to press; **songwa,** be pressed

songamana, to writhe, twist together

songo(ma), a coil

songoa, songonyoa, to wring

staajabu, be surprised

staajabisha, to astonish

staarabika, be civilized

-staarabu, wise; civilized

stadi, expert

staha,(-), respect

stahi, to respect; **stahiwa,** be respected

stahili, to deserve

stahilisha, to deem worthy

stahimili, to put up with

-stahivu, honourable

stakabadhi(-), a receipt

stakimu, to prosper

stara(-), concealment

starehe, be at ease

starehesha, to put at ease

stesheni(-), railway station

stimu(-), electricity

stiri, to conceal; **stirika,** be concealed

stuka, be startled; **stusha,** to startle

subira(-), patience

subiri, be patient

sudi(-), success

sufi(-), kapok

sufu, wool

sufuria(-), saucepan

sugu(-), a callosity; callousness

sugua, to scrub; **suguliwa,** be scrubbed

suhubiana, be friendly with

sujudu, to bow down in worship; **sujudiwa,** be worshipped

suka, to shake; to plait

sukari(-), sugar

suke(ma), ear of corn

sukuma, to push; **sukumwa,** be pushed

sukumana, to jostle

sukumiza, to thrust along

sukutua, to rinse mouth; gargle

sulibisha, to crucify; **sulibiwa,** be crucified

sulu, polish; **kupiga sulu**, to polish

sulubu(-), vigour, energy

suluhisha, to reconcile

suluhu(-), reconciliation

sululu(-), a pickaxe

sumaku(-), a magnet

sumbua, to annoy, trouble; **sumbuka**, be annoyed

sumbuo(ma), annoyance

sumu(-), poison

sungura(-), a hare

sura(-), *1* appearance; *2* chapter

surua(-), measles

suruali(-), trousers

susu(-), hanging shelf

susuri(-), aimless moves from place to place

susurika, to be moved about

suta, to accuse publicly

suto(ma), public accusations

suza, to rinse

swali(ma), a question

T

taa(-), a lamp

taabani, in distress

taabika, be in distress

taabisha, to distress

taabu(-), distress

-taalamu, well-informed

taamuli(-), thoughtfulness

taarifa(-), a report

tabaka(-), a layer; lining

tabana, to make incantations

tabasamu, to smile

tabia(-), character; nature

tabibu(ma), a doctor

tabiki, be attached to; to line

tabikisha, to attach a lining, etc.

tabiri, to predict; **tabiriwa**, be predicted

tadi, to offend; **tadi(-)**, rudeness, evil action

Tafadhali!, Please!

tafakari, to meditate

tafiti, to pry into; **-tafiti**, inquisitive

tafrija(-), recreation; entertainment

tafsiri, a translation

tafuna, to chew; **tafunwa**, be chewed

tafuta, to look for; **tafutwa**, be looked for

taga, to lay eggs; **tagwa**, be laid

tagaa, to stride

Tahamaki!, Behold!

taharuki, be in a hurry

tahayari, be ashamed

tahayarisha, to shame

tahiri, to circumcise; **tahiriwa**, be circumcised

tai(-), an eagle

taifa(ma), a nation

taja, to name; to mention

tajamala(-), a favour

tajamali, do a favour

taji(-), a crown

tajiri(ma), a wealthy man; a merchant

tajirika, to get rich; **tajirisha**, to enrich

taka(-), dirt; rubbish; **takataka**, odds and ends

taka, to want; to need; **takiwa**, be wanted

takabali, to accept, agree

takabari, to show off

takasa, to cleanse; make bright; **takasika**, be clean; bright

takata, become clear

-takatifu, holy

takia(ma), a cushion

takikana, be needed

takiwa, *see* **taka**

tako(ma), the base; butt-end

talaka(-), a divorce

talasimu(-), a charm

tama, final; decisive; **tamati**, finis

tamaa(-), strong desire

tamalaki, to rule

tamani, to covet; long for; **tamanika**, be desired, desirable

tamanisha, to allure

tamasha(-), a show; pageant

tamba, to strut proudly

tambaa, to crawl; creep

tambarare(-), flat country

tambaza, to drag on the ground; **tambaza maneno**, to drawl

-tambazi, creeping; crawling

tambika, make offerings to the dead

tambiko(ma), propitiatory offering

tambua, to discern; recognize; understand

tambulika, be well-known

tambulisha, to make known

-tambuzi, intelligent

-tamfu, pronounceable

tamka, to pronounce

tamko(ma), pronunciation; accent

-tamu, sweet; pleasant

tamutamu, sweets; confectionery

tanabahi, to consider carefully

tanadhari, be on one's guard

-tanashati, neat, clean, well-dressed

tanda, tandaa, be spread out

tandika, tandaza, to spread

tandiko(ma), mat; bedding; awning; etc.

tando(ma), tandabui(-), spider's web

tandu(-), centipede

tanga(ma), a sail

tangaa, be spread abroad

tangamano(ma), coming together

tangatanga, to stroll about; dawdle

tangawizi(-), ginger

tangaza, to publish abroad

tangazo(ma), a notice; proclamation

tangi(ma), a tank

tango(ma), small cucumber

tangu, since; **tangu leo,** from today

tangua, to cancel; annul; **tanguka,** be annulled

tangulia, to go before

tanguliza, to put first

tanguo(ma), cancellation; annulment

tania, to treat with familiarity; to chaff

tano, five

tanua, to stretch apart

tanuu(-), a kiln

tanzi(-), loop; noose

tanzia(-), announcement of a death

tao(ma), curve; arch

tapa, to shiver; struggle

tapakaa, be dotted about

tapanya, to disperse; scatter about

tapanyika, be dispersed

tapika, to vomit

tapishi(ma), vomit

tarabu(-), a concert

taraja(ma), hope; expectation

tarajia, to hope for; **tarajiwa, be** hoped for

tarakimu(-), numeral; figure

taratibu(-), order; method

tarehe(-), date; chronicles

tarishi(ma), a messenger

tarizi, to embroider

taruma(ma), wooden support or strut; spoke of wheel

tarumbeta(-), a trumpet

tasa, barren female

tasbihi(-), a rosary

taslimu, cash payment

taswira(-), a portrait; picture

tata, tatanisha, to tangle; perplex

tatanua, to disentangle; clear up a difficulty

tatarika, to crackle; chatter

tatika, be tangled; confused

tatiza, to puzzle

tatizo(ma), a problem

tatu, three

tatua, to tear; solve a difficulty

tatuka, be torn

tauni(-), plague

tausi(-), peacock

tawa, to live in seclusion

-tawa, devout

tawadha, to wash the feet

tawala, to rule; **tawaliwa, be** ruled

tawanya, to scatter; **tawanyika,** be scattered

tawanyiko(ma), dispersion

tawaza, to instal as ruler

tawi(ma), a branch

taya(ma), jawbone

tayari, ready; **fanya tayari,** to prepare

tazama, to look at

tazamana, to look at one another

tazamia, to expect; to inspect; tazamiwa, be expected; inspected

tega, set ready; set a trap; tegwa, be trapped

tegemea, to lean on; rely on; tegemewa, be relied on

tegemeo(ma), a support

tegemeza, to support

tego(ma), charm to ensure wife's fidelity

tegua, to let off a trap; to sprain

teguka, be sprained

teka, 1 draw water from well; 2 to plunder; tekwa, be carried off

teke(ma), a kick; piga teke, to kick

tekelea, be fulfilled

tekeleza, 1 to fulfil; 2 hold spellbound

tekelezo(ma), fulfilment

tekenya, to tickle; a jigger

teketea, be burnt up; destroyed

teketeke, soft; tender

teketeza, to burn up; destroy

tekewa, be bewildered

tekua, to break up; break down

tele, in abundance

teleka, put pot on fire

telekeza, to halt (*for meal*)

telemka, to descend

telemsha, to lower; let down

teleza, to slip; be slippery

teli(-), gold thread or braid

tema, to slash; tema kuni, cut firewood; tema mate, to spit

tembea, to take a walk; go about

tembeza, to show round; hawk about

tembo(-), 1 elephant; 2 palm-wine

tena, again; then

tenda, to do; tendeka, be done

tende(-), dates

tendekeza, to achieve by practice

tendewa, to undergo; be treated

tendo(ma), an action

tenga, to set apart; tengwa, be set part

tengana, to leave one another; separate

tengemana, to settle down after upheaval

tengemano(ma), settling down

tengenea, be in good order

tengeneza, put in order; mend

tengenezo(ma), orderly arrangement

tepe(ma), braid; soldiers' stripes

tepetea, be listless

-tepetevu, listless; limp

terema, be at ease

teremesha, set at ease

-teremeshi, genial

tesa, to afflict; persecute; teswa, be persecuted

teso(ma), suffering

teta, to dispute; speak against

tete(ma), a reed

tetea, to speak on someone's behalf

tetemeka, to tremble

tetemeko(ma), earthquake

tetesi(-), a dispute

tetewanga(-), chickenpox

teto(ma), argument

teua, to select; teuliwa, be selected

-teule, chosen

-teuzi, fastidious; critical

thabiti, firm; resolute

thamani(-), value

thamini, to value

thawabu(-), a reward

thelathini, thirty

theluji(-), snow

themanini, eighty

thenashara, twelve

thibitika, be proved; firm

thibitisha, to establish; prove

thibitisho(ma), verification

thubutu, to dare

thuluthu, a third

tia, to put; tiwa, be put

tiara(-), a child's kite

tibu, to treat medically

tibua, to stir up, make muddy; tibuka, be stirred up

tifu(ma), dust

-tifu, dustlike

tifua, make a dust

tii, to obey; tiiwa, be obeyed

-tii, obedient
tikisa, to shake; tikiswa, be shaken
tikisika, be shaky; unsteady
tikiti(ma), a watermelon
timamu, complete
timia, be completed
-timilifu, perfect
timiza, to complete
tindi, unripe; half-grown
tindika, to fall short; tindikiwa, be short of
tinga, to shake; vibrate
tingisha, to cause to shake
tingitingi(-), a vibrating bridge
tini(-), figs
tiririka, to trickle; glide
tisa, nine
tisha, to threaten; tishwa, be threatened
tishari(-), a lighter; barge
tisho(ma), a threat
tisini, ninety
tita(ma), bundle of firewood or grass
titimka, be in excited state
titimua, to throw into confusion
toa, to put forth; offer; give; tolewa, be given
toba(-), penitence
toboa, to bore a hole; tobolewa, be bored
tofali(ma), a brick
tofauti(-), difference
tofautisha, distinguish between
tohara(-), ceremonial cleanliness; circumcision
toja, to scarify; tattoo
tojo(ma), incision; tattoo
toka, to go out; come out; go away
tokea, to appear; to happen
tokeapo, henceforth
tokeo(ma), the result
tokeza, to put out; be prominent
tokomea, to vanish
tokomeza, to reduce to nothing
tokosa, to cook in water or fat
tolewa, *see* toa
tomasa, to press gently
tona, to fall in drops
tone(ma), a drop; dot
tonewa, be dotted over

tonge(ma), a small lump
tongoza, to seduce; tongozwa, be seduced
tononoka, to flourish
tope(ma), mud
topea, to sink in
topeza, to drag down; press in
topoa, to extricate
toroka, to run away
torosha, to entice away
tosa, cause to sink
tosha, be sufficient
tosheleza, to satisfy
tota, to sink; be drowned
-tovu, lacking
towashi(ma), a eunuch
towe, potter's clay
toweka, to disappear
toza, to seize
tua, to set down; stop
tu, only
tuama, to settle
tubu, to repent
tufani(-), a storm
tufe(-), a ball; globe
tuhuma(-), suspicion
tuhumiana, to suspect one another.
tuhumu, to suspect
tui(-), juice of grated coconut
tukana, to abuse; tukanwa, be abused
tukano(ma), abuse
tukia, to happen
tukio(ma), an occurrence; event
-tukufu, glorious
tukuka, be worthy of glory
tukutika, to flutter; be agitated
tukutiko(ma), nervous excitement
-tukutu, restless
tukuza, to exalt; glorify
tuli, quiet
tulia, be calm
-tulivu, tranquil
tuliza, to pacify
tuma, to send; tumwa, be sent
tumaini(ma), confidence
tumaini, to hope; tumainiwa, be trusted
tumainisha, give hope to
tumba(ma), a bud
tumbako(-), tobacco

tumbili(-), a monkey
tumbo(ma), stomach
tumbua, to rip open; make hole in; tumbuliwa, be ripped open
tumbuiza, to soothe by singing
tumbuka, to burst
tumbukia, to fall into
tumbukiza, to push into
tumbuza, to penetrate
tumia, to use; tumiwa, be used
tumika, be employed; be usable
tumikia, to serve
tunda(ma), a fruit
tundika, see tungika
tundu(-), a hole; nest
tunga, to put together; compose
tungamana, be in harmony
tungika, to hang up; suspend; tungikwa, to be hung
tungua, to take down; disconnect; tunguliwa, be taken down
tunu(-), a treasure
tunuka, to set one's heart on
tunukia, make a present to
tunza, to take care of
tupa(-), a file; rasp
tupa, to throw
tupia, to throw at/to; tupiwa, be thrown at/to
-tupu, empty; bare
tusi(ma), filthy abuse
tuta(ma), ridges for planting
tutika, to pile up; pile loads on head
tutuma, to rumble
tutusa, to grope about in dark
tuza, to reward
tuzo(-), a prize; present
twaa, to take; twaliwa, be taken
twanga, to husk grain by pounding
tweka, to hoist a flag
tweta, to pant for breath
tweza, to humiliate
twiga(-), a giraffe
twika, take up a head load

U

For prefix U see page 21
ua(ma), a flower
ua(ny), a courtyard
ua, to kill; uawa, be killed
uadui, enmity

uaguzi, divination
Uajemi, Persia
uambukizo, infection
uaminifu, faithfulness
uangalifu, carefulness
uangalizi(ma), observation; guardianship
uapo(ny), an oath
uasherati, fornication; promiscuity
uasi, disobedience
ubaba, fatherhood
ubadilifu, changeableness
ubaguzi, segregation
ubahili, miserliness
ubainisho(ma), clear evidence
ubale(mb), slices; strips
ubalehe, puberty
ubani, incense
ubao(mb), a plank
ubapa(b), flat surface
ubaradhuli, gullibility
ubashiri, prediction
ubatili, worthlessness
Ubatizo, Baptism
ubavu(mb), a rib
ubawa(mb), a wing
ubaya, evil
ubembe, wheedling; soliciting
ubichi, unripeness; rawness
ubikira, virginity
ubinadamu, human nature
ubingwa, skill
ubini, forgery
ubishi, strife; joking
ubivu, ripeness
ubongo, brain
ubora, excellence
ubovu, rottenness
ubuni, invention
ubutu, bluntness
uchache, fewness
uchafu, dirt
uchaguzi, discrimination; choice
uchaji, awe; fear of God
uchanga, immaturity
uchao, dawn
uchawi, sorcery
uchechefu, fewness
ucheshi, good temper; wit
uchi, nakedness
uchokochoko, nagging
uchokozi, teasing

uchongelezi, slander
uchovu, tiredness
uchu, a craving
uchukuzi, transport
uchumba, marriage engagement
uchumi, trade; earnings
uchungu, bitterness
uchunguzi, investigation
udadisi, curiosity
udakuzi, talebearing
udanganyifu, deceitfulness
udhaifu, weakness
udhalimu, injustice
udhi, to annoy; udhika, be annoyed
udhia, annoyance
udhilifu, humiliation
udhuru, excuse
udogo, smallness
udongo, soil; udongo ulaya, cement
udugu, kinship
udumu, perseverance
ufa(ny), a crack; cleft
ufafanuzi, interpretation
ufagio(f), a broom
ufahamu, understanding
ufalme, kingdom
ufananaji, resemblance
ufanisi, prosperity
ufasaha, elegance in use of language
ufasiki, ufisadi, vice
ufito(f), a thin pole
ufizi(f), gum of tooth
ufuatano, sequence
ufufuko, ufufuo, resurrection
ufukara, destitution
ufuko, sea-shore
ufundi, craftsmanship
ufunguo(f), a key
ufunuo, revelation
ufupi, shortness
ufupisho(ma), a summary; abbreviation
ufuta, oilseed
ufyozi, insolent contempt
uga(ny), open space in village
ugali, stiff porridge
uganga, native medicine
ugeni, strangeness; ugenini, abroad
ugeuzi, variation

ugolo, snuff
ugomvi, strife
ugonjwa(ma), illness
ugua, to be ill; to groan
ugumu, hardness; difficulty
uguza, to nurse a sick person
ugwe(n), cord
uhai, life
uhaini, treachery
uhalifu, disobedience
uhamaji, migration
uhamiaji, immigration
uhamisho, banishment
uharamia, piracy; outlawry
uharibifu, destruction
uhitaji, need
uhodari, courage
uhuni, vagabondage
uhuru, freedom
uhusiano, relevancy
uigaji, imitation; play-acting
Uingereza, England; Britain
Uislamu, Moslem religion
uizi, theft
ujamaa, family
ujana, youth
ujane, widowhood
ujanja, cunning
ujasiri, daring
ujasusi, spying
ujazi, abundance
ujazo, capacity
ujenzi, building
uji, gruel
ujima, co-operation
ujinga, folly
ujira, wages
ujirani, neighbourhood
ujumbe, a deputation
ujuvi, impudence
ujuzi, experience; knowledge
ukabidhi, economy; hoarding
ukadirifu, assessment; moderation
ukaguzi, inspection
ukahaba, prostitution
ukaidi, obstinacy
ukali, sharpness; severity
ukambaa(k), plaited rope
ukame, desolation
ukamilifu, perfection
ukanda(k), belt; strap
ukarimu, generosity

ukarani, work of a clerk
ukashifu, libel; slander
ukatili, cruelty
ukavu, dryness
uke, womanhood; female sex organs
ukili(k), plaited leaf strip
ukilia, be intent on
ukindu, palm-leaf strips for plaiting
ukiri, acknowledgement
ukiwa, loneliness
ukoka, fodder grass
ukoma, leprosy
ukombozi, ransom
ukomo, discontinuance
ukonge, fibre
ukongwe, extreme old age
ukoo, kinship
ukorofi, brutality
ukosefu, deficiency
ukosi, back of neck; coat collar
ukubwa, size; bulk
ukucha(k), fingernail; toenail
ukufi(k), small handful
ukufuru, blasphemy
ukulima, agriculture
ukumbi, porch
ukumbuko, recollection
ukumbusho(ma), a reminder; memorial
ukunga, midwifery
ukungu, mist; mildew
ukunjufu, gaiety
ukurasa(k), a page
ukuta(k), a wall
ukuu, greatness
ukwato(k), a hoof
ukweli, the truth
ulafi, greed
ulaghai, deceit
ulaji(ma), food; diet
ulalo(ma), native bridge
Ulaya, Europe
ulegevu, slackness
ulevi, drunkenness
ulezi(ma), upbringing
ulimaji, agriculture
ulimbo, birdlime
ulimi(nd), tongue
ulimwengu, the world
ulinganyifu, similarity; harmony

ulingo, raised platform for watchman
ulinzi, protection
uliza, to question; **ulizwa,** be questioned
ulizo(ma), interrogation
ulozi, sorcery
uma, to hurt; bite; sting; **umwa,** be bitten
umalidadi, smart appearance
umande, dew
umaskini, poverty
umati, a crowd
umba, to create; **umbwa,** be created
umbali, distance
umbia, to soar; glide; flare up
umbile(ma), natural condition
umbo(ma), shape; form
umbu(ma), (*his*) sister; (*her*) brother
umbua, to disfigure
ume, manliness; **-ume,** male
umeme, lightning
umilele, eternity
umio(m), internal throat
umiza, to cause pain
umoja, unity
umri, age
umua, to make the dough
umuka, to rise, swell (*dough; sea*)
unadhifu, neatness
unafiki, hypocrisy
unajimu, astrology
unajisi, defilement
unda, to construct in wood; **undwa,** be constructed
undani, a secret grudge
unene, stoutness; thickness
unga, flour; powder
unga, to join; **ungwa,** be joined
ungama, to confess
ungamana, be united
ungamanisha, to unite
ungana, to combine
ung'aro, brightness
ungo(ny), winnowing basket
ungua, be scorched, burnt
Unguja, Zanzibar
unguza, to burn, char
unyago, tribal initiation rite
unyamavu, quietness

unyang'anyi, usurpation; seizure
unyanya, disdain
unyenyekevu, humility
unyenyezi, haziness
unyevu, dampness
unyofu, uprightness
unyonge, weakness
uo(ny), sheath; cover
uongo, falsehood
uoni, sight
uovu, evil
upambanuzi, discrimination
upana, width
upandaji, planting
upande(p), side; direction
upanga(p), a sword
upangaji, arrangement; rent
upapi(p), narrow strip of wood
upara, bald head
upatanisho, atonement
upatu(p), a gong
upawa(p), a ladle
upele(p), a pimple
upelekaji, transmission
upelekwa, mission
upelelezi, investigation
upendano, mutual love
upendo, love
upenu(p), a lean-to
upenyezi, smuggling; bribery
upeo, the limit; **upeo wa macho,** the horizon
upepo(p), wind
upesi, quickly
upevu, maturity
upi?, which?
upimaji, measuring; valuation
upinde(p), a bow
upindo(p), border; hem
upinzani, opposition
upishi, cookery
upofu, blindness
upokeaji, adoption
upole, gentleness
upotevu, waste
upotoe, upotovu, perversity; depravity
upungufu, deficiency
upunguzi, reduction
upurukushani, negligence
upuzi, nonsense
upweke, loneliness
upya, newness; anew

uradhi, satisfaction
urafiki, friendship
uraia, citizenship
urefu, length
urembo, ornamentation
urithi, inheritance
urujuani, purple
usafi, cleanliness; purity
usaha, pus
usahaulifu, forgetfulness
usahihi, correctness
usalama, safety
usaliti, treachery
usawa, level; equality
usemaji, fluency
usemi, speech
usermala, carpentry
ushahidi, witness
ushanga, beads
ushaufu, vanity
ushawishi, persuasion
ushi(ny), eyebrow; ridge
ushikamano, adhesion
ushinde, defeat
ushindi, victory
ushirika, partnership
ushuhuda, witness
ushujaa, valour
ushupavu, firmness; obstinacy
ushuru, tax
usia(ma), directions; a will
usia, to direct; bequeath
usikivu, attention; docility
usiku, night; **usiku kucha,** all night
usimamizi, oversight
usingizi, sleep
usitawi, prosperity
uso(ny), face; surface
ustaarabu, civilization
ustadi, skill
ustahili, merit
ustahimilivu, forbearance
ustahivu, respect
usubi, sandflies; midges
usugu, callousness
usukani, steering gear
usukumizi, impulse
uta(ny), a bow
utabibu, medical treatment
utafiti, inquisitiveness
utaji(t), a veil
utajiri, wealth

utakatifu, holiness
utambaazi, a trail
utambi(t), a wick
utambuzi, intelligence
utamu, sweetness; pleasantness
utando, a cobweb; film
utangulizi, precedence; preface
utani, a familiar friendship
utaratibu, orderliness
utatu, trinity
utawa, religious devotion
utawala, government
utelezi, slipperiness
utendaji, activity
utenzi(t), a poem
utepe(t), braid; tape; ribbon
utepetevu, listlessness
utetezi, argument
uteuzi, fastidiousness; fad
uthabiti, stability
uti, backbone
utii, obedience
utimizo, completion
utitiri, chicken-fleas
utomvu, sap
utoshelevu, adequacy
utosi(t), crown of head
utoto, childhood
utovu, lack
utu, manhood
utukufu, glory
utulivu, peacefulness
utume, an errand
utumishi, service
utumizi, usefulness
utumwa, slavery
utundu, mischief
utungaji, composition
utungu, pain of childbirth
utunzaji, taking care of
utusitusi, darkness
uuaji, murder
uuguzi, nursing the sick
uungwana, culture
uvimbe, a swelling
uvivu, idleness
uvuguvugu, lukewarmness
uvuli, shade
uvumba, incense
uvumbuzi, discovery
uvumi, a rumour
uvumilivu, forbearance

uvutano, mutual attraction
uvuvi, fishing
uwakili, agency
uwanda(ny), a plain; plateau
uwanja(w), open space among houses
uweza, uwezo, power; ability
uza, to sell; uzwa, be sold
uzalendo, patriotism
uzani, weight; rhythm
uzao, offspring
uzazi, childbearing
uzee, old age
uzembe, negligence
uzi(ny), thread, string, wire
uzima, life; health
uzingo, a halo
uzinzi, adultery
uzito, heaviness; weight
uzoevu, familiarity
uzuizi, constraint; disadvantage
uzulu, to dismiss; jiuzulu, to resign
uzulu(ma), dismissal; abdication
uzuri, beauty; make-up
uzushi, emergence; innovation

V

vaa, to wear; valika; valiwa, be worn
vamia, to pounce upon; lie on
vazi(ma), a garment
vema, well; good
via, to be stunted; spoilt
vibaya, bad; badly
vifaa, equipment
vifijo, applause
vigelegele, trills of joy
vigumu, difficult
vika, to clothe; vikwa, be clothed
vile, those; thus; vilevile, just the same
vilia, to clot
vilio(ma), contusion; bruise
vimba, to swell; vimbiwa, be distended
vingi, many
vingine, some; others
vinginyika, to wriggle

vingirika, vingirisha, to roll along

vinjari, to cruise about

viringana, to be round

viringisha, to bend round

vita(-), war; battle

vivi hivi, in the same way

-vivu, idle; lazy

viza, to spoil

vizia, to spy on

vizuri, well

volkeno(-), volcano

vua, *1* to fish; *2* take off clothes; *3* save

vuaza, to make a cut

-vuguvugu, lukewarm

vuja, to leak

vuke(ma), vapour; steam

vukiza, to fumigate; cense

vukuta, to work bellows

vuli(-), the short rains

vulio(ma), cast-off clothes

vuma, to blow; rumble

vumba(ma), bad fish smell

vumbi(ma), dust

vumbika, to cover up to ripen

vumbua, to uncover; bring to light

vumika, be rumoured

vumilia, to bear patiently

-vumilivu, patient

vumo(ma), rumbling

vuna, to reap; **jivuna,** to boast

vunda, to smell high

vunde(ma), tainted food

vungavunga, to crumple up; work badly; bewilder

vunja, to break; **vunjika,** be broken

vuo(ma), a catch of fish

vuruga, to stir; disarrange

vurugika, be stirred up; decomposed

vurugu-vurugu, in confusion

vurumisha, to whirl

vuruvuru, whirring

vusha, to convey across

vuta, to pull; attract; interest

vuvia, to blow (*mouth or bellows*)

vuvumka, to develop quickly

vuvuwaa, be speechless

vyema, *see* **vema**

vyombo, goods and chattels

W

wa (kuwa), to be; **kuwa na,** to have

waa(ma), blotch; blemish

waama, moreover

wadi(-), watercourse; appointed time

wadia, to be time; **wakati ume-wadia,** the time has come

wahi, be in time

wajibisha, to behove

wajibu, obligation

wajihi, face; to present oneself

wajihiana, to meet face to face

waka, to burn; shine

wakaa(-), a time

wakala, agency

wakati(ny), time

wakf, consecrated; charitable foundation

wakia, an ounce

wakili(ma), an agent

wakilisha, to appoint as agent

wala, neither; nor

walakini, however

wali, cooked rice

walimwengu, people on earth

wamba, to apply by stretching

wambiso, an adhesive

wana, *see* **mwana**

wanadamu, human beings

wanda, to get fat

wanga, starch

wapi?, where?

waraka(ny), letter; document

wari, yard measure

waridi(ma), a rose

wasaa, leisure

washa, to light; to itch

wasifu, to describe

wasili, arrival; to arrive

wasiwasi, disquiet

wastani, average

watu, people

wavu(ny), a net

wayawaya, to sway

wayo(ny), a footprint

waza, to think; imagine

wazi, open

wazimu, madness

waziri(ma), minister of state

wazo(ma), thought; supposition

weka, to put; put by; appoint
wekea, put aside for
-wekevu, thrifty
weko(ma), place for putting something
weledi, skilful
wema, goodness
wembe(ny), a razor
wengi, many (*people*)
wengine, some; others
wengu, the spleen
wenzi, companions; **wenzangu,** my companions
wepesi, quickness
werevu, shrewdness
weusi, darkness
wevi, wezi, thieves
wewe, you
weweseka, to talk in sleep
wia, be owed by; **wiwa,** to owe
wika, to crow
wiki(-), week
wilaya(-), district
-wili, two
wima, upright
wimbi(ma), a wave
wimbo(ny), song; hymn
winchi(-), crane
winda, to hunt
windo(ma), hunter's bag
winga, to chase off
wingi, abundance
wingu(ma), a cloud
wino, ink
wishwa(-), husks
wivi, wizi, theft
-wivu, jealous; jealousy
wiwa na, to owe
wizara, the Ministry
woga, cowardice
wokovu, salvation
wote, everyone

Y

yaani, that is to say
yabisi, hard and dry
Yahudi(ma), a Jew
yai(ma), an egg
yakini, the truth; certainly
yakinia, to resolve on
yakinisha, to confirm

yamini(-), right hand; solemn oath
yamkini, possibility; probably
yatima(-), an orphan
yaya(ma), child's nurse
yeye, he; him; she; her
ye yote, anyone
yeyuka, yeyusha, to melt
yowe(ma), a shout for help
yuayua, to wander about
yugayuga, to stagger
yumba, to sway, stagger
yumkini, *same as* **yamkini**
yungiyungi(ma), water-lily
yupi?, who?

Z

zaa, to bear offspring
zabibu(-), grapes
zaburi(-), a psalm
zagaa, to give light; **zagawa,** be lighted up
zaidi, more; **zaidi ya,** more than
zaka(-), *1* tithes; *2* arrow-quiver
zalisha, to act as midwife
zaliwa, be born
zama, to sink; dive
zama, zamani, a period; time
zamani, long ago
zambarau(-), damsons; purple
zamu(-), period of duty; turn
zana(-), weapons; gadgets; fittings
zao(ma), produce
zari(-), gold thread; brocade
zatiti, to prepare
zawadi(-), a present
zebaki, mercury
zeituni(-), olives
-zembe, negligent
zeze(-), kind of banjo
zia, zira, *1* to hate; *2* drive off ants; *3* keep a taboo
ziada(-), increase; surplus
ziara(ma), *1* a tomb; *2* a visit
ziba, to stop up; **zibwa,** be stopped up
zibika, get stopped up
zibua, to unstop
zibuka, zibuliwa, be unstopped
zidi, to increase
zidio(ma), an increase

zidisha, to add more

zidiwa, be hardpressed

zihi, suitability

zika, to bury

zima, to extinguish

-zima, whole; well

zimia, to faint

zimika, to go out, be extinguished

zimua, to reduce strength; zimuliwa, be reduced

zimwi(ma), an ogre

zinaa(-), adultery

zinda, be firm

zindika, to make firm; protect with charms

zindiko(ma), a protective charm

zindua, to remove a spell; open new building

zinduka, to wake with a start; be freed from a spell

zinga, to go round; turn round

zingamana, to twist, wind (*river*)

-zingativu, thoughtful

zingira, to surround

zingiwa, be besieged

zingo(ma), a bend; twist

zingua, to unroll; take off spell; zinguliwa, be freed from spell

zini, to commit adultery

zirai, to faint

-zito, heavy; serious; dull

ziwa(ma), a lake; breast

ziza, to impose a taboo

zizi(ma), sheepfold; cowshed, etc.

zizima, to get cold

zizimia, to sink; disappear

zizimua, to take chill off

zoea, zoelea, get used to

-zoelefu, familiar with

zoeleka, become customary

zoeza, to train by practice; jizoeza, to practise

zoezi(ma), an exercise

zohali(-), delay; negligence

zohalika, to delay; be negligent

zomea, to hoot in derision

zomeo(ma), derision

zonga, to wind round; zongoa, to unwind

zongamana, be coiled round

zongamea, to coil round

zozana, to nag one another

zua, to bore through; bring to light; invent

zuia, to prevent

zuilika, be preventable

zuio(ma), an obstruction

zuka, to appear suddenly

zulia(ma), a carpet

zulika, to get dizzy

zulizuli(-), giddiness

zumari(ma), a wind instrument

zunguka, to go round; zungukwa, be surrounded

zunguko(ma), a circuit; revolution

zungumza, to converse; jizungumza, amuse oneself

zungusha, to put round

zuri(-), perjury; commit perjury

-zuri, beautiful

zuru, to visit; zuriwa, be visited

zurura, to wander about aimlessly

-zuzu, foolish

zuzua, make a fool of

zuzuka, be fooled, puzzled

ENGLISH-SWAHILI
DICTIONARY

NOTES ON THE ENGLISH–SWAHILI SECTION

NOUNS

As is usual in Swahili dictionaries, the plural of a noun is shown in the Swahili–English section, and reference should be made to that if necessary. However, to avoid the frequent reference needed to distinguish between the MA and N classes, the nouns in the former are shown in this section with the sign(*ma*), and the difficult plurals of the N-class are also given. If it is remembered that nouns beginning with **m** or **mw** make their plural with **wa** for people and **mi** for things, and that the plural of **ki** and **ch** is **vi** and **vy**, there should not be much need to refer to the other section.

VERBS

Verbs are given with their infinitive prefix **ku**; this makes it easy to distinguish them from nouns of the same form; e.g. **signal**, *ishara; kuashiria*. The noun is usually given first.

It often happens that the same word is used in English for both a transitive and an intransitive verb where in Swahili there are two different verbs: e.g. **decrease**, *kupungua, kupunguza*. If it is remembered that **za sha** and **nya** are causative endings, it will be seen at once that **punguza** means *make less*, and **pungua** will mean *get less*; e.g. **Maji yamepungua**, *The water has decreased*; **Punguza maji**, *Decrease the water*. Reference to the Swahili section should also make it clear.

ADJECTIVES AND PRONOUNS

Those which require a prefix are shown with a short line in front, and the right prefix will be found in the Table of Concords. The relative **iliyo** and **isiyo** also require the right concords in place of the syllables in italics. These too will be found in the Table; see also page 8.

There are two things which a Concise Dictionary cannot do.

(1) It cannot show the difference in pronunciation or stress between two words spelt in the same way. **Sow**, the word for a female pig is pronounced differently from the word to plant seed. And the noun **desert** is stressed differently from the verb. This may puzzle an African using the dictionary, but the English user will meet no such difficulty, for Swahili is written phonetically, and the stress is always on the syllable before the last.

(2) It cannot usually give more than one word out of several having the same meaning. There are, for instance, several Swahili words for **know**, and these will be found in the Swahili section; but in the English section, under **know,** only the most-used word, having the widest meaning, can be given. Where a word has two or three different meanings, they are marked *1, 2, 3*, and if there is any doubt as to the one wanted reference can be made to the Swahili section.

Prefixes and Suffixes

The English language has prefixes and suffixes by which a large number of words have been, and are being, formed. The most important are those that negative or reverse the meaning of the original verb. The notes given here are to help the African reader to understand words of this kind that he may not find in the dictionary, and to remind the English reader how to translate them.

un in dis mis

un is the chief negative prefix used with adjectives and verbs; e.g. **certain**, *hakika*; **uncertain**, *si hakika*; **armed**, *-enye silaha*; **unarmed**, *bila silaha*; **a healthy child**, *mtoto mwenye afya*; **an unhealthy child**, *mtoto asiye na afya*. The prefix has also a reversive force; **fasten**, *funga*; **unfasten**, *fungua*; **cover**, *funika*; **uncover**, *funua*.

in is used like *un*, but the *n* changes sometimes to agree with the following letter: e.g. **convenient**, *-a kufaa*; **inconvenient**, *isiyofaa*; **legal**, *halali*; **illegal**, *si halali*; **mature**, *iliyopevuka*; **immature**, *isiyopevuka*. This prefix has also its own meaning of *inside*.

dis does more than merely negative; it gives an opposite meaning; e.g. **like**, *kupenda*; **dislike**, *kuchukia*; **obey**, *kutii*; **disobey**, *kuasi*; **be contented**, *kuridhika*; **be discontented**, *kunung'unika*.

mis gives the meaning of *wrongly*(kukosea); **use**, *kutumia*; **misuse**, *kutumia vibaya*; **understand**, *kuelewa*; **misunderstand**, *kutoelewa sawasawa*; **lead**, *kuongoza*; **mislead**, *kuongoza vibaya*.

less

less added to a noun makes an adjective with a negative meaning: **a waterless desert**, *jangwa bila maji*; **a treeless plain**, *nyika isiyo na miti*; **a useless knife**, *kisu kisicho na faida*. Some of these adjectives have an opposite form with **-ful**: **useful, careful**, etc.

ness

Although in English there are several ways of forming abstract nouns, the most common one is by the suffix **ness**; **cold, coldness**; **holy, holiness**; **tired, tiredness**, etc. The meaning of any abstract noun of this kind can be found by taking off the *ness* and looking for the meaning of the adjective.

Present-day Suffixes

Apart from the prefixes and suffixes just given, and many others less important, all of which are actually part of the word itself, there are several loose prefixes much in use nowadays, usually attached to a word by a hyphen. Some of the commonest are given below.

anti, *kinyume cha:* **anti-aircraft guns**, *mizinga ya kupigana na eropleni*.

co, *pamoja:* **co-education**, *mafundisho ya watoto wa kiume na kike pamoja*.

de, *kuondoa:* **de-control**, *kuondoa mazuizi yaliyoamriwa*.

ex, *kutoka:* **ex-minister**, *waziri aliyetoka*.

inter, *wao kwa wao:* **interdependence**, *kutegemeana*.

non, *not;* **non-poisonous**, *si ya sumu*.

pre, *kabla ya:* **pre-war**, *kabla ya vita kuu*.

post, *baada ya:* **post-war**, *baada ya vita kuu*.

pro, *kupendelea:* **pro-communist**, *mwenye kupendelea ukomunisti*.

re, *tena:* **re-organize,** *kuratibisha upya.*
sub, *chini:* **sub-committee,** *halmashauri ndogo.*
super, *kupita kiasi:* **super-market,** *duka kubwa mno.*
trans, *kuvuka:* **trans-Atlantic,** *kuvuka Atlantic.*
vice, *kaimu:* **Vice-captain,** *aliye chini ya kapiteni mwenyewe.*
unilateral, *-a upande mmojs;* **bilateral,** *-a pande mbili;* **multilateral,**
   -a pande nyingi.

A

aback, kwa nyuma

abandon, kuacha

abandon hope, kukata tamaa

abase, kufedhehesha

abashed (be), kufedheheka

abate, kupungua, kupunguza

abbey, kanisa(ma) kuu

abbreviate, kufupisha

abbreviation, ufupisho(f); mkato

abdicate, abdication, kujiuzulu

abdomen, tumbo(ma)

abdominal, -a tumbo

abduct, abduction, kutorosha

aberration, upotoe

abet, kuendesha kwenye mabaya

abeyance (be in), kuachwa kwa muda

abhor, kukirihi

abhorrence, karaha

abhorrent, makuruhi

abide, *1* kukaa mahali; *2* kuvumilia

abide by, kushika

abiding, -a kudumu

ability, akili; ustadi

abject, -nyonge

abjection, unyonge

ablaze (be), kuwaka

able, hodari

be able, kuweza

abnormal, si kawaida

abnormality, hitilafu

aboard, melini; chomboni

abode, maskani; kikao

abolish, kuondoa kabisa

abolition, ondoleo(ma)

abominable, makuruhi

abomination, chukizo(ma)

aboriginal, -a asili

aborigines, watu wa asili

abortion, kuharibu au kuharibika mimba

abortive, -a bure

abound, kujaa tele

about, *1* habari za; *2* yapata; *3* kuzunguka

about to, tayari

above, juu (ya); zaidi (ya)

abrasion, chubuko(ma)

abreast, sambamba

abridge, kufupisha

abridgement, mafupisho

abroad, ugenini; pande zote

abrogate, kutangua

abrogation, tanguo(ma)

abrupt, -a haraka

abscess, jipu(ma)

abscond, kutoroka

absconder, mtoro

absence, be absent, kutokuwapo

absentee, asiyekuwapo

absent-minded, -sahaulifu

absolute/ly, kabisa

absolution, ghofira

absolve, kuondoa hatiani

absorb, kunywa

be absorbed in, kushughulika sana

absorbing, -a kuvuta sana

abstain from, kujiepusha na; kujinyima

abstemious, -enye kiasi

abstinence, kujihinisha

abstract, *1* muhtasari; kutoa; *2* -a kuwazika tu

be abstracted, kuwamo katika fikira

abstruse, *i*siyofahamika upesi

absurd, -a upuzi

absurdity, upuzi

abundance, ujazi; wingi

abundant/ly, tele

abuse, *1* kutumia vibaya; *2* kutukana; matukano

abusive, -fidhuli

abut on, kupakana na

abyss, shimo refu lisilopimika

academic, -a kuhusu elimu ya juu

accede to, *1* kukubali; *2* kurithi

accelerate, kuhimiza

acceleration, ongezo la mwendo

accent, mkazo wa sauti

accent/uate, kukaza

accept, kukubali; kupokea

acceptable, -a kupendeza

acceptance, acceptation, kibali

access, njia ya kufikia

accessible, -a kufikika

accession, urithi wa cheo kikuu
accessories, vifaa vya ziada
accessory, msaidizi katika uhalifu; -a kusaidia
accident, tukio(ma); ajali
accidentally, kwa nasibu tu
acclaim, kusherehekea
acclamation, vifijo na vigelegele
  be acclimatized, kuzoea tabia ya ugenini
accommodating, -enye hisani
accommodation, mahali pa kukaa
accompaniment, mafuatano
accompany, kufuatana na; kusindikiza
accomplice, mshirika katika tendo baya
accomplish, kutimiza
accomplishment, *1* utimizo; *2* kazi ya ustadi
accord/ance, upatano
  of his own accord, kwa hiari yake
accordingly, kwa hiyo
accost, kuendea na kuamkia
account, *1* hesabu; *2* masimulizi
account for, kueleza sababu
  on account of, kwa sababu ya
  on no account, sivyo kabisa
  be accountable, kupasiwa
accountant, mtunza hesabu
accumulate, kuongezeka kwa kulimbikwa
accumulation, mkusanyo
accuracy, usahihi
accurate, sahihi
accursed, -baya kabisa
accusation, mashtaka
accuse, kushtaki
  be accused, kushtakiwa
accuser, mshtaki
accustom, kuzoeza
  be accustomed, kuzoea
ace, ree; shujaa mkuu
ache, maumivu; kuuma
achieve, kufanikiwa; kufaulu
achievement, *1* tendo bora; *2* utimizo
acid, -chungu
acknowledge, *1* kukiri; *2* kujulisha wasili

acknowledgement, *1* ukiri; *2* shukrani; *3* cheti cha wasili
acme, kipeo
acquaint, kujulisha
  be acquainted, kujuana
acquaintance, *1* ujuzi kidogo; *2* mtu umjuaye
acquiesce, kukubali
acquiescence, ukubali
acquire, kujipatia
acquisition, pato(ma)
acquisitive, -pasi
acquit, kuondoa hatiani
acquittal, ondoleo la hatia
acre, eka
acrid, -chungu
acrimonious, kwa maneno makali
acrobat, mstadi wa kujisuka kwa pembea, etc.
across, toka upande mmoja mpaka upande wa pili
act, *1* kutenda; *2* kuigiza hadithi
act, action, tendo(ma)
active, -epesi
activity, utendaji
actor, actress, mwigaji wa hadithi
actual/ly, hasa
acute, -kali
adamant, -gumu
adapt, kuendekeza
adaptable, rahisi kubadilishwa
adaptation, mabadiliko
add, kujumlisha; kuongeza
adder, nyoka
addict, mwenye kushindwa na tamaa fulani
  be addicted to, kuzoelea
addition, nyongeza
address, *1* anwani; kuandika anwani; *2* hotuba; kuhutubu
adept, mstadi
adequacy, utoshelevu
adequate, -a kutosha
adhere, kuambatana; kushika
adhesion, ushikamano
adhesive, gundi; -a kunata
adjacent, -a kupakana
adjoin, kupakana na
adjourn, adjournment, kuahirisha
adjudicate, kuamua

adjudicator, mwamuzi
adjure, kuapiza
adjust, adjustment, kulingani-
  sha; kusawazisha
administer, kusimamia
administration, serkali; usi-
  mamizi
admirable, -zuri
admiral, mkuu wa manowari
admiration, mshangao
admire, kusifu
  be admired, kusifiwa
admissible, -a kukubalika
admission, 1 ukiri; 2 ruhusa ya
  kuingia
admit, 1 kukiri; 2 kuingiza
admittance, ruhusa ya kuingia
admixture, mchanganyiko
admonish, kuonya
admonition, onyo(ma)
ado, udhia
adolescence, ubalehe
adolescent, kijana
adopt (a custom) kupokea na ku-
  fuata; (a child) kupokea kama
  mwana
adoption, upokeaji
adorable, -a kupendeza sana
adoration (God) ibada; (man)
  heshima na upendo
adore (God) kuabudu; (man)
  kupenda sana
adornment, mapambo
adrift (be), kuchukuliwa bila
  rubani
adroit, mahiri
adulation, sifa za kurairai
adult, mtu mzima
adulterate, kughoshi
adulteration, ughoshi
adultery, uzinzi
  commit adultery, kuzini
advance, kuenda au kuendesha
  mbele
advancement, maendeleo
advantage, faida
advantageous, -a kuleta faida
advent, majilio
adventure, shani
adventurous, -jasiri
adversary, adui; mshindani
adverse, -a kupinga
adversity, msiba

advertise, kueneza sifa
advertisement, tangazo(ma)
advice, shauri(ma)
advisable, -a kufaa
advise, kutoa shauri
adviser, mshauri
advocate, mteteaji; kutetea
aerial, 1 -a hewani; 2 uzi wa redio
aerodrome, kiwanja cha ero-
  pieni
aeronaut, rubani wa eropleni
aeroplane, eropleni; ndege
affable, -kunjufu
affair, jambo (mambo)
affect, 1 kugeuza; 2 kujifanya
affected (be), 1 kugeuzwa; 2 ku-
  fanya ushaufu
affectation, madaha
affection, upendo
affectionate, -enye upendo
affidavit, hati ya maneno yaliyo-
  apiwa
affiliate, kuingiza katika shirika
affiliation, ushirika
affinity, ujamaa; uvutaji
affirm, kuyakinsha
affirmation, yakini
afflict, kutesa
affliction, taabu
affluence, utajiri
affluent, -tajiri
afford, kuwa na fedha au nafasi
  ya kutosha
afforestation, upandaji wa miti
affront, twezo(ma); kutweza
afore-, mbele
  aforesaid, iliyokwisha tajwa
afraid (be), kuogopa
aft, nyuma; shetri
after, baada ya; nyuma ya
afternoon, alasiri
afterthought, wazo la baadaye
afterwards, baadaye
again, tena
against, 1 kupambana na; 2 ku-
  pinga; 3 kuegemea
age, umri; muda mrefu
  old age, uzee
aged, 1 -zee; 2 umri wa
agency, 1 uwakili; 2 kazi
agent, 1 wakili; 2 kitenda kazi
aggravate, kuudhi; kuongeza
  ubaya

aggravation, uchokozi; ongezo la ubaya
aggregate, jumla
aggression, shambilio(ma)
aggressive, -a jeuri
aggressor, mwenye kuanzisha matata
aggrieved, -enye uchungu
aghast (be), kushikwa na fadhaa
agile, upesi wa mwendo
agility, wepesi
agitate, kutikisa; kufadhaisha
agitation, wasiwasi
agnostic, mwenye shaka
ago, zamani
  long ago, zamani sana
agonizing, -a kuumiza mno
agony, maumivu makali
agree, kupatana
agree to, kukubali
agreeable, -a kupendeza
agreement, mapatano
agriculture, kilimo; ukulima
aground (be), kupwelewa
ahead, mbele
aid, msaada; kusaidia
  be aided, kusaidiwa
ailment, ugonjwa(ma)
aim, shabaha; kupiga shabaha
air, hewa
airs, madaha
airtight, *isiyo*pitisha hewa
ajar, wazi kidogo (*door*)
akin, -a jamaa moja
alacrity, wepesi
alarm, mshtuko; kamsa; kutia hofu
alarming, -a kutia hofu
album, kitabu cha kutilia picha, etc.
alcohol, kileo
ale, pombe
alert (be), kuwa macho
alias, jina la pili la kificho
alibi, dai la kuwapo mahali pengine
alien, mgeni wa nchi au tabia
alienate, kufarakisha
alight, kushuka na kutua
  be alight, kuwaka moto
alike, -a kufanana
alive, hai

all, -ote
  not at all, hata kidogo
all the better, afadhali sana
allay, kutuliza
allegation, allege, kushtaki bila ushuhuda
alley, kichochoro
alliance, mwungano
alligator, mamba wa Amerika
allocate, allot, kugawanyia
allocation, mgawo; fungu(ma)
allotment, mgawo; ngwe
allow, kuruhusu
allowable, halali
allowance, kiasi kilichoruhusiwa
alloy, mchanganyiko wa madini
allude to, kutaja kwa kifupi
allure, kuvuta kwa werevu
alluring, -a kuvuta
allusion, mtajo kwa machache
alluvial, -enye asili ya matope ya mto
ally (allies), waliojiunga kwa masharti fulani
almanac, kalenda
almighty, mwenyezi
almond, lozi(ma)
almost, karibu
alms, sadaka; zaka
aloft, juu
alone, peke yake
along, kwa mbele
alongside, mbavuni
aloof, mbali
aloud, kwa sauti ya kusikika
alphabet, alfabeti
already, kabla ya wakati; kwisha
also, pia; tena
altar, madhabahu
alter, kubadili
alteration, mabadiliko
alternate, siku kwa siku; zamu kwa zamu, etc.
alternative, njia ya pili
although, ingawa; ijapokuwa
altitude, urefu juu ya usawa wa bahari
altogether, kabisa
  all together, -ote pamoja
aluminium, madini nyepesi nyeupe
always, sikuzote
am, ni

amalgamate, kuungamana

amalgamation, maungamano

amass, kukusanya chunguchungu

amateur, afanyaye kazi kwa kuji-furahisha tu

amaze, kushangaza

be amazed, kushangaa

amazement, mshangao

ambassador, balozi(ma)

ambiguity, maneno ya kufaha-mika kuwili

ambiguous, a kufahamika kuwili

ambition, nia ya kujiendesha mbele sana

ambitious, -enye kutaka makuu

ambulance, motakaa ya kuchu-kulia wagonjwa

ambush, oteo(ma); kuotea njiani

ameliorate, kupoza

amenable, -sikivu

amend, kutengeneza ifae zaidi

amendment, matengenezo; ma-badilisho

make amends, kuridhisha

amenity, amenities, mapendezi

amiable, -kunjufu

amicable, -enye urafiki

amid/st, miongoni mwa

amiss (be), kukosea

amity, urafiki

ammunition, silaha za vita

amnesty, masamaha ya walioiasi serkali

among/st, katikati ya; miongoni mwa

amorous, -enye ashiki

amount, jumla; kiasi

amount to, kuwa sawa na

ample, -a kutosha

amplify, kuongeza

amputate, amputation, kukata mkono au mguu

amuse, kuchekesha; kufurahisha

amusement, furaha

amusing, -a kuchekesha

anaesthetic, dawa ya usingizi

analogy, mfano

analyse, analysis, kuchanganua

anarchy, maasi ya raia

anatomy, elimu ya mwili na se-hemu zake

ancestor, mkale

ancestry, jadi

anchor, nanga

ancient, -a kale

and, na

anecdote, hekaya

anew, tena; upya

angel, malaika

anger, hasira; kukasirisha

angle, pembe

angler, mvuvi

angry (be), kukasirika

anguish, huzuni kuu

animal, mnyama

animated, -kunjufu

animation, ukunjufu

animosity, chuki

ankle, kifundo cha mguu

annals, tarehe na habari

annex, annexation, kujitwalia

annihilate, kuangamiza kabisa

annihilation, maangamizi

anniversary, ukumbusho wa kila mwaka

annotate, kutia maelezo

announce, kutangaza

announcement, tangazo(ma)

annoy, kuudhi

annoyance, udhia

annual, -a kila mwaka

annuity, fedha ilipwayo kila mwaka

annul, kutangua

annulment, tanguo(ma)

anoint, kupaka mafuta

anomaly, kitu kisichofuata ka-waida

anonymous (anon), bila jina

another, -ingine

answer, jibu(ma), jawabu(ma)

answer (a question) kujibu; (a call) kuitika

be answerable, kupasiwa

ant, siafu; chungu, etc.

white ants, mchwa

antagonism, uadui; ushindani

antagonist, adui; mshindani

antagonize, kufanya adui

antecedent, jambo lililotangulia

antelope, paa

anterior, -a nyuma

anthem, wimbo wa dini

ant-hill, kichuguu

anthology, madondoo ya ma-shairi, etc.

anticipate, anticipation, kutazamia mbele

antics, matendo ya kuchekesha

antidote, dawa ya kupoza nguvu ya sumu

antipathy, chuki

antiquated, -a kikale

antique, kitu cha zamani

antiquity, zamani za kale

antiseptic, dawa ya kuzuia mikrobi

anvil, fuawe

anxiety, hofu; fadhaa
  be anxious, kuhofu; kufadhaika

any, -o -ote

anybody, anyone, ye yote

anyhow, vyo vyote

anything, cho chote, etc.

any time, wakati wo wote

anywhere, po pote

apace, upesi

apart, mbali

apartment, chumba
  let apartments, kupangisha vyumba

apathy, utepetevu

ape, nyani

aperient, dawa ya kuharisha

apex, ncha ya juu

apiece, kila moja

apologize, kuomba radhi

apology, udhuru

apostle, mtume(mi)

apostrophe, alama '

appal, kutisha

appalling, -a kutisha

apparatus, zana maalum za kazi

apparel, mavazi

apparent, dhahiri

apparition, mzuka

appeal, 1 maombi; kuomba; 2 (legal) rufaani; kutaka rufani

appear, kutokea; kuonekana

appearance, 1 tokeo(ma); 2 sura

appease, kutuliza

appeasement, utulizo

append, kutia mwishoni

appendage, nyongeza mwishoni

appendix, 1 nyongeza; 2 sehemu ya utumbo

appertain to, kuhusu

appetite, tamaa ya chakula

appetizing, -a kutamanisha chakula

applaud, kupiga makofi

applause, vifijo na makofi

apple, tunda la kizungu

appliance, chombo cha kufanyia kazi

applicable, -a kuhusu

applicant, mwenye haja

application, 1 maombi; 2 bidii

apply, 1 kupeleka maombi; 2 kujitia kwa bidii; 3 kutia

apply to, 1 kupeleka maombi kwa; 2 kuhusu

appoint, kuweka

appointment, 1 mapatano ya kukutana; 2 kazi; cheo

apportion, kugawanyia

apportionment, mgawo

appraise, kukadirisha thamani

appraisement, kisio la thamani

appreciable, -a kiasi cha kupimika

appreciate, appreciation, kuthamini

apprehend, 1 kufahamu; 2 kuhofia; 3 kukamata
  be apprehensive, kuhofia

apprentice, mwanafunzi wa kazi

approach, kukaribia
  be approachable, kufikika; kuambilika

approbation, kibali; sifa

appropriate, 1 -a kufaa; 2 kujitwalia

appropriation, 1 iliyowekwa kwa kazi fulani; 2 iliyotwaliwa

approval, kibali
  on approval, -a kurejezeka

approve, kukubali; kupendezwa na

approximate/ly, karibu sawasawa

approximation, kisio(ma)

apt, -elekevu

aptitude, welekevu

aptly, kwa namna ya kufaa

aquarium, tangi la kuwekea samaki

aquatic, -a kuishi majini

Arab, Mwarabu

Arabia, Arabuni

Arabic, Kiarabu

arable, -a kulimika

arbitrary, isiyofuata kanuni

arbitrate, kuamua

arbitration, uamuzi

arbitrator, mwamuzi

arc, sehemu ya mzingo

arch, tao(ma)

archaeology, uchunguzi wa mambo ya kale

archer, mpiga upindi

architect, mwenye maarifa ya ujenzi

arctic, -a kaskazini sana

ardent, -enye shauku

ardour, shauku na bidii

arduous, -a kuchosha

are, see **be**

area, eneo(ma)

arena, kiwanja cha michezo

argue, kubishana; kujadiliana

argument, mabishano; majadiliano

arid, kame

arise (arose, arisen) kuinuka; kutokea

arithmetic, elimu ya hesabu

ark, safina; kasha(ma)

arm, mkono

armistice, mapatano ya amani ya muda

armour, deraya; kifuniko cha chuma

arms, armament, zana za vita

army, jeshi(ma)

aroma, harufu nzuri

arose, see **arise**

around, kuzunguka

arouse, kuamsha

arrange, kupanga; kutengeneza

arrangement, mpango; matengenezo

array, 1 mpango; 2 mavazi ya fahari

arrears, kazi au fedha iliyokawia

arrest, 1 kusimamisha; 2 kutia nguvuni

arrival, arrive, kufika

arrogant, -a kutakabari

arrow, mshale

arson, kuchoma moto kusudi

art, sanaa, hasa ya picha

artery, mshipa mkubwa wa damu

artful, -erevu

article, 1 kitu; 2 makala; 3 masharti

artifice, 1 ufundi; 2 hila

artificial, -a kuigwa

artisan, fundi(ma)

artist, mwandishi wa picha

artistic, -zuri; -sanifu

as, kama; -vyo; kwa sababu; maadamu

as if, kana kwamba

as well, pia

ascend, ascension, kupanda, kupaa

ascent, mwinuko

ascertain, kupata kujua

ascetic, mwenye kujinyima anasa

ash, majivu

ashamed (be), kuona haya

aside, kando

ask, kuuliza

 ask for, kuomba

askew, benibeni

asleep (be), kulala

aspect, sura; elekeo(ma)

aspiration, taraja; shauku

aspire to, kutarajia; kuonea shauku

ass, punda

assail, kushambulia

assassin, mwuaji kwa hila

assassinate, assassination, kuua kwa hila

assault, shambulio(ma)

assemble, kukusanya; kukusanyika

assembly, mkutano

assent, idhini; kukubali

assert, kukaza ukweli

assertion, maneno yanayodai ukweli

assess, kupima kadiri

assessment, kadiri ipasayo

assets, mali aliyo nayo mtu

assign, kugawia

assignment, kazi aliyopewa mtu

assist, kusaidia

assistance, msaada

assistant, maaidizi

associate, mwenzi; kushirikiana

association, jumuia; chama

assortment, vitu vya aina nyingi

assuage, kutuliza

assume, *1* kudhani; *2* kujitwalia
assumption, dhana
assurance, hakika; matumaini
assure, kuondoa shaka
asterisk, alama *
astonish, kushangaza
  be astonished, kushangaa
astonishing, -a ajabu
astonishment, mshangao
astray (go), kupotea
astrology, unajimu
astronomy, elimu ya nyota
astute, -erevu
asunder, mbali mbali; vipande vipande
asylum, mahali pa salama
at, penye
atheist, mkana Mungu
atmosphere, hewa
atone, kufanya upatanisho
atonement, upatanisho
atrocious, -ovu kabisa
atrocity, ukatili
attach, kufunga pamoja
  be attached to, kuambatana na; kupenda
attachment, kifungo: upendano
attack, mashambulio; kushambulia
attain, attainment, kufikia; kupata
attainable, -a kufikika; -a kupatikana
attempt, kujaribu
attend, kuhudhuria
attend to, kuangalia
attendance, hudhurio(ma)
attendant, mwangalizi
attention, uangalifu
  pay attention, kuangalia,
attentive, -angalivu: -sikivu
attest, kushuhudia
attic, chumba cha juu
attire, mavazi
attitude, hali ya moyo au mwili
attract, kuvuta
attraction, mvuto
attractive, -a kupendeza
attribute, sifa; kuhesabia
auction, mnada; kunadi
auctioneer, mnadi
audacious, -jasiri
audacity, ujasiri

audible, -a kusikika
audience, watu waliokuja kusikiliza
audit, mkaguo; kukagua hesabu
auditor, mkaguzi wa hesabu
aught, cho chote
augment, kuongeza
augmentation, nyongeza
aunt, mama mdogo; shangazi
austere, bila anasa
austerity, ukosefu wa anasa
authentic, -a kweli
authenticate, kuthibitisha
author, mtungaji
authority, *1* mamlaka; mwenye amri; *2* mjuzi wa habari fulani
authorize, kuruhusu
  be authorized, kuruhusiwa
autobiography, maisha ya mtungaji mwenyewe
automatic, -a kujiendesha
automatically, kama mashine
automobile, motakaa
Autumn, Septemba; Oktoba; Novemba
auxiliary, -a kusaidia
avail, faida; kufaa
  be available, kupatikana
avarice, ubahili
avaritious, -bahili
avenge, kulipiza kisasi
avenue, njia yenye miti
average, wastani
averse to (be), kutopenda
aversion, machukio
avert, kukinga
aviation, usafiri wa hewani
aviator, rubani wa eropleni
avoid, kuepuka
  be avoidable, -a kuepukika
await, kungojea
awake (awoke), kuamka
  be awake, kuwa macho
award, tuzo; kutuza
aware (be), kufahamu
away, mahali pengine
awe, kicho
awful, -baya sana
awfully, sana
awhile, kwa muda mfupi
awkward, -enye matata
awning, tandiko la kukinga jua
awoke, *see* awake

awry, pogo
axe, shoka(ma)
axis (of earth) mhimili
axle, chuma cha katikati ya magurudumu

B

baboon, nyani(ma)
baby, mtoto mchanga
bachelor, mtu asiyeoa
back, mgongo; upande wa nyuma
backbite, kuchongea
backbone, uti wa mgongo
back/wards, nyuma
backward, bado kuendelea vema
bacon, nyama ya nguruwe
bad, -baya; -bovu
  go bad, kuoza
bade, see bid
badge, alama ya kujulisha skuli, etc.
badly, vibaya
baffle, kutatiza; kuzuia
baffling, -gumu
bag, mfuko
baggage, mizigo
bail, dhamana
bairn, mtoto
bait, chambo; kutia chambo
bake, kuoka
baker, mwokaji
balance, mizani; usawa; kusa-wazisha
balcony, baraza ya juu
bald, -enye upara
bale, robota(ma); mtumba
ball, mpira; donge(ma)
ballad, utenzi
ballet, uigaji wa hadithi kwa dansi
ballot, kura
bamboo, mwanzi
ban, katazo(ma); kukataza
banana (plant) mgomba; (fruit) ndizi
band, 1 utepe; 2 kundi(ma); 3 ngoma
bandage, kitambaa cha kufungia dawa
bandit, haramia(ma)
bang, mshindo
banish, kuhamisha

banishment, uhamisho
banjo, gambusi
bank, 1 fungu la mchanga; ukingo(k); 2 benki ya fedha
  be bankrupt, kufilisika
banner, benders(ma)
banns, tangazo la ndoa
banquet, karamu
baobab, mbuyu
baptism, ubatizo
baptize, kubatiza
bar, 1 pingo(ma); kupinga; 2 baa ya hoteli
barbarian, mshenzi
barbarous, -katili
barber, kinyozi
bard, mshairi
bare, -tupu
barefaced, bila haya
barely, kwa shida
bargain, 1 mapatano; 2 pato la bahati; 3 kupigania bei
barge, tishari(ma)
barge in, kujiingiza bila adabu
bark, 1 gome la mti; 2 kubweka
barley, shayiri
barn, banda(ma)
barometer, kipima-hewa
barracks, nyumba za askari
barrel, pipa(ma)
barren (land) kame; (animals) tasa
barricade, boma(ma)
barrier, mgogoro
barrister, wakili wa sheria
barter, kubadilishana bidhaa
base, 1 tako(ma); upande wa chini; 2 -baya; -nyonge
baseless, bila ushahidi
bashful, -enye haya
basic, -a msingi
basin, bakuli
basis, msingi
bask, kuota jua
basket, kikapu
bass, sauti nene ya kiume
bat, 1 popo; 2 kibao cha kuchezea mpira
batch, vitu vingi vya namna moja
bath, chombo cha kuogea
bathe, kuoga; kuogesha
battle, pigano(ma); vita
battleship, manowari

bay, ghuba
  at bay, kukabili adui
  keep at bay, kukinga
  stand at bay, kukita
bazaar, madukani
be, kuwa, *see page 7*
beach, pwani; ufukoni
beacon, moto wa kujulisha habari
beads, ushanga
beak, mdomo wa ndege
beam, *1* boriti(ma); *2* mwali wa
  nuru
beans, maharagwe, kunde, etc.
bear, dubu
bear (bore, born/e) *1* kuchukua;
  2 kuvumilia; *3* kuzaa
bear in mind, kukumbuka
bearable, -a kuvumilika
beard, ndevu
bearer, mchukuzi
beast, mnyama
beat(beat, beaten) kupiga; ku-
  shinda
  be beaten, kupigwa; kushindwa
beautiful, -zuri
beautify, kufanya -zuri
beauty, uzuri
became, *see* become
because, kwa sababu
beckon, kupungia mkono
become (became, become) *1*
  kuwa; *2* kufaa
becoming, -a kupendeza; -a kufaa
bed, *1* kitanda; *2* ngwe ya bustani
bedclothes, bedding, matandiko
bee, nyuki
bee-hive, mzinga
bee-line, njia moja kwa moja
beef, nyama ya ng'ombe
been, *see* be
beer, pombe
beeswax, nta
beetle, dundu, mende, etc.
befit, be befitting, kuagia; kufaa
before, kabla (ya); mbele (ya)
  as before, kama kwanza
beforehand, mbele
befriend, kufadhili
beg, kuomba
began, *see* begin
beggar, mwombaji
begin (began, begun) kuanza;
  kuanzisha

beginning, mwanzo
begrudge, kuhusudu
beguile, kuvuta kwa werevu
behalf of (on), kwa ajili ya
behave, kutenda; kujiweka
  well-behaved, mwenye adabu
behaviour, mwenendo; mazoea
behead, kukata kichwa
beheld, *see* behold
behind, nyuma (ya)
  be behindhand, kuchelewa
behold (beheld) kutazama
  be beholden to, kuonea shukrani
behove, kupasa
being, kuwako
  human being, kiumbe; bina-
  damu
belief, imani
believe, kuamini; kusadiki
  be believable, kusadikika
belittle, kudunisha
bell, kengele; njuga
bellows, mivuo
belly, tumbo(ma)
belong to, kuwa mali yake
  where it belongs, mahali pake
belongings, vitu alivyo navyo
  mtu
beloved, mpenzi
below, chini (ya)
belt, ukanda(k)
bench, ubao wa kukalia
bend (bent), kupinda
beneath, chini ya
benediction, baraka
benefaction, fadhili
beneficial, -enye manufaa
benefit, faida
benevolence, ukarimu
benevolent, -karimu
  be bent, kupindika
  be bent on, kutaka sana
bequeath, kuusia; kuachia
bequest, usia(ma); urithi
bereaved (be), kufiwa
berry, tunda dogo kama forsadi
berth, *1* kituo cha meli gatini;
  2 kitanda melini au garini
beseech (besought), kusihi
beside, kando ya; zaidi ya
besides, tena; zaidi
besiege, kuhusuru
besought *see* beseech

bespeak (bespoke, bespoken) kuagiza mbele
best, bora kabisa
bestow on, kukirimia
bet, kubahatisha fedha
betimes, mapema
betray, kusaliti; kudhihirisha
betrayal, usaliti
betroth, kufunga uchumba
betrothal, uchumba
better, -zuri zaidi
 be better, afadhali
 get better, kupata nafuu
between, kati ya
beverage, kinywaji
beware, kujihadhari
bewilder, kutia wasiwasi
 be bewildered, kuona wasi-wasi
bewilderment, wasiwasi
bewitch, kuloga
beyond, kupita
bias, upendeleo; maelekeo
Bible, Biblia; Msahafu Mtaka-tifu
bicycle, baiskeli
bid (bade, bidden), kuamuru
 bid farewell, kuaga
bid (bid, bid) kuzabuni mnadani
biennial, kila mwaka wa pili
bier, jeneza
big, -kubwa
bigamy, kuoa mke wa pili ki-nyume cha sheria
bigoted, -shupavu
bile, nyongo
bilharzia, kichocho
bill, *1* mdomo wa ndege; *2* hesabu ya fedha; *3* sheria mpya
billow, wimbi(ma)
bin, *1* sanduku kubwa au pipa; *2* mwana wa
bind (bound) kufunga; kujalidi vitabu
binding, *1* kitu kifungacho; ja-lada; *2* -a lazima
biography, masimulizi ya maisha ya mtu
biology, elimu ya viumbe
bird, ndege; nyuni
birth, uzazi
birthday, ukumbusho wa siku ya uzazi

biscuit, biskuti
bisect, kukata katika sehemu mbili sawasawa
bishop, askofu(ma)
bit, *1 see* bite; *2* kipande
bit by bit, kidogo kidogo
bite (bit, bitten) kuuma
bitter, -chungu
bitterness, uchungu
black, -eusi; -a giza
black art, ulozi
blackboard, ubao wa skuli
blackguard, ayari
blackmail, mlungula; kulungula
blacksmith, mhunzi
bladder, kibofu; (*football*) mpira
blade (*grass*) jani(ma); (*knife*) ubapa(b)
blame, lawama(ma); kulaumu
 be to blame, kuwa na hatia
blameless, bila hatia
blank, -tupu; pasipo mwandiko
blanket, blanketi(ma)
blaspheme, kukufuru
blasphemy, ukufuru
blast, mshindo wa upepo; ku-pasua kwa baruti
blaze, ndimi za moto; kuwaka sana
bleach, kufanya nyeupe
bleak, -a ukiwa
bleat, kulia kama kondoo
bleed (bled) kutoka damu
blemish, ila
blend, kuchanganya; kupatana
bless, kubariki
 be blessed, kubarikiwa
blessing, baraka
blew, *see* blow
blight, kuvu; koga
blind, -pofu
 blind man, kipofu
blindfold, kufunika macho
blindness, upofu
blink, kupepesa macho
bliss, furaha kamili
blister, lengelenge(ma)
blizzard, tufani ya theluji
block, pande(ma); kuziba njia
blockade, mazingiwa; kuhusuru
blood, damu
bloodshed, uuaji
bloodthirsty, -katili

bloom, blossom, ua(ma); kutoa maua

blot, blotch, waa(ma); kutia mawaa

blow (blew, blown) (*wind*) kuvuma; (*mouth*) kupuliza

blow, dharuba; pigo(ma)

blubber, mafuta ya nyangumi

blue, buluu; samawati

blunder, kosa(ma); kuchafua kwa ujinga

blunt, butu

blurred (be), kutoonekana vema

blurt out, kupaya

blush, rangi nyekundu; kugeuka rangi

boar, nguruwe dume

board, ubao(mb)

on board, melini

board and lodging, chakula na malazi

boast, majivuno; kujivuna

boat, chombo; meli

bode, kubashiri

body, *1* mwili; *2* kundi(ma)

bodyguard, askari wafuasi

bog, bwawa(ma)

boggy, -a kutopea

boil, *1* jipu(ma); *2* kuchemka; kuchemsha

boiler, chombo cha kupikia maji

boisterous, -a nguvu

bold, -jasiri

make bold to, kuthubutu

boldly, kwa ujasiri

bolster up, kuimarisha

bolt, *1* komeo(ma): kukomea; *2* kukimbia kasi

bomb, kombora(ma); kupigia makombora

bombardment, shambulio la mizinga

bond, kifungo

bondage, utumwa

bone, mfupa; (*fish*) mwiba

bonfire, moto wa sherehe

bonnet, kofia

bonus, ziada

book, kitabu

bookcase, mbao za kuwekea vitabu

book-keeping, ukarani wa hesabu

booking-office, mahali pa kununua tikiti

boom, *1* ngurumo; kunguruma; *2* usitawi wa ghafula

boot, kiatu kirefu

bootlace, kigwe cha kufungia viatu

booty, mateka; nyara

border, mpaka; ukingo(k)

border on, kupakana na

bore, *1 see* bear; *2* kutoboa; kubungua; *3* kuchosha

boredom, uchovu

born (be), kuzaliwa

borne (be), kuvumilika

borough, mji mkubwa

borrow, kuazima; kukopa

borrower, mkopi

bosom, kifua

bosom friend, msiri

botany, elimu ya mimea

both, vyote viwili

bother, matata; kusumbua; kusumbuka

bottle, chupa

bottom, upande wa chini

bough, tawi(ma)

bought, *see* buy

boulder, mwamba

bounce, kuruka kama mpira

bound, *1 see* bind; *2* mruko; kuruka

be bound for, kuendea

be bound to, kulazimika

be bounded by, kupakana na

boundary, bounds, mipaka

bountiful/ly, tele

bounty, ukarimu

bouquet, shada la maua

bow, kuinama; kuinamia kichwa

bow, *1* upindi; *2* gubeti; *3* fundo la utepe

bowels, matumbo

bowl, bakuli; kufingirisha

box, sanduku(ma); kupigana ngumi

box ears, kupiga kofi

boxing, mchezo wa ngumi

boy, mtoto wa kiume

boyhood, utoto

bracelet, kikuku

bracing, -a kuburudisha

bracket, kiango; kiweko ukutani

brackets, vifungo
brag, kujigamba
braid, utepe
braille, chapa cha vitabu vya vipofu
brain, ubongo; akili
brainless, -pumbavu
brake, kizuizi cha gari
bran, wishwa
branch, tawi(ma)
brand, aina; chapa
brand new, kipya kabisa
brandy, namna ya mvinyo
brass, shaba nyeupe
brassiere, sidiria
brave, hodari
bravery, ushujaa
brawl, kugombana kwa kelele
brazen, 1 -a shaba nyeupe; 2 -kavu wa macho
breach, pengo(ma) katika boma; kuvunja
bread, mkate
breadth, upana
break (broke, broken) kuvunja
break news, kufunulia habari mbaya
breakdown, uangamizi; kikomo
breakfast, kifungua-kinywa
breast, kifua; maziwa
breath, pumzi
breathe, kuvuta pumzi
be breathless, kutwetatweta
breed, aina; mbegu; kuzaa; kuzalisha
breeze, upepo
brethren, ndugu
brevity, ufupi
brew, kupika pombe
brewer, mfanya pombe
brewery, mahali pa kupika pombe
bribe, rushwa; kutoa rushwa
bribery, upenyezi
brick, tofali(ma)
bricklayer, mwashi
bride, bibi arusi
bridegroom, bwana arusi
bridge, 1 daraja(ma); 2 mchezo wa karata
bridle, hatamu
brief, -fupi
briefly, kwa maneno machache
brigand, haramia(ma)

bright, -enye kung'aa; -enye akili; -changamfu
brighten, kutakata; kutakasa; kuchangamsha
brightness, mng'aro
brilliant, -a kung'aa sana; -enye akili nyingi
brim, ukingo(k)
brimming over, kifurifuri
brine, maji ya chumvi
bring(brought) kuleta
bring to a stop, kukomesha
bring up, kulea
brink, ukingo(k)
  on the brink of, karibu sana
brisk, -epesi
British, -a Kiingereza
brittle, -epesi kuvunjika
broad, -pana
broadcast, kueneza kotekote
brocade, zari
broaden, kupanua
broke, see break
  be broken, kuvunjika
broken-hearted, -enye huzuni kuu
bronze, shaba nyeusi
brooch, bizimu
brood, makinda; kuotamia; kushika tama
brook, kijito
broom, ufagio(f)
brother, kaka; ndugu
brother-in-law, shemeji
brought, see bring
brow, paji la uso; ukingo wa mlima
browbeat, kupambanya
brown, rangi ya kunde
bruise, chubuko(ma); kuchubua
brush, burashi; kupangusa
brush up, kujikumbusha masomo
brutal, -katili
brutality, ukatili
brute, hayawani
bubble, povu; kutoa povu
buck, paa dume
bucket, ndoo
buckle, bizimu
bud, tumba(ma); kuchanua
budget, taarifa ya gharama
buffalo, nyati
buffet, meza ya kuandalia chakula

bug, kunguni
bugle, tarumbeta
bugler, mpiga tarumbeta
build (built) kujenga
builder, mjengaji
building, jengo(ma)
bulb, *1* shina kama kitunguu;
2 kioo cha taa ya stimu
bulge, kubenuka; kuvimba; mbe-
nuko; uvimbe
bulk, ukubwa; sehemu kubwa
bulky, -kubwa
bull, ng'ombe dume
bullet, risasi
bulletin, tangazo fupi
bullock, ng'ombe maksai
bully, mjeuri; kudhulumu
bulwark, boma(ma); mbavu za
meli
bump, pigo(ma); kugonga
bumptious, -a kiburi
bun, mkate mtamu
bunch (*fruit*) kichala; (*flowers*)
shada
bundle, bunda(ma)
bungalow, nyumba isiyo na orofa
bungle, kuboronga kazi
bunk, kitanda melini au garini
buoy, boya(ma)
buoyant, -epesi
burden, mzigo
burdensome, -zito
bureau, afisi
burglar, mwizi
burgle, burglary, kuiba
burial, maziko
burn, kuwaka; kuungua; kuu-
nguza
be burnt, kuungua
burrow, kishimo cha mnyama;
kufukua
burst, kupasuka ghafula
burst in, kujivurumisha ndani
burst out, kutoka kwa nguvu
bury, kuzika
bus, basi(ma)
bush, kichaka; mti mfupi
bushy, -enye nywele nyingi
busily, kwa bidii
business, shughuli; kazi
busy, -enye kazi nyingi
bust, kifua; sanamu ya kichwa na
kifua tu

bustle, kutaharuki
be busy, kushughulika
busybody, mpekuzi
but, lakini; ila
butcher, mwuza nyama
butter, siagi
butterfly, kipepeo
buttocks, matako
button, kifungo; kufunga
buttress, nguzo ya kuegemeza
buy (bought), kununua
buyer, mnunuzi
buzz, kung'ong'a
by, na; kwa; karibu na
bystander, mwenye kuwapo

C

cabin, kijumba melini
cabinet, *1* mawaziri wa halma-
shauri kuu; *2* kabati ndogo
cable, amari; simu ya baharini
cactus, mpungate, etc.
cadet, mwanafunzi wa jeshi
cadge, kulondea
café, mkahawa
cage, tundu(ma); kizimba
cajole, kubembeleza
cake, *1* mkate mtamu; *2* kipande
cha sabuni; *3* kugandamana
calabash, buyu(ma)
calamity, maafa
calculate, kuhesabu; kufikiri
calculation, hesabu; fikara
calendar, kalenda
calf (calves) *1* ndama; *2* shavu la
mguu
call, kuita
be called, kuitwa
call for, *1* kuhitaji; *2* kuja kuchu-
kua
call on, kwenda kuamkia
call together, kukusanya
call to mind, kukumbuka
calling, wito
callous, -gumu
callously, bila huruma
calm, shwari; utulivu; kutuliza
calmly, bila wasiwasi
calumny, masingizio
calve, kuzaa ndama
came, *see* come
camel, ngamia

camera, kamera
 in camera, faraghani
camouflage, kudanganya macho
camp, kambi; kupiga kambi
campaign, matendo yenye ku-
 sudi fulani
can (could), kuweza; kuruhusiwa
can, canister, kopo(ma); mkebe
canal, mfereji
cancel, kufuta; kutangua
cancellation, mfuto; mtanguo
candid, -nyofu
candidate, mtaka kazi au cheo
 fulani
candle, mshumaa
candlestick, kinara cha mshumaa
candour, unyofu
candy, tamutamu
cane, henzirani; fimbo
cane sugar, sukari ya miwa
canine, -a mbwa
cannibal, mtu alaye nyama ya
 binadamu
cannon, mzinga
cannot, can't, see can
canoe, mtumbwi; ngalawa
canon, 1 kanuni; 2 cheo cha kasisi
canopy, tandiko(ma) juu ya kiti
 cha heshima
cantata, utenzi wa kuimbwa
canteen, mezani
canvas, kitambaa cha hema
canvass, kuomba watu wasaidie
 jambo fulani
cap, kofia; kifuniko
capability, ufarisi
capable, farisi
capacious, -enye nafasi nyingi
 ndani
capacity, 1 ujazo; 2 nafasi; 3 akili
cape, 1 rasi; 2 vazi la mabegani
capital, 1 herufi kubwa; 2 mji
 mkuu; 3 rasilmali; 4 bora
capitulate, capitulation, ku-
 omba masharti ya amani
capricious, -geugeu
capsize, kupinduka juu chini
captain, kapiteni(ma); nahodha
captivate, kuvuta moyo
captive, mateka; mfungwa
captivity, utumwa; kifungo
capture, kukamata
car, motakaa

caravan, 1 gari la kukaliwa;
 2 msafara
carcass, mzoga
card, cardboard, karatasi nene;
 kadi
cards, karata
care, hadhari; uangalifu
 take care of, kutunza; kuangalia
career, 1 maisha na kazi; 2 ku-
 enda mbio
careful, -angalifu
careless, -zembe
carelessly, bila uangalifu
carelessness, uzembe
caress, kukumbatia kwa upendo
caretaker, mwangalizi
cargo, shehena
caricature, picha ya mtu ya ku-
 chekesha
carnage, mauaji
carnal, -a mwilini
carnival, sherehe
carnivorous, -a kula nyama
carol, wimbo wa furaha
carpenter, sermala(ma)
carpentry, usermala
carpet, zulia(ma)
carriage, gari(ma); behewa(ma);
 uchukuzi
carrier, mchukuzi
carry, kuchukua
carry on, kuendelea
carry out, kufikiliza
cart, gari la kukokotwa
carton, kibweta cha karatasi nene
cartoon, picha ya kuchekesha
cartridge, risasi
carve, kuchora; kutia nakshi
carving, mchoro; nakshi
case, 1 jambo; kesi; 2 kasha,
 bweta, etc.
 in case, ikiwa
cash, fedha taslimu; kubadili kwa
 fedha
cashbook, daftari ya fedha
cashier, karani wa fedha
cask, pipa(ma)
cassava, muhogo
casserole, chungu chenye ki-
 funiko
cast, 1 kutupa; 2 jamii ya waigaji
 be cast down, kuona majonzi
cast lots, kupiga kura

castaway, mpwelewa; maskini
castigate, kuadhibu; kulaumu sana
castle, ngome
castor-oil, mafuta ya mbarika
castrate, kuhasi
castrated, maksai
casual, *1* -a bahati; -a mara kwa mara; *2* -zembe
casualty, tukio baya; mtu aliyeumia au kufa
cat, paka
catalogue, orodha
catapult, manati
cataract, *1* poromoko la maji; *2* ugonjwa wa macho
catarrh, mafua
catastrophe, msiba mkuu
catch (caught) kukamata; kudaka
catch cold, kushikwa na mafua
catch fire, kushika moto
category, aina; jamii
caterpillar, mtoto wa kipepeo
cathedral, kanisa(ma) kuu
catholic, katoliko
cattle, mifugo
caught, *see* catch
be caught, kukamatwa
cauldron, sufuria kubwa
cause, *1* sababu; *2* kufanyiza
causeless, bila sababu
caustic, -kali; -a kuunguza
cauterize, kuunguza
caution, *1* hadhari; uangalifu; *2* onyo(ma); kuonya
cautious, -enye hadhari
cavalry, askari farasi
cave, cavern, pango(ma)
cave 'n, kubomoka
cavil, kutoridhika
cavity, shimo(ma); mvungu
cease, kukoma; kutulia
ceaseless, bila kukoma
ceiling, upande wa juu wa chumba
celebrate, kushangilia
celebrated, mashuhuri
celebration, maadhimisho
celebrity, mtu maarufu
celerity, wepesi
celestial, -a mbinguni
celibacy, kutokuoa
cell, kijumba; asili ya viumbe hai

cellar, ghala ya chini
cement, udongo ulaya; simenti
cemetery, makaburini
cense, kuvukiza
censer, chetezo
censor, mkaguzi wa vitabu nk
censorious, -epesi wa kulaumu
censure, lawama
census, hesabu ya watu wa nchi
cent, senti
centenarian, mwenye umri wa miaka mia
centenary, ukumbusho wa miaka mia
centipede, tandu
central, -a kati
centre, palipo katikati hasa
century, karne
cereal, nafaka
ceremonial, ceremony, ibada au sherehe ya heshima
ceremonious, -a heshima
certain, *1* hakika; *2* baadhi ya; *3* fulani
 make certain, kuhakikisha
certainly, bila shaka
certainty, hakika
certificate, cheti cha sahihi
certify, kutia sahihi
cessation, ukomo
chafe, *1* kuchubua; *2* kuudhi
chaff, *1* wishwa; *2* utani; kutania
chain, mnyororo; mkufu
chair, kiti
chairman, mwenye-kiti
chalk, chaki
challenge, kutaka thibitisho ·
chamber, chumba
chameleon, kinyonga
champion, mshinda wote
chance, nafasi; bahati; kubahatisha
chancellor (*University*) mkurugenzi
change, kubadili; kugeuza
changeable, -a kigeugeu
 be changed, kubadilika; kugeuka
channel, mfereji
chant, kuimba
chaos, machafuko makubwa
chaotic, fujofujo
chapel, kikanisa

chaplain, padre wa hospitali, shule, jeshi, etc.
chapter, sura ya kitabu
char, kuunguza
character, tabia
characteristic, sifa ya tabia
be characteristic, kupatana na tabia
charcoal, makaa ya miti
charge, *1* kuagiza; maagizo; *2* kushtaki; mashtaka; *3* kugharimisha; gharama; *4* shambulio(ma); kushambulia
be in charge of, kuwa mwangilizi
charitable, -enye hisani
charity, upendo; hisani
charm, *1* hirizi; *2* uzuri
charming, -a kupendeza
chart, ramani
charter, *1* mkataba; *2* kukodisha (*eropleni*, etc.)
chase, kukimbiza; kuwinda
chasm, ufa mkubwa
chaste, safi
chastise, kuadhibu; kupiga
chastity, ubikira; usafi
chat, kuzungumza
chatter, kupayapaya
chatterbox, mwenye maneno mengi
chauffeur, dreva wa motakaa
cheap, rahisi
cheat, mjanja; kupunja
check, *1* kuzuia; *2* kusahihisha; *3* mirabaraba
cheek, *1* shavu la uso; *2* ukosefu wa adabu
cheeky, -kosefu wa adabu
cheer, kuchangamsha; kushangilia
cheer up, kuchangamka
cheerful, -kunjufu
cheerless, bila furaha
cheers, vifijo
cheese, jibini
chemist, mwuza dawa
cheque, cheki ya benki
chequered, -enye mirabaraba
cherish, kutunza
chest, *1* kifua; *2* kasha(ma)
chew, kutafuna
chicken, kifaranga; kuku

chickenpox, tetewanga
chief, mkuu; -kuu
chiefly, hasa; zaidi
child (children) mtoto; mwana
childbirth, uzazi
childish, -a kitoto
childless, bila mtoto
chill, homa ya baridi
chilly, -a baridi
chimes, mlio wa kengele
chimney, bomba la kutoa moshi
chin, kidevu
chink, ufa mwembamba
chip, kibanzi
chirp, kulia kama ndege
chivalrous, -enye jamala
chivalry, utu bora
chock-full, pomoni
chocolate, chokolade
choice, hiari
choir, jamii ya waimbaji
choke, kukaba au kukabwa roho
choose (chose, chosen) kuchagua
chop, kutema
chopper, mundu
choral, -a kuimbwa
chorus, wimbo ulioimbwa wote pamoja
chose, *see* choose
be chosen, kuchaguliwa
Christ, Kristo
christen, kubatiza
Christian, Mkristo; -a kikristo
Christmas, Krismas
chronic, -a kusedeka
chronicle, habari na tarehe
chuckle, kuchekelea
chunk, kipande kinene
church, kanisa(ma)
churlish, bila adabu
churn, mashine ya kusukia maziwa; kusukasuka
cigar, sigara
cigarette, sigareti
cinders, makaa mafu
cinema, sinema
cipher, mwandiko wa fumbo
circle, duara
circuit, mzunguko
circuitous, -a kuzunguka
circular, *1* -a duara; *2* tangazo(ma)

circulate, kuzunguka; kuzungusha

circulation, *1* mzunguko; *2* uenezi

circumcision, tohara

circumcize, kutahiri

circumference, mzingo

circumspectly, kwa hadhara

circumstance, jambo(mambo); tukio(ma)

circumstances, hali; manzili

circumvent, kupinga kwa werevu

cistern, tangi(ma)

citizen, raia

citizenship, uraia

city, mji mkubwa

civic, -a kuhusu mji

civil, *1* -enye adabu; *2* -a kiraia

civilian, raia asiye askari

civilized, -staarabu

clad, kuvikwa

claim, kudai; kujidai; madai

claimant, mdai

clamour, makelele

clan, ukoo

clandestine, -a hila

clap, kupiga makofi

clarification, ubayana

clarify, kubainisha

clash, kugongana kwa mshindo; kukosana

clasp, kifungo; kufumbata

class, darasa(ma); aina

classics, maandiko maarufu

classification, mpango wa aina

classify, kuainisha

clatter, kishindo

clause, fungu la maneno; sharti-(ma)

claw, kucha(ma)

clay, towe

clean, safi; kusafisha

cleanliness, usafi

cleanse, kusafisha

clear, -angavu; dhahiri
  be clear, kuelea; kutakata
  keep clear, kusimama mbali

clear away, kuondoa

clearance, ondoleo(ma)

clearing, mahali palipofyekwa

clearly, kwa dhahiri

cleave (cleft) kupasua

cleft, ufa(ny)

clemency, huruma

clench, kukaza

clergy, wahudumu wa Kanisa

clerk, karani(ma)

clever, -enye akili

click, mwaliko; kualika, kualisha

client, mtu afanyiwaye kazi

cliff, jabali(ma)

climate, tabia ya nchi

climax, kipeo; kikomo

climb, kupanda; kukwea

cling to, kushikamana na

clip, kibano; kubana; kukatakata

cloak, kifuniko; kusetiri

clock, saa ya mezani

clod, bumba(ma)

clog, kuziba; kuzuia

close, kufunga; kufumba

close, karibu sana

clot, kuganda

cloth, kitambaa; nguo

clothe, kuvika

clothes, mavazi; nguo

cloud, wingu(ma)

cloud over, kutanda

cloudless, bila mawingu

cloven, *ili*yopasuka
  cloven hoof, kwato mbili

cloves, karafuu

clown, mpumbavu; mcheshi

club, *1* rungu(ma); *2* kilabu

cluck, mwito wa kuku kwa watoto wake

clue, kidokezi

clumsy, -zito; si stadi

cluster, shada; kundi dogo

clutch, *1* mtambo wa motakaa; *2* kushikilia

co-, pamoja

Co., Company

coach, *1* basi kubwa; *2* mwalimu; kufundisha

coagulate, kuganda

coal, makaa ya mawe

coal-mine, shimo la makaa

coalesce, kuungamana

coalition, mwungamano

coarse, -a kukwaruza

coast, pwani

coastal, -a pwani

coat, *1* koti; *2* mpako; kupaka

cob (*maize*) gunzi(ma)

cobbler, mshona viatu

cobra, nyoka; fira
cobweb, utando wa buibui
cock, jogoo(ma)
cockroach, mende
cocktail, mvinyo na divai
cocoa, kakao
coconut (*tree*) mnazi; (*nut*) nazi; dafu(ma)
code, *1* mpango wa sheria; *2* mwandiko wa fumbo
coerce, kushurutisha
coercion, shurutisho(ma)
coffee (*bush*) mbuni; (*berries*) buni; (*drink*) kahawa
coffin, sanduku la maiti
cogitate, kufikirifikiri
cognate, -a jamii moja
cogwheel, gurudumu lenye meno
cohere, kushikamana
coherence, cohesion, ushikamano
coil, pindi; kupiga pindi
coin, sarafu
coincide, kuwa sawa kwa wakati au mahali
coincidence, usawa wa bahati
cold, baridi; mafua
get cold, kupoa
catch cold, kushikwa na mafua
collaborate, kushirikiana katika kazi
collapse, kuanguka; kukunjamana
collapsible, -a kukunjwa
collar, ukosi(k)
collarbone, mtulinga
collate, kulinganisha
colleague, mwenzi
collect, kukusanya; kuchanga
collection, kusanyiko(ma); mchango
collectively, -ote pamoja
college, koleji
collide, kugongana
colliery, machimbo ya makaa
colloquial, -a maongezi tu
collusion, mapatano ya hila
colonial, -a kikoloni
colonist, setla(ma)
colony, koloni(ma)
colour, rangi
column, *1* nguzo; *2* mpango wa safusafu

coma, usingizi mzito nusura kufa
comb, kitana; chanuo; kuchana
combat, shindano(ma)
combatant, mshindani
combination, mchanganyiko
combine, kuungana
combustible, -a kushika moto
combustion, mwako
come (came), kuja; kufika
come across, kukuta
come by, kupata kwa bahati
come down, kushuka
come in, kuingia; "Karibu!"
come to pass, kutokea
comedian, mcheshi
comedy, hadithi ya kuchekesha
comet, nyota yenye mkia
comfort, faraja; kufariji
comfortable, -enye raha
comfortless, bila raha
comic, -a kuchekesha; gazeti la watoto
coming, majilio; kifiko
comma, kituo (vi)
command, amri; kuamuru
commandeer, kutwaa kwa lazima
commander, mwenye amri
commandment, amri
commemorate, kufanya ukumbusho
commemoration, ukumbusho(ma)
commence, kuanza
commencement, mwanzo
commend, kusifu
commendable, -a kusifiwa
commendation, sifa
comment, maneno machache juu ya habari fulani
commentary, ufafanuzi; masimulizi ya redio
commentator, msimulizi wa habari
commerce, biashara
commercial, -a kuhusu biashara
commission, *1* agizo(ma); *2* wajumbe; *3* ushuru
commit, kutenda
commit to, kuaminisha
commit oneself, kuweka ahadi
committee, halmashauri
commodious, -enye nafasi

commodity, kifaa; bidhaa
common, _1_ -a kawaida; -a wote; _2_ duni
commonly, kwa kawaida
commonplace, neno la sikuzote
common-sense, busara
commonwealth, ushirika wa mataifa
commotion, ghasia
communal, -a kutumiwa na wakaaji wote
communicate, kupelekeana habari; kushiriki
communication, habari; upelekeaji wa habari
communications, njia za kusafiri
communion, ushirika
communism, njia ya utawala katika Russia
community, jamii ya watu wakaao pamoja
compact, _1_ maagano; _2_ -a kukazwa pamoja
companion, mwenzi
  my companions, wenzangu
companionship, urafiki
company, kundi la watu; kampuni(ma)
comparable, -a kufanana
comparatively, kwa kulinganisha
compare, kulinganisha, kufananisha
  beyond compare, haina kifani
comparison, mfano; ulinganyifu
compartment, kijumba; behewa(ma)
compass, dira
compasses, bikari
compassion, huruma
compassionate, -enye huruma
compatibility, ulinganifu
compatible, -a kupatana
compatriots, watu wa nchi moja
compel, kushurutisha
compensate, kusawazisha; kufidia
compensation, fidia; uradhi
compete, kupimana ubingwa; kushindana
competent, -enye akili ya kutosha
competition, mashindano
competitive, -a kushindaniwa

competitor, mshindani
compile, kukusanya na kupanga
complacent, -enye uradhi; -kinaifu
complain, kunung'unika
complaint, _1_ nung'uniko(ma); _2_ ugonjwa
complement, kitimizo
complementary, -a kutimiza
complete, kutimiza; -timilifu
completely, kabisa
completion, utimilifu; mwisho
complex, -a kutatanisha
complexion, sura; rangi ya uso
complexity, matatizo; mwungo wa sehemu nyingi
compliance, ukubali
complicated, -enye hoja nyingi; -enye matata
complication, ongezo la matata
compliment, sifa; kusifu
complimentary, -a heshima
compliments, salamu
comply, kukubali
component, sehemu maalum ya kitu
comportment, mwenendo
compose, kutunga; kubuni
  be composed of, kufanywa kwa
composite, -enye sehemu nyingi
composition, mtungo; mchanganyiko
compound, _1_ mchanganyiko; kuchanganya; _2_ kiwanja
comprehend, kufahamu
comprehensible, -a maana
comprehension, ufahamu
comprehensive, -enye mambo mengi
compress, kugandamiza
comprise, kuwa na
comprising, -enye
compromise, _1_ kuridhiana; _2_ kutia shaka
compulsion, mashurutisho
compulsory, -a lazima
compunction, majuto
computer, mashine ya kuhesabu upesi
comrade, mwenzi(w)
conceal, kuficha
concealment, maficho
concede, kukubali

conceit, kiburi
conceited, -enye kiburi
conceive, _1_ kufahamu; _2_ kuchukua mimba
concentrate, concentration, _1_ kukusanya mahali pamoja; _2_ kuongeza uzito na nguvu; _3_ kukaza fikira
conception, _1_ mtungo wa mimba; _2_ ufahamu
concern, _1_ shughuli; _2_ shaka
  be concerned, kupasiwa; kuhangaika
concert, tafrija ya muziki; tarabu
concerted, kwa umoja
concession, ukubali
conciliate, kuridhisha
conciliation, upatanisho
conciliatory, -a kutuliza
concise, -fupi
conclude, _1_, kumaliza; _2_ kutanabahi
conclusion, mwisho; neno mkataa
concoct, kubuni; kuchanganya
concoction, ubuni; mchanganyiko
concord, upatano
concourse, mkutano
concrete, _1_ -a kuonekana na kugusika; _2_ saruji
concur, _1_ kutokea sawia; _2_ kukubali
concurrence, _1_ matokeo ya sawia; _2_ ukubali
concurrently, kwa wakati mmoja
condemn, kulaumu; kuhukumu
condemnation, lawama; hukumu
condensation, mabadiliko ya mvuke kuwa maji
condense, kupunguza ukubwa; kufupisha
condescend, condescension, kujinyenyekea
condition, _1_ hali; _2_ sharti(ma)
conditional, -enye masharti
conditionally, kwa masharti
condole with, kuhani
condolence, "Poleni!"
condone, kuachilia; kusamehe
conduct, mwenendo; kuongoza
conductor, kiongozi
confectionery, vyakula vitamu
confederate, mwenye shauri moja

confederation, ushirika
confer with, kushauriana
conference, halmashauri
confess, kuungama; kukiri
confession, maungamo; ukiri
confidant, msiri
confide in, kuambia kwa siri
confidence, imani
confident, -enye imani
confidential, -a siri
confine, kufungia
confinement, _1_ kifungo; _2_ uzazi
confirm, kuthibitisha
confirmation, _1_ uthibitisho; _2_ Kipa Imara
confiscate, confiscation, kumtwalia mtu mali yake
conflagration, moto mkubwa
conflict, mapigano
conflict with, kutopatana
conflicting, -enye tofauti
conform with, kufuata
conformation, umbo(ma)
conformity, usawa
  in conformity with, kwa kufuata
confront, kukabili; kukabilisha
confuse, confound, kuchafua; kutatanisha
confusion, machafuko; wasiwasi
confute, kukanusha
congeal, kuganda
congenial, -a kupendeza
congestion, msongamano
congratulate, kupongeza
congratulations, pongezi
congregate, kukusanyika
congregation, congress, kusanyiko(ma)
conjecture, dhana; kudhani tu
conjunction, mwungano
  in conjunction with, pamoja na
conjuring, kiinimacho
connect, kuunga
  be connected, kuungana; kuhusiana
connection, kiungo; uhusiano; jamaa
connive, connivance, kutozuia
conquer, kushinda
conqueror, mshindi
conquest, ushindi
conscience, dhamiri

conscientious, -aminifu
conscious, -enye fahamu
conscription, kuandika askari kwa lazima
consecrate, consecration, kuweka wakf
consecutive, -a kufuatana
consent, idhini; ruhusa; kukubali; kuruhusu
consequence, jambo litokealo kwa sababu fulani
consequently, kwa sababu hiyo
conserve, conservation, kuhifadhi
consider, kufikiri
considerable, -ingi kidogo
considerate, -enye kufikiri wengine
consideration, *1* uangalifu; *2* hoja
consign, kupeleka
consignment, vitu vilivyopelekwa
consist of, kuwa na
consistency, uthabiti; uzito
consistent/ly, bila kigeugeu
consolation, faraja
console, kufariji
consolidate, kuimarisha
conspectus, maelezo kwa ufupi
conspicuous, -a kuonekana sana
conspiracy, mapatano ya hila
conspirator, mwenye shauri la hila
conspire, kufanyana shauri baya
constable, polisi(ma)
constancy, uthabiti
constant, *1* thabiti; *2* -a kila mara
constantly, kila mara
constellation, jamii ya nyota
consternation, fadhaa
constipation, kufunga choo
constituent, sehemu moja ya mchanganyiko
constitute, kufanya
constitution, *1* sheria ya serkali; *2* hali ya mwili
constrain, kulazimisha
constraint, nguvu; uzuizi
construct, kufanyiza; kuunda
construction, uunzi(ma); matengenezo
constructive, -a kufaa
consul, balozi(ma)

consult, kushauri
consultation, shauri(ma)
consume, kula; kutumia
consumer, mnunuzi
consumption, *1* ulaji; utumizi; *2* kifua kikuu
contact, kugusana; kukutana
contagious, -a kuambukiza
contain, kuwa na (*ndani*)
contain oneself, kujizuia
contaminate, kutia uchafu
contemplate, kutafakari; kukusudia
contemplation, fikira
contemporary, *1* -a wakati mmoja; *2* -a siku hizi
contempt, dharau
contemptible, -nyonge
contemptuous, -enye kiburi
content/ment, uradhi
be content, kuridhika
contention, *1* kisa; *2* ugomvi
contents, yaliyomo
continent, kontinenti(ma)
continual, -a kila mara
continually, sikuzote
continuation, mfulizo
continue, kuendelea
continuous, bila kukoma
contorted (be), kupotoka
contour, umbo(ma)
contract, *1* kufupika; *2* mkataba; kuafikiana
contraction, kifupisho
contradict, kukanusha
contradiction, ukanusho; ubishi
contradictory, -a kinyume
contrary, kinyume
on the contrary, bali
contrast, tofauti; kupambanua
contravene, kuhalifu
contribute, kutoa fedha au msaada
contribution, kitu kilichotolewa; habari zilizopelekwa kwa gazeti
contrite, -enye toba
contrition, toba
contrivance, kipande cha kufanyia kazi fulani
contrive, kuvumbua njia
control, kutawala; kuzuia
controversial, -a kuleta mabishano

controversy, mabishano
convalescence, be convalescent, kutononoka baada ya ugonjwa
convenient, -a kufaa
convent, nyumba ya watawa
conventional, -a kawaida
converge, kukaribiana
conversation, mazungumzo
converse, 1 -a kinyume; 2 kuzungumza
conversely, kwa kinyume
conversion, mbadiliko; wongofu
convert, mwongofu; kubadili; kuongoa
convertible, -a kuweza kubadilika
convey, kuchukua; kupeleka
conveyance, uchukuzi; gari(ma)
convict, 1 mfungwa; kutia hatiani; 2 kusadikisha
conviction, 1 hukumu; 2 wazo thabiti
convince, kusadikisha
convincing, -a kusadikisha
convoke, kualika
convoy, kufuatana sanjari
convulsion, 1 kifafa; 2 msukosuko
cook, mpishi; kupika
cookery, upishi
cool, -a baridi
coop, kizimba
coop up, kuzuia; kufungia
co-operate, kusaidiana
co-operation, ushirika; ujima; bia
co-operative, -a kusaidiana
cope with, kuweza; kufaulu
copious, tele
copper, shaba
copra, mbata
copse, kichaka
copulate, kujamii
copy, nakala; mwigo; kunakili; kuiga
coral, marijani
Coran, Kurani
cord, kamba; ugwe
cordial, -teremeshi
core, kiini
cork, kizibo; kuziba
corkscrew, kizibuo

corn, 1 nafaka; 2 sugu
corner, pembe
cornet, tarumbeta
coronation, kutiwa taji
corporal, -a kuhusu mwili; cheo cha askari
corpse, maiti
correct, sahihi; kusahihisha
correction, matengenezo
correspond, 1 kufanana; 2 kuandikiana
correspondence, 1 ulinganifu; 2 barua
corridor, njia nyembamba
corroborate, kuthibitisha
corrupt, -bovu; -ovu; kupotoa
corruption, ubovu; upotovu
cosmetics, uzuri wa wanawake, poda, etc.
cost, bei; gharama
costly, -a thamani
costume, mavazi
cot, kitanda cha mtoto
cottage, nyumba ndogo
cotton, pamba
cotton-wool, pamba ya dawa
cough, kifua; kukohoa
could, see can
council, baraza; halmashauri
councillor, diwani(ma)
counsel, shauri(ma)
counsellor, mshauri
count, kuhesabu
count on, kutumainia
countenance, uso(ny)
counter, meza ya dukani
counter-, kwa kinyume
counteract, kubatilisha
counteraction, pingamizi(ma)
counter-attraction, jambo la kuvuta upande mwingine
counterbalance, kusawazisha
counterfeit, -a kuiga na kudanganya
counterfoil, ushahidi wa stakabadhi
countermand, kutangua amri
countersign, kuthibitisha kwa sahihi ya pili
countless, bila idadi
countrified, -a kimashamba
country, 1 nchi; 2 mashambani
county, jimbo(ma)

couple, jozi; vitu viwili; kuunga pamoja
coupon, cheti
courage, ushujaa
courageous, -jasiri
course, mwenendo; mfulizo
of course, naam; bila shaka
in due course, kwa wakati wake
in the course of, katika
court, *1* ua(ny); *2* nyumba ya mfalme; *3* korti; *4* kuposa
courteous, -enye adabu
courtesy, jamala
courtship, uchumba
cousin, mtoto wa ndugu wa baba au mama
covenant, agano(ma)
cover, kifuniko; kufunika
covet, kutamani
covetous, -enye choyo
cow, ng'ombe
coward, mwoga
cowardice, woga
crab, kaa ya pwani
crack, kualika; kupasuka; ufa-(ny)
crackle, kutatarika
cradle, kitanda cha mtoto mdogo
craft, *1* ufundi; *2* hila
craftsman, fundi
crafty, -erevu
crag, mwamba uliochongoka
cram, kushindilia
cramp, mpindano wa mshipa
crane, *1* winchi; *2* korongo(ma)
crash, kuanguka kwa kishindo
crate, sanduku la mbao
crater, shimo la volkeno
craving, uchu
crawl, kutambaa
crayon, kalamu ya rangi
crazy, -enye kichaa
creak, kukwaruza
cream, maziwa ya mtindi
crease, finyo(ma); kufinya
create, creation, kuumba
Creator, Muumba
creature, kiumbe
credentials, barua za ushahidi
credible, -a kusadikika
credit, sifa njema; kusadiki
on credit, kukopesha
creditable, -a kusifiwa

creditor, mdai
creed, imani
creek, ghuba ndogo
creep (crept) kutambaa
cremate, cremation, kuunguza maiti
crescent, sura ya mwezi mwandamo
crest, *1* kishungi; *2* kilele cha mlima
crestfallen (be), kushushwa moyo
crevice, ufa(ny)
crew, mabaharia
cried, *see* **cry**
crime, uhalifu wa sheria
criminal, mhalifu
crimson, rangi ya damu
cringe, kunywea
cripple, kiwete
crisis, kipeo
criterion, kanuni
critic, mpima uzuri
criticism, *1* upimaji; *2* lawama
criticize, *1* kupima uzuri; *2* kulaumu
croak, kulia kama chura
crockery, vyombo vya udongo
crocodile, mamba
crooked, -a kupotoka
crops, mavuno
cross, msalaba; kuvuka; -enye chuki
cross-examine, kuhojihoji
cross-roads, njia panda
crossing, kivuko
crosswise, -a kukingama
crouch, kujinyata
crow, kunguru; kuwika
crowbar, mtaimbo
crowd, makutano; kusongana
crown, taji; kutia taji
crucifix, msalaba
crucify, crucifixion, kusulibisha
cruel, -katili
cruelty, ukatili
cruet, kichupa
cruise, kusafiri kwa meli; kuvinjari
crumb, kombo(ma)
crumble, kufikicha
crumple, kukunjakunja
crunch, kuchakacha

crusade, pigano juu ya uovu
crush, msongano; kusukumana; kuponda
crust, ganda la mkate
cry, mlio; kulia
crystal, jiwe kama kioo
cub, mtoto wa simba
cucumber, tango(ma)
cud, cheu
  chew the cud, kucheua
cuddle, kukumbatia mtoto
cull, kuteua
culmination, upeo
culpable, -enye hatia
culprit, mwenye kukosa
cultivate, kulima
cultivation, kilimo
culture, uungwana
cultured, -staarabu
cunning, werevu
cup, kikombe
cupboard, kabati(ma)
curable, -a kuponyeka
curator, mwangalizi
curb, kizuizi; kuzuia
cure, kuponya; dawa
curio, kitu cha shani
curiosity, *1* kitu cha shani; *2* udadisi
curious, -a ajabu
currant, zabibu kavu
currency, fedha ya nchi
current, *1* mkondo wa maji; *2* -a siku hizi
curry, bizari
curse, laana; kulaani
cursory, -a juujuu
curt, -a haraka; -fupi
curtail, kufupisha
curtain, pazia(ma)
curve, pindi; tao
  curved, -a tao
cushion, takia(ma)
custard, kastadi
custard-apple, topetope(ma); stafeli(ma)
custodian, mlinzi
custody, ulinzi; kifungo
custom, desturi
customary, -a kawaida
customer, mnunuzi
customs, ushuru wa fordhani
cut, kukata

cutlery, visu, nyuma, etc., vya mezani
cuttlefish, pweza
cycle, *1* utaratibu wa mambo unaorudiarudia; *2* baisikeli
cyclist, mpanda baisikeli
cyclone, kimbunga

D

dagger, jambia
daily, kila siku
dainty, -zuri; -chaguzi
dairy, duka la maziwa
dally, kupoteza wakati
dam, boma la kuzuia maji
damage, hasara; kutia hasara
damn, kulaumu; kulaani
damp, unyevu; chepechepe
dance, dansi; kucheza ngoma
danger, hatari
dangerous, -a hatari
dangle, kuning'inia; kuning'iniza
dare, kuthubutu
daring, -jasiri
dark, giza; -eusi
darling, mpenzi
darn, kutililia uzi
dart out, dash out, kutoka ghafula
date, tarehe
  out of date, -a kikale
  up to date, -a kisasa
date (*tree*) mtende; (*fruit*) tende
daughter, binti
daunt, kutia hofu
dauntless, -shupavu
dawdle, kutangatanga
dawn, daybreak, mapambazuko; kupambazuka
day, siku
  all day, mchana kutwa
  day after tomorrow, kesho kutwa
daytime, mchana
dazed (be), kupumbaa
dazzle, kutia kiwi
deacon, shemasi(ma)
dead person, mfu
deaf person, kiziwi
deafen, kushinda masikio
deal (dealt), kugawa
  a good deal, wingi

deal with, kushughulika na
dealer, mchuuzi
dear, *1* -penzi; *2* ghali
dearth, ukosefu
death, kifo; mauti
debar, kukataza
debase, kushusha
debased, -dhilifu
debate, jadiliano(ma); kujadili-
 ana
debris, kifusi
debt, deni
debtor, mdeni
decade, miaka kumi
decadent, -a kupooza
decay, kuoza; kuchakaa
decease, kifo; kufa
 the deceased, marehemu
deceit, deception, udanganyifu
deceitful, -enye hila
deceive, kudanganya
decency, adabu
decent, -zuri
deceptive, -danganyifu
decide, *1* kuamua; *2* kukusudia
decimal, sehemu za kumi; desi-
 mali
decipher, kufumbua maandiko ya
 fumbo
decision, *1* maamuzi; *2* nia thabiti
decisive, -a kukata shauri
deck, sitaha; kupamba
declaration, tangazo(ma)
declare, *1* kutangaza; *2* kusema
 kwa nguvu
declension, mshuko
decline, *1* kukataa; *2* kupungua
decompose, kuoza
decorate, kupamba
decoration, pambo(ma); nishani
decoy, kutega kwa hila
decrease, upunguo; kupungua
decree, amri; kuamuru
decrepit (*things*)-kuukuu; (*people*)
 -kongwe
dedicate, dedication, kuweka
 wakf
deduce, kutambua maana
deduct, kukata sehemu
deduction, *1* utambuzi; *2* mkato
deed, tendo(ma)
deep, -enye kina kirefu
 deep water, kilindi

deeply, sana
deer, mnyama kama kulungu
deface, kuumbua
defamation, masengenyo
defamatory, -enye kuvunja sifa
defame, kusengenya
default, kukosa kufanya
defeat, ushinde; kushinda
 be defeated, kushindwa
defect, ila
defective, -enye ila
defence, *1* ulinzi; *2* mateteo
defend, *1* kulinda; *2* kutetea
defendant, mshtakiwa
defer, kuahirisha
defer to, kunyenyekea
defiance, ukaidi
defiant, -kaidi
deficiency, upungufu
deficient, -pungufu
deficit, kipunguo
defile, *1* mwanya mwembamba;
 kupita mmoja mmoja; *2* kunajisi
defilement, unajisi
define, kubainisha
definite, dhahiri
definition, ubainisho
deflect, kugeuza upande
deflower, kubikiri
deformed (be), kulemaa
deformity, kilema
defraud, kupunja
deft, -epesi
defy, kutaka shari
degenerate, kurudia hali mbaya
degeneration, uharibifu wa tabia
degradation, aibu
degrade, kushusha; kuaibisha
degree, cheo cha elimu; kadiri
 by degrees, kidogo kidogo
dejected, -enye moyo mzito
dejection, huzuni
delay, kukawia; kukawisha
delectable, -a kupendeza
delegate, naibu(ma)
delegation, ujumbe
delete, kufuta
deletion, mfuto
deliberate, kwa kusudi; kushauri-
 ana
deliberation, mashauri
delicacy, *1* chakula kitamu; *2* ma-
 kini

delicate, -a kudhurika upesi
delicious, -tamu
delight, furaha; kufurahisha
delight in, kufurahia
  be delighted, kufurahi
delightful, -a kupendeza
delinquency, upotofu
delinquent, mkosaji
delirious (be), kuweweseka
deliver, kutoa; kuokoa
deliverance, wokovu
delude, kudanganya
deluge, gharika; kugharikisha
delusion, udanganyifu
demand, kudai
demands, matakwa; madai
  be in demand, kutakwa sana
demarcate, kuweka mipaka
demarcation, mipaka
demented (be), kurukwa na
  akili
democracy, utawala wa raia
demolish, demolition, kubomoa
demon, pepo mbaya
demonstrate, kuonyesha wazi
demonstration, onyesho(ma)
demoralization, upotoe
demoralize, kupotoa
demoralizing, -a kuharibu tabia
den, pango la mnyama
denial, mkano
denomination, aina; madhehebu
denote, kumaanisha
denounce, kulaumu; kushtaki
dense, -zito
density, uzito
dent, kibonyeo; kubonyeza
  be dented, kubonyea
dental, -a meno
dentist, daktari wa meno
denunciation, lawama; mashtaka
deny, kukana
depart, kuondoka
  the departed, marehemu
department, idara
departure, ondokeo(ma)
depend on, kutegemea
dependable, -a kutumainiwa
deplorable, -a kusikitikiwa
deplore, kusikitikia
deport, kuhamisha
deportation, uhamisho
deportment, mwenendo

depose, 1 kuuzulu; 2 kutoa ushu-
  huda
deposit, amana; kuweka
deposition, ushuhuda
depot, bohari(ma)
deprave, kupotosha
  be depraved, fisadi
depravity, ufisadi
deprecate, kujutia
depreciate, kupungua thamani
depreciation, upunguo wa tha-
  mani
depredation, uharibifu
depress kuinamisha
depressing, -a kuondoa furaha
depression, kushuka moyo, bei,
  etc.
deprivation, uhitaji
deprive, kunyima
depth, kina
deputation, ujumbe
depute, kuweka naibu
deputize, kuwa naibu
deputy, naibu(ma)
deride, kudhihaki
derision, dhihaka
derivation, asili
derive, kupata
  be derived from, kutokana na
derogatory, -a kuvunja heshima
descend, kutelemka
descendant, mzao
descent, mtelemko; jadi
describe, kuwasifu
description, mabainisho; namna
desert, 1 jangwa(ma); 2 kutoroka
deserter, mtoro
deserve, kustahili
deserving, -a kustahili mema
design, kielelezo; maazimio
designing, -erevu
desirable, -a kutamanika
desire, shauku; kutamani
desirous, -enye shauku
desist, kuacha kufanya
desk, meza; deski
desolate, -a ukiwa; kufanya uki-
  wa
desolation, ukiwa
despair, kukata tamaa
desperate, bila tumaini lo lote
desperation, kufa moyo
despicable, -a kulaumiwa

despise, kudharau

despondent, -enye moyo mzito

despot, mtawala peke yake

despotic, -enye amri peke yake

destination, kikomo cha safari

destiny, ajali

destitute, fukara

destitution, ufukara

destruction, maangamizi

destructive, -haribifu

detach, kutenga; kubandua

detachment, kujitenga; kikosi

details, habari moja moja

detain, kuzuia

detect, kugundua; kuona

detection, upelelezi

detective, askari kanzu; mpelelezi

detention, kifungo

deter, kuzuia

deteriorate, deterioration, ku-potewa na uzuri

determination, nia thabiti

determine, kukaza nia

deterrent, kitisho

detest, kuchukia sana

detestable, -a kuchukiza

detract from, kupunguza

detraction, uchongezi

detriment, hasara

detrimental, -a kudhuru

devastation, ukame

devastate, kuharibu kabisa

develop, kuendelea mbele; kusi-tawisha

development, maendeleo

deviate, kuenda upande

deviation, kipengee

device, kitenda-kazi; shauri

Devil, Ibilisi

devise, kuvumbua njia

devoid of, pasipo

devote oneself, kujitoa

  be devoted to, kupenda sana

devotion, upendo

devour, kunyafua

devout, -tawa

dew, umande

dexterity, ustadi

dhow, jahazi(ma)

diabolical, -ovu kabisa

diagnose, diagnosis, kuyaki-nisha ugonjwa

diagram, picha ya kueleleza

dialect, matamko ya lugha

dialogue, mazungumzo

diamond, almasi

diarrhoea, tumbo la kuhara

diary, habari za kila siku

dictate, kuandikisha

  dictate to, kutoa amri

dictation, imla; amri

dictator, mwenye amri peke yake

dictionary, kamusi

did, *see* do

die, kufa

die away, kufifia

diet, ulaji

differ, be different, kuhitilafiana

difference, tofauti

differentiate, kutofautisha

difficult, -gumu

dig (dug), kuchimba

digest, digestion, kuyeyusha chakula mwilini

digestible, -a kutulia tumboni

dignified, makini

dignity, heshima

dilapidated, -bovu

dilatory, -vivu

diligence, bidii

diligent, -enye bidii

dilute, kuzimua

dim, -a utusitusi

dimension, ukubwa; kipimo

diminish, kupunguza

diminutive, -dogo sana

din, makelele

dingy, bila ung'aro

dining-room, mezani

dinner, chakula kikuu cha siku

dip, kuchovya

direct, kuagiza; kuelekeza; moja kwa moja

direction, upande

directions, maagizo

directly,' sasa hivi

director, mwongozi; mkuu

dirt, uchafu

dirty, -chafu

  For **dis** *see note on page* 82

dis-, kinyume cha

disability, upungufu wa nguvu

disabled, -enye kilema

disadvantage, uzuizi

disaffected, -enye uchungu

disagree, disagreement, kutopatana

disagreeable, -enye chuki

disappear, disappearance, kutoweka

disappoint, kukatisha tumaini

be disappointed, kukosa yaliyotumainiwa

disappointment, masikitiko

disapproval, disapprove, kutoridhia

disarm, disarmament, kuondoa silaha za vita

disarrange, kufuja

disaster, baa(ma); msiba

disastrous, -enye hasara

disband, kuchangua

discard, kutupa

discern, kutambua

discernment, utambuzi

discharge, *1* usaha; *2* ruhusa; kuondoa kazini; *3* kufyatua bunduki

disciple, mwanafunzi

discipline, nidhamu

disclaim, kukana

disclose, kufunua

disclosure, ufunuo

discomfit, kufadhaisha

discomfiture, fadhaa

discomfort, taabu

disconnect, kutenga

disconsolate, -enye masikitiko

discontent, be discontented, kutoridhika

discontinuance, ukomo

discontinue, kuacha

discord, ugomvi

discordant, -a kutopatana

discount, kipunguzi; kusadiki kwa nusu tu

discourage, discouragement, kuvunja moyo

discourse, mazungumzo; hotuba

discourteous, -a kukosa heshima

discover, kuvumbua

discovery, jambo jipya; uvumbuzi

discredit, *1* aibu; kuaibisha; *2* kutosadiki

discreditable, -a aibu

discreet, -enye busara

discrepancy, tofauti

discretion, busara

discriminate, kupambanua

discrimination, utambuzi

discuss, kuzungumzia habari

discussion, mazungumzo

disdain, dharau; kudharau

disdainful, -dharaulifu

disease, ugonjwa

disembark, kushuka melini

disengaged (be), kuwa na nafasi

disfigure, kuumbua

disfigurement, ila

disgrace, aibu; kuaibisha

disgraceful, -baya sana

disguise, mavazi ya kujigeuza; kuficha

disgust, karaha; kukirihi

dish, sahani

dish up, kupakua

dishearten, kuvunja moyo

dishonest, -danganyifu

dishonourable, -a aibu

disinclination, be disinclined, kutotaka

disinfectant, dawa ya kuzuia uambukizo

disinterested, bila upendeleo

disk, ubapa mfano wa sahani

dislike, machukio; kuchukia

dislocate, kushtua

disloyal, si aminifu

dismal, -a kukosa furaha

dismay, fadhaa; kufadhaisha

dismiss, kuruhusu

disobedience, ukaidi

disobey, kuasi

disorder, fujo(ma)

disorganize, kuvunja taratibu

disparage, kuvunja heshima

disparity, tofauti

dispatch, waraka; kupeleka

dispel, kutawanya

dispensary, nyumba ya dawa

dispensation, maongozi; idhini

dispense, kutoa dawa

dispense with, kutohitaji

disperse, kutawanya; kutawanyika

displace, kuondoa mahali pake

displaced (*person*) msikwao

display, kuonyesha wazi

displease, kutia uchungu

displeasure, uchungu

dispose of, kuondoa
  be disposed to, kukubali
disposition, tabia; mpango
disproportionate, -a kadiri isi-yofaa
disprove, kubainisha uongo
dispute, ugomvi; kubishana
disqualification, ondoleo la haki
disqualify, kuondoa haki
disregard, kutojali
disrepute, sifa mbaya
disrespectful, -tovu wa heshima
disruption, mvunjiko
dissatisfied (be), kutoridhika
dissect, kukata vipande-vipande
dissension, faraka
dissent, kukataa
dissimilar, si sawa
dissipate, kutapanya
dissipation, be dissipated, ku-fuata anasa za dunia
dissolve, kuyeyuka, kuyeyusha; kuvunja
dissuade, dissuasion, kujaribu kuzuia
distance, umbali; mwendo
distant, mbali
distasteful, -a kuchukiza
distended (be), kuvimba
distinct, *1* dhahiri; *2* mbalimbali
distinction, *1* heshima; *2* tofauti
distinguish, kupambanua
distinguished, -tukufu
distort, kupotoa
distortion, kombo(ma)
distract, kuvuta mawazo pengine
distraction, mvuto
distress, huzuni; dhiki; kuhu-zunisha
distribute, kueneza
distribution, maenezi
district, mtaa; wilaya
distrust, kutoamini
distrustful, -enye shaka
disturb, kusumbua
disturbance, ghasia; fujo(ma)
disused (be), kutotumika
ditch, mfereji
ditto (do) vile vile
divan, namna ya kitanda
dive, kupiga mbizi
diverge, kuachana
divergence, tofauti

diverse, mbalimbali
diversion, *1* kipengee; *2* tafrija
diversity, namna mbalimbali
divert, kugeuza upande
divide, kugawa
divination, uaguzi
divine, *1* -a Mungu; *2* kuagua
diviner, mwaguzi
divinity, elimu ya Mungu
division, mgawo
divorce, talaka; kuvunja ndoa
divulge, kufunua
dizziness, kizunguzungu
dizzy, -enye kizunguzungu
do (did, done) kufanya, kutenda
doings, matendo
dock, *1* (*ship*) gudi; *2* (*court*) kizimba; *3* kupunguza
doctor (Dr.) tabibu(ma); dakta-ri(ma)
doctrine, mafundisho ya dini
document, hati
dodge, kuepa
dog, mbwa
doll, mtoto wa bandia
domestic, -a nyumbani
domesticate, kufuga
dominant, -kuu
dominate, kushinda
domination, utawala
domineering, -jeuri
dominion, mamlaka
donation, kipaji; sadaka
done, *see* do
  be done, kuisha; kumalizika
donkey, punda
donor, mtoa
doom, ajali
door, mlango
dope, bangi, afyuni, etc.
dormant, -enye hali ya kulala
dormitory, bweni
dose, kipimo cha dawa
dot, nukta
  be dotted about, kutapakaa
double, marudufu; kurudufya; kukunja
doubt, shaka; kushuku
doubtful, si hakika; -enye shaka
doubtless, bila shaka
dough, unga uliotiwa chachu na maji
dove, njiwa; hua

downwards, chini
doze, kusinzia
dozen, vitu kumi na viwili
drag, kukokota
dragon, joka la hadithi
drain, mfereji; kuondoa maji
drama, uigaji wa hadithi
dramatist, mtunga hadithi ya kuigizwa
drank, see drink
draper, mwuza nguo
draw (drew, drawn) 1 kuko-kota; 2 kuandika picha; 3 kuteka maji; 4 kwenda sare
draw near, kukaribia
draw together, kukaribiana
draw up, 1 kuratibu; 2 kusimama
drawback, kizuio
drawer, mtoto wa meza
drawing, picha
drawl, kutambaza maneno
dread, hofu; kuogopa
dreadful, -baya sana
dream, ndoto; kuota
dreary, pasipo furaha
dredge, kuzoa matope chini ya maji
dregs, mashudu
drench, kulowesha
dress, gauni; kuvalia
dressmaker, mshona nguo
drew, see draw
drift, kuchukuliwa ovyo
drink (drank, drunk) kunywa
drip, kudondoka
dripping, 1 mtiririko wa maji; 2 mafuta ya nyama
drive (drove, driven) kuendesha
drive away, kufukuza
driver, dereva
drizzle, manyunyu; kunyunya
droop, kufifia
drop, tone(ma); kuanguka
dross, takataka
drought, ukosefu wa mvua
drove, see drive
drown, kufa maji
drowsy, -enye kusinzia
drudgery, kazi ya kuchosha
drug, dawa
drum, ngoma
drunk, see drink
 be drunk, kulewa

drunkard, mlevi
drunkenness, ulevi
dry, -kavu; kukausha
dubious, -enye shaka
duck, bata(ma); kutumbukiza majini
due, ada; haki
 be due, kutazamiwa wakati fulani
due to, kwa sababu ya
dug, see dig
dull, -zito; -a utusitusi
dumb, bubu
dunce, mjinga
dung, mavi; samadi
dungeon, gereza chini ya ngome
duplicate, nakili; kunakili
duplicity, unafiki
durable, -a kudumu sana
duration, muda
during, wakati wa
dusk, giza la jioni
dust, vumbi; kupangusa
dustbin, pipa la kutia taka
duster, kitambaa cha kupangusia
dusty, -enye vumbi
duty, 1 wajibu; 2 ushuru
dutiful, -sikivu
dwarf, kibeti; mbilikimo
dwell (dwelt) kukaa
dwelling, makao
dwindle, kupungua
dye, rangi; kutia rangi
dynamite, baruti ya kupasulia mwamba
dynamo, mashine ya kufanyia stimu
dynasty, nasaba ya mfalme
dysentery, kuhara damu

E

each, kila moja
each other, wao kwa wao; -ana
eager, -enye bidii
eagerly, kwa moyo
eagerness, bidii
eagle, tai
ear (head) sikio(ma); (corn) suke-(ma)
early, mapema
earmark, kutengua kwa kazi fulani

earn, kuchuma kwa kazi
earnest, -enye moyo
earnings, uchumi
ear-ring, pete ya sikio
earshot, mfiko wa sauti
earth, dunia; ardhi
earthenware, vyombo vya udongo
earthly, -a kidunia
earthquake, tetemeko la nchi
ease, raha
easily, kwa urahisi
east, mashariki
easy, rahisi
Easter, Pasaka
eat (ate, eaten) kula
  be eatable, eaten, kulika, kuliwa
eatables, vyakula
eaves, upenu
eavesdrop, kudukiza
eavesdropper, mdukizi
ebb, kupwa
ebb tide, maji kupwa
ebony, mpingo
eccentric, -a namna ya peke yake
ecclesiastical, -a kanisa
echo, mwangwi
eclipse, kupatwa mwezi au jua
economical, -wekevu; -a kupunguza gharama
economics, elimu ya mapato na matumizi ya fedha
economize, kupunguza gharama
edge, ukingo(k); upindo(p)
edible, -a kuliwa
edict, amri
edify, kuadilisha
edifying, -enye mfano mwema
edit, kutengeneza tayari kupigwa chapa
editor, mtengenezaji
educate, kuelimisha
education, mafunzo
effect, tokeo(ma)
effective, efficacious, -a kufaa
effervesce, kutoa povu
efficiency, uwezo
efficient, -enye uwezo
effort, juhudi
  make an effort, kujitahidi
e.g., kwa mfano
egg, yai(ma)

eggshell, ganda la yai
ego, nafsi
egoism, huba ya nafsi
Egypt, Misri
eight, nane
eighteen, kumi na nane
eighty, themanini
either, au; ama
eject, kutoa kwa nguvu
elaborate, -enye matengenezo mengi
elapse, kupita
elastic, ugwe wa mpira; -a kunyumbuka
elbow, kiko cha mkono
elder, mzee
elect, kuchagua kwa kura
election, mchaguo
electric, -a stimu
electrician, fundi wa stimu
electricity, stimu
elegant, -a jamala
element, kitu cha asili
elementary, -a mwanzo
elephant, tembo; ndovu
elevate, kuinua
elevation, mwinuko; upandisho wa cheo
eleven, edashara; kumi na moja
eligible, -a kustahili
eliminate, kuondoa
elongate, kuongeza urefu
elope, kutoroka
eloquence, ufasaha; usemaji
else, -ingine; zaidi
elsewhere, pengine
elucidate, kufafanua
elucidation, ufafanuzi
elude, kuepuka; kupitia
elusive, -a kuponyoka
emaciated, -enye kukonda sana
emancipate, kuweka huru
emancipation, uhuru
embargo, makatazo
embark, kupakia melini
embarrass, kutahayarisha
embarrassment, haya
embassy, jumba la balozi
embellish, kupamba
embers, makaa ya moto
embezzle, kuiba fedha ulizokabidhiwa
embitter, kutia uchungu

emblem, alama
embrace, kukumbatia
embroider, kutarizi
embroidery, tarizi
embryo, chanzo cha kiumbe hai
emerge, kuzuka
emergency, tokeo la ghafula
emigrant, mhamaji
emigrate, kuhamia ugenini
emigration, uhamaji
eminence, ukuu
eminent, mashuhuri
eminently, sana
emit, kutoa
emotion, maono ya huzuni au furaha
emphasis, mkazo
emphasize, kukaza
emphatic, -a nguvu
empire, milki
employ, kuajiri
employee, mtu wa kazi
employer, bwana wa kazi
employment, kazi
empty, -tupu; kumwaga; kuondoa
emulate, kujaribu kuwa sawa au kupita
enable, kuwezesha
enact, kutoa amri
enamel, rangi ya mbao
encamp, kupiga kambi
enchant, kupendeza mno
enchanting, -enye mapendezi
enchantment, ulozi
encircle, kuzingira
enclose, kuzunguka kabisa
enclosure, kitalu
encompass, kuzunguka; kuzungusha
encounter, kukutana
encourage, encouragement, kutia moyo
encroach on, encroachment, kujiingiliza
end, 1 mwisho; 2 mradi
endanger, kuhatarisha
endear, kupendekeza
endeavour, juhudi; kujitahidi
endless, -a daima
endorse, kutia sahihi; kukubali
endorsement, sahihi; kibali
endowed with (be), kujaliwa
endue, kujalia

endurance, ustahimilivu
endure, 1 kustahimili; 2 kudumu
enduring, -a kudumu
enemy, adui(ma)
energetic, -tendaji
energy, nguvu
enervating, -a kupunguza nguvu
enforce, kutia nguvu
engage, kuajiri; kuahidi
be engaged, 1 kushughulika; 2 kuwa na mchumba
engagement, 1 shughuli; 2 uchumba
engine, mashine; injini
engineer, fundi wa mitambo
England, Uingereza
English (*people*) Waingereza; (*language*) Kiingereza
engrave, kuchora nakshi
enigma, fumbo la maneno
enjoy, kufurahia
enjoyable, -a kupendeza
enjoyment, furaha
enlarge, kuongeza ukubwa
enlargement, mkuzo
enlighten, kueleza
enlist, kuandika askari, wasaidizi, etc.
enliven, kuchangamsha
enmity, uadui
enormous, -kubwa mno
enough, -a kutosha
enrage, kukasirisha
enrich, kutajirisha; kusitawisha
enrol, kuandika katika orodha
enslave, kutia utumwani
ensue, kufuata
ensure, kuthibitisha
entangle, kutatanisha
enter, kuingia
enterprise, ujasiri; kazi maalum
entertain, 1 kufurahisha; 2 kufikiria
entertaining, -a kuchekesha
entertainment, tafrija
enthusiasm, shauku na bidii
enthusiastic, -a shauku
entice, kuvuta kwa werevu
enticement, mvuto
entire, -zima; -ote
entirely, kabisa
entitle, kustahilisha
be entitled to, kuruhusiwa

entrails, matumbo
entrance, *1* mlango; *2* kutekeleza
entreat, kusihi
entreaty, maombi
entrust, kukabidhi
entry, *1* mwingilio; *2* habari iliyoandikwa
enumerate, kutaja moja moja
envelop, kufunika
envelope, bahasha ya barua
enviable, -a kutamanika
envious, -enye wivu
environment, mazingira
envisage, kuwazia
envoy, mjumbe
envy, wivu
ephemeral, -a kupita upesi
epidemic, maradhi ya puku-puku
epilepsy, kifafa
equal, sawasawa
equality, usawa
equator, ikweta
equip, kupatia vifaa
equipment, vifaa maalum
equitable, -a haki
equivalent, sawasawa kwa tha-mani
era, zama maalum katika historia
eradicate, kung'oa kabisa
erase, kufuta
ere, kabla(ya)
erect, wima; kusimamisha
erosion, mmomonyoko wa ardhi
err, kukosa
errand, utume
erratic, -a kigeugeu
erroneous, -enye kosa
error, kosa(ma)
eruption (*volcano*) kutoa moto; (*disease*) kutoka upele
escalator, ngazi inayojiendea
escape, kivuko cha bahati; kuo-koka
escarpment, genge(ma)
escort, wafuasi; kufuatana na
especial, maalum
especially, hasa
espionage, ujasusi
essay, *1* nsha; *2* jaribio(ma); kujaribu
essence, asili ya kitu
essential, -a asili; -a lazima

establish, kuweka imara
estate, nyumba na shamba; manzili
esteem, heshima; kuheshimu
estimate, kisio(ma); kukisia
estrange, kufarakisha
etcetera (**etc.**) kadha wa kadha (kwk)
eternal, -a milele
eternity, umilele
etiquette, kawaida za adabu
etymology, asili ya maneno
Europe, Ulaya
European, Mzungu
evacuate, evacuation, kuondoa watu
evade, kuepuka
evangelist, mweneza injili
evaporate, evaporation, kuka-uka
evasive, -erevu
even, *1* sawasawa; *2* hata
even if, ijapo; hata ikiwa
evening, jioni
event, jambo(m); tukio(ma)
eventually, hatimaye
ever, wakati wo wote
for ever, sikuzote
everlasting, -a milele
every, kila
everybody, everyone, kila mtu
everything, kila kitu
everywhere, kila mahali
evict, eviction, kutoa kwa nguvu
evidence, ushahidi
evident, dhahiri
evil, uovu; -ovu
evince, kuonyesha
evolution, maendeleo yenye ma-geuzi
exact, exactly, barabara
exact, exaction, kutoza
exactitude, usahihi
exaggerate, exaggeration, kutia chumvi
exalt, kukuza
exaltation, utukufu
examination, mtihani; ukaguzi
examine, kupima
example, mfano
exasperate, kukera
exasperation, hasira
excavate, kuchimbua

excavation, chimbo(ma)
exceed, kuzidi
exceedingly, mno
excel, kuwa bora
excellence, ubora
excellent, bora
except, kutotia; ila
exception, jambo la peke yake
take exception to, kutokubali
exceptional, -a peke yake
excess, wingi kupita kiasi
excessive, kupita kiasi
exchange, kubadilishana
in exchange, badala ya
exchequer, hazina ya serkali
excitable, -a haraka
be excited, kutaharuki
excitement, machachari
exclaim, exclamation, kupaaza
sauti
exclude, exclusion, kufungia nje;
kukataa
excommunicate, kuharimisha
excreta, take za mwili
excrutiating, -a kuumiza mno
excursion, matembezi ugenini
excuse, udhuru; kuudhuru
excuse me, Niwie radhi
execute, execution, 1 kufisha;
kunyonga; 2 kutimiliza; utimizo
exemplary, -ema sana
exempt, kuruhusu
exemption, ruhusa ya kutofanya
exercise, mazoezi; kuzoeza
exertion, juhudi
exhaust, kuchosha
be exhausted, kuchoka kabisa
exhaustive, -kamilifu
exhibit, kitu cha kuonyeshwa;
kuonyesha
exhibition, onyeshano(ma)
exhilarating, -a kuchangamsha
exhort, kuonya
exhortation, maonyo
exile, kuhamisha ugenini
exist, kuwako
existence, maisha
exit, njia ya kutoka
exonerate, kuondoa katika la-
wama
exorbitant, -kubwa kupita kiasi
exorcize, kupunga pepo
expand, kutanua; kuongeza

expanse, eneo(ma)
expansion, mtanuo; maongezi
expect, kutazamia
be expected, kutazamiwa
expectation, tumaini(ma)
expectorate, kutema mate
expedient, -a kufaa
expedite, kuhimiza
expedition, safari
expeditious, upesi
expel, kufukuza
expend, kutumia
expenditure, gharama
expensive, ghali
experience, 1 ujuzi; 2 kupatwa
na
experiment, jaribio(ma)
expert, farisi
expire, kuisha; kufa; kutoa pumzi
explain, kueleza
explanation, maelezo
explicit, dhahiri
explode, explosion, kulipuka
exploit, 1 tendo la ujasiri; 2
kufaidi; kutumia kwa choyo
exploration, uvumbuzi
explore, kuvumbua
export, kupeleka nchi nyingine
exports, bidhaa zinazotoka
expose, exposure, kuweka wazi
express, 1 kusema; 2 mbio
expression, 1 usemi; 2 sura
expulsion, kutolewa
expunge, kufuta kabisa
exquisite, -zuri sana
be extant, kuwapo hata leo
extend, kuenea; kueneza
extensive, -kubwa
extent, eneo(ma)
extenuating, -a kupunguza kosa
exterior, upande wa nje
exterminate, kukomesha kabisa
external, -a nje
extinct (be), kutokuwapo sasa
extinguish, kuzima
extirpate, kung'oa kabisa
extol, kusifu
extort, extortion, kutoza kwa
nguvu
extortionate, -isiyo haki
extra, zaidi
extract, sehemu iliyotolewa; ku-
toa

extraordinary, -a ajabu
extravagance, upotevu wa mali
extravagant, -potevu
extreme, kupita kadiri
extremely, mno
extricate, kutoa katika matata
exude, kupapa maji
exult, kushangilia
exultation, mashangilio
eye, jicho(ma)
eyelash, eyelid, ukope(k)
eye-witness,   shahidi   aliyeona
   mwenyewe

F

fable, hadithi fupi
fabric, nguo
fabrication, uongo
fabulous, -a ajabu
face, uso(ny), sura; kukabili
facilitate, kufanya rahisi
facility, urahisi
facsimile, mwigo sawasawa
fact, jambo la hakika
   in fact, kwa kweli
faction, farakano(ma)
factious, -fitini
factory, kiwanda; karakana
faculty, uwezo
fad, uteuzi
fade, kufifia, kuchujuka
fadeless, isiyochujuka
fail, failure, kukosa, kushindwa
faint, 1 kuzimia; 2 isiyoonekana
   vema
faintly, kidogo
fair, 1 -eupe; 2 -a haki; 3 ramsa
fairly, 1 bila upendeleo; 2 sana
   kidogo
fairy, kizimwi
faith, imani
faithful, -aminifu
faithfulness, uaminifu
faithless, -danganyifu
fake, kitu cha uongo; kuigiza
fall (fell, fallen) kuanguka
fallow, shamba linalopumzika
false, -a uongo
falsehood, uongo
falsify, kugeuza kwa uongo
falter, kusitasita
fame, sifa

familiar, -a kujulikana sana
familiarity, uzoevu
family, jamaa
famine, njaa kuu
famous, mashuhuri
fan, kipepeo; kupepea
fanatic, mshupavu
fanatical, -shupavu
fancy, kuwaza; kupenda; uwazo,
   mapendezi
fantastic, -a ajabu
far, mbali
   by far, zaidi sana
farce, uigaji wa kuchekesha
fare, 1 nauli; 2 chakula
farewell, kwa heri
farm, shamba la mfugaji
farmer, mfugaji
farther, mbali zaidi
fascinating, -a kuvuta sana
fascination, mvuto
fashion, namna
fashionable, -a siku hizi
fast, 1 upesi; 2 kufunga chakula
fasten, kufunga
fastidious, -chaguzi
fat, mafuta; (people) -nene (ani-
   mals) -nono
   get fat, kunenepa, kunona
fatal, -a mauti
fatality, mauti; ajali
fate, ajali
father, baba
father-in-law, mkwe
fatigue, uchovu
fatten, kunonesha
fault, kosa(ma), hitilafu
faultless, bila hitilafu
faulty, -enye hitilafu
favour, kibali, upendeleo; kupe-
   ndelea
favourable, -a heri
favourite, kipenzi; -a kupendeza
fawn, mtoto wa paa; rangi ya paa
fear, woga; kuogopa
fearful, -a kutisha
fearless, -jasiri
feasible, -a kuwezekana
feast, karamu
feat, tendo la ujasiri
feather, nyoya(ma)
feature, jambo la kuvuta macho
federation, shirikisho(ma)

fee, ada
feeble, dhaifu
feed (fed), kulisha
  be fed, kulishwa
feel (felt) *1* kuona moyoni; *2* kupapasa
feelings, maono
feign, kujisingizia
fell, *see* fall
fellow, mtu, mwenzi
fellow-creature, kiumbe mwenzake
fellowship, ushirika
felt, *1 see* feel; *2* kitambaa kizito
female, feminine, -a kike
fence, ua(ny)
ferment, fermentation, kuchachuka
ferocious, -kali sana
ferry, chombo cha kuvushia
fertile, -enye rutuba
fertilizer, mbolea
fervent, -enye moyo
fervently, kwa moyo
fervour, bidii
festival, sikukuu
fetch, kuleta
fête, ramsa
fetters, pingu
feud, uadui
fever, homa
few, -chache
fiancé(e), mchumba
fibre, ukumbi, ukonge
fibrous, -a nyuzinyuzi
fickle, -a kigeugeu
fiction, hadithi tu
fidget, kutotulia
field, shamba(ma)
fierce, -kali
fifteen, kumi na tano
fifty, hamsini
fig (*tree*) mtini; (*fruit*) tini
fight (fought) pigano(ma); kupigana
figuratively, kwa mfano
figure, *1* tarakimu; *2* sura
file, *1* safu; *2* tupa; *3* kiweko cha barua
fill, kujaza
film, utando(t)
filter, chujio; kuchuja
filth, uchafu

filthy, -chafu
fin, pezi la samaki
final, -a mwisho
finally, mwishoni
finance, mambo ya fedha
financial, -a fedha
find (found), kutafuta na kuona
findings, maamuzi
fine, *1* faini; kutoza fedha; *2* -zuri
finery, umalidadi
finger, kidole cha mkono
finis, tamati
finish, kumaliza
  be finished, kuisha; kumalizika
fire, moto
firefly, kimulimuli
fireproof, -a kutoshika moto
firestones, mafiga
firewood, kuni
fireworks, fataki
firm, *1* imara; *2* kampuni
  make firm, kuimarisha
first, -a kwanza
  at first, kwanza
firstfruits, malimbuko
firstrate, bora kabisa
fish, samaki(ma); kuvua
fisherman, mvuvi
fish-hook, ndoana
fishing, uvuvi
fishmonger, mwuza samaki
fist, ngumi
fit, *1* kufaa; *2* kuenea sawasawa; *2* kifafa;
  feel fit, kuwa na afya
fits and starts, mara kushika mara kuacha
five, tano
fix, kukaza
  in a fix, mashakani
fixed, imara
flabby (*people*) -tepetevu; (*things*) teketeke
flag, *1* bendera; *2* kulegea
flagrant, -enye ubaya dhahiri
flagstaff, mlingoti
flakes, vipande vidogo vyepesi
flame, ulimi(nd) wa moto
flank, ubavu(mb)
flap, kupapatika; kutikisa
flare up, kulipuka
flash, kumulika ghafula
flask, chupa

flat, -pana; dufu; orofa ya nyumba
flatter, kurairai
flavour, ladha; kukoleza
flaw, ila
flawless, kamili
flea, kiroboto
flee (fled) kukimbia
fleet, *1* upesi; *2* kundi la manowari
fleeting, -a kupita upesi
flesh, nyama
flew, *see* fly
flex, ugwe wa taa za stimu
flexible, -a kunama
flight, mruko hewani
  put to flight, kukimbiza
flimsy, hafifu
flinch, kuepa
fling, kutupa kwa nguvu
flint, jiwe gumu
float, kuelea
flock, kundi(ma)
flock together, kukusanyika
flog, kupiga
flogging, mapigo
flood, gharika; kufurika
floor, sakafu ya chini
florin, sarafu ya shilingi mbili
flour, unga
flourish, kusitawi
flow, mkondo wa maji; kutiririka
flower, ua(ma)
flown, *see* fly
fluctuate, kupanda na kushuka
fluctuation, mageuzi
fluency, usemaji
fluent, -semaji
fluid, -a kumiminika
flurry, fluster, wasiwasi
  be flurried, kuona wasiwasi
flush, kupitisha maji
flute, filimbi
flutter, kupapatika
fly, inzi(ma)
fly (flew, flown) kuruka hewani
foal, mwana farasi
foam, povu; kutoa povu
focus, kukaza macho au fikira
fodder, chakula cha mifugo
foe, adui(ma)
fog, ukungu mzito
foggy, -enye ukungu
foil, jaribosi; kupinga
fold, kikunjo; kukunja

foliage, majani ya miti
folk, watu
folklore, masimulizi ya wenyeji
follow, kufuata
follower, mfuasi
folly, ujinga
foment, kuchochea
fomentation, josho la moto
fond of (be), kupenda
fondness, mapenzi
food, chakula
fool, mjinga
foolish, -jinga
foolproof, salama kabisa
foot (feet) mguu; futi;
  at the foot of, chini ya
football, mpira
foothold, pa kuwekea mguu
footpath, njia ndogo
footprint, wayo(ny)
footstep, hatua
footwear, viatu
for, kwa; kwa kuwa; muda wa
forbearance, uvumilivu
forbid, kukataza
forbidden, marufuku
force, nguvu, kushurutisha
forcible, -enye nguvu
forcibly, kwa nguvu
ford, kivuko; kuvuka kwa miguu
fore, mbele
forebode, kubashiri ubaya
forecast, kukisia mbele
forefathers, wakale
foregoing, yaliyotangulia
forehead, paji la uso
foreign, -a kigeni
foreigner, mgeni
foreman, msimamizi
foremost, -a mbele
foresee, kutazamia mbele
foreshadow, kuonya mbele
foresight, busara
forest, mwitu
forestall, kuwahi kupinga
forestry, elimu ya miti
forethought, busara
forewarn, kuonya mapema
forfeit, kutwaliwa
forgave, *see* forgive
forge, *1* kiwanja cha mhunzi;
  kufua chuma; *2* kubini
forger, mbini

forgery, ubini
forget (forgot, forgotten) kusa-
  hau
forgetful, -sahaulifu
forgive, kusamehe
forgiveness, masamaha
forgiving, -samehevu
forgo, kuacha
forgotten (be), kusahauliwa
fork, uma
forlorn, pweke
form, *1* umbo; namna; *2* hati
formal, -a kawaida ipasayo
formality, kawaida ipasayo
formation, matengenezo
former, -a kutangulia
formerly, zamani
formidable, -a kutisha
fornication, uasherati
forsake (forsook, forsaken) ku-
  acha
forthcoming, tayari kutokea
forthwith, mara
fort, fortress, ngome
fortify, kuongeza nguvu
fortitude, uvumilivu wa mateso
fortnight, majuma mawili
fortunate, -a heri
fortunately, kwa bahati njema
fortune, mali nyingi; good for-
  tune, bahati njema
forty, arobaini
forward(s), mbele
foster-mother, mama mlezi
fought, see fight
foul, -chafu; -ovu
found, *1* see find; *2* kuanzisha
  be found, kuonekana
foundation, msingi
founder, mwenye kuanzisha
foundry, kiwanda cha kusubu
  madini
fount, chemchemi, asili
fountain, bomba la kurushia maji
  juu
fountain-pen, kalamu yenye wi-
  no
four, nne
fourteen, kumi na nne
fowl, kuku
fox, mbweha
fraction, sehemu
fracture, kuvunja

fragile, dhaifu; -a kuvunjika
  upesi
fragment, kipande kidogo
fragrance, harufu tamu
fragrant, -enye harufu nzuri
frail, dhaifu
frame, kiunzi
franchise, uhuru; haki ya kucha-
  gua kwa kura
frank, -a kusema kweli
frankly, kwa kweli
frantic, kama mwenye wazimu
fraternize, kufanya urafiki
fraud, udanganyifu
fraudulent, -danganyifu
freak, kioja
free, *1* huru; *2* bure
freedom, uhuru
freely, bila sharti; tele
freewill, hiari
freeze (froze, frozen), kuganda
  kwa baridi
freight, shehena
freighter, meli ya bidhaa
French, Wafaransa; Kifaransa
frequent, mara nyingi
frequently, mara kwa mara
fresh, *1* -bichi; *2* -a siku hizi
fretful (be), kunung'unika
friction, mkwaruzo; ubishi
Friday, Ijumaa
friend, rafiki(ma)
friendly, -a kirafiki
friendship, urafiki
fright, tisho(ma)
frighten, kuogofya
frightful, -a kutisha
fringe, matamvua; ukingo
frisky, -a kuchezacheza
frivolous, pasipo maana
frock, gauni(ma)
frog, chura
from, kutoka kwa
front, upande wa mbele
  in front, mbele
frontier, mpaka
frontispiece, picha mwanzo wa
  kitabu
frost, sakitu
froth, povu
frown, kukunja uso
frozen, see freeze
fruit, matunda, mazao

fruitful, -a kuzaa sana
fruitless, bure
frustrate, kupinga
frustration, pingamizi(ma)
fry, kukaanga
frying-pan, kikaango
fuel, kuni, makaa
fugitive, mtoro
fulfil, kutimiza
fulfilment, utimizo
full (be), kujaa
fully, kabisa
fumes, moshi, mvuke mweusi
fumigate, kufukiza
function, 1 kazi maalum; 2 mkutano maalum
fun, furaha
fund, akiba ya fedha
fundamental, -a msingi
funeral, maziko
fungus, uyoga
funnel, mrija
funny, -a kuchekesha
fur, ngozi laini ya manyoya
furious, -enye hasira nyingi
furnace, tanuu
furnish, kupamba nyumba
furniture, vyombo vya nyumbani
furrow, mfuo
further, 1 mbele zaidi; 2 juu ya hayo
fury, hasira kali
fuse, fyuzi ya stimu
fuss, udhia; kujisumbua bure
futile, bure
futility, ubatili
future, wakati ujao

G

gabble, kupayuka
gadget, kitu cha utumizi
gag, kuziba kinywa
gaiety, ukunjufu
gain, faida; kupata faida
gale, upepo mwingi
gall, nyongo
gallant, -shujaa
gallantry, ushujaa
gallery, jumba refu; roshani
gallop, kwenda mbio
gamble, gambling, kuchezea fedha

game, mchezo; mawindo
gang, watu wafanyao kazi pamoja
gaol, gereza, kifungo
gaoler, mlinzi wa gereza
gap, mwanya, nafasi
garage, banda la motokaa
garb, mavazi
garden, bustani
gardener, mtunza bustani
gargle, kusukutua kooni
garland, taji ya maua
garment, nguo, vazi(ma)
garrison, askari walinzi
garrulous, -enye maneno mengi
garter, ukanda wa kuzuia soksi
gas, mvuke kama hewa
gash, kukata, kutema
gasp, kutweta
gate, mlango wa nje
gather, kukusanya; kuchuma
gathering, mkutano
gauge, kipimio
gaunt, -gofu
gave, see **give**
gay, -kunjufu
gaze, kukazia macho
gazelle, paa
gear, 1 vyombo; 2 mtambo wa motakaa, etc.
gem, johari
genealogy, nasaba
general, 1 -a watu wote; 2 -a kawaida; 3 mkuu wa jeshi
generalization, kisio(ma)
generally, kwa kawaida
generation, kizazi
generosity, ukarimu
generous, -karimu
genial, -changamfu
genius, mwenye akili maalum
gentle, -pole
gentleman, mwungwana
gently, kwa upole
genuine, asilia, halisi
geography, jiografia
geology, elimu ya mawe
germ, 1 kijidudu cha ugonjwa; 2 chanzo
German, Mjeremani; Kidachi
germinate, kuchipuka
gesticulate, kuashiria
gesticulation, gesture, ishara

get, kupata; kupata kuwa
get up, *1* kusimama; *2* kuondoka kitandani
ghastly, -baya
ghee, samli
ghost, *1* roho; *2* kizuka
giant, jitu(ma)
giddiness, kizunguzungu
giddy, -enye kizunguzungu
gift, zawadi; majaliwa
gifted, -enye majaliwa
gigantic, -kubwa mno
gilt, gilded, -a kupakwa dhahabu
gin, mvinyo
ginger, tangawizi
gingerly, kwa hadhari
giraffe, twiga
girder, mhimili
girdle, mshipi
girl, mtoto wa kike
give (gave, given) kupa, kutoa
give back, kurudisha
give in, kushindwa
giver, mpaji
glad (be), kufurahi
gladden, kufurahisha
gladly, kwa furaha
gladness, furaha
glance, kutupa jicho
glare, *1* kukodolea macho; *2* kung'ariza
glaring, -a kung'ariza; dhahiri
glass, kioo; bilauri
gleam, kumulika
glean, kuokota masazo shambani
glee, furaha
glide, kunyinyirika
glider, eropleni bila mashine
glimmer, mwangaza hafifu
glimpse, kuona kidogo tu
glisten, glitter, kumetameta
globe, tufe yenye sura ya dunia
gloomy, -a giza
glorify, kutukuza
glorious, -tukufu
glory, utukufu
glossy, -a kung'aa
glove, mfuko wa mkono
glow, mwangaza wa moto
glue, sherizi
glut, wingi wa kupita kiasi
glutton, mlafi
gluttonous, -lafi

gnash, kusaga meno
gnat, mbu mdogo
gnaw, kuguguna
go (went, gone) kuenda
have a go, kujaribu
go in for, kujitia katika
go off well, kusitawi
goal, *1* kikomo; mradi; *2* (*football*) mlango; bao(ma)
goat, mbuzi
God, Mungu; Allah
godchild, mtoto kwa ubatizo
godfather/mother, mdhamini
godly, -tawa
gold, dhahabu
golden, rangi ya dhahabu
gone, *see* go
gong, upatu(p)
gonorrhoea, kisonono
good, hali njema; -ema
for good, kabisa
a good deal, wingi kidogo
in good time, mapema
goodbye, kwa heri
goodness, wema
good-looking, -zuri
good-natured, -enye hisani
good-will, ridhaa
goods, vyombo; bidhaa
goods train, gari la mizigo
goose (geese) bata bukini
gorge, *1* genge(ma); *2* kula kwa pupa
gorgeous, -zuri sana
Gospel, Injili
gossip, porojo(ma)
gourd, buyu(ma)
gourmand, gourmet, mpenda chakula kizuri
govern, kutawala
government, serkali
gown, gauni
grab, kunyakua
grace, *1* neema; *2* sala penye chakula; *3* madaha
graceful, -enye madaha
gracious, -enye hisani
grade, chéo
gradient, kipimo cha mwinuko
gradual, gradually, kidogo kidogo
graduate, kupata digrii; mtu aliyepata digrii

grain, nafaka

grammar, sarufi

gramophone, santuri

granary, ghala ya nafaka

grand, -a fahari; bora

grandchild, mjukuu

grandeur, fahari

grandfather, babu

grandmother, bibi

grant, _1_ kujalia; _2_ kipaji cha fedha

granulated, -a chembechembe

grapes, zabibu

graph, kielelezo kwa mistari

grapple with, kushikana na

grasp, _1_ kufumbata; _2_ kufahamu

grasping, -enye choyo

grass, majani, nyasi

grasshopper, panzi(ma)

grate, kuparuza

grateful, -enye shukrani

gratis, bure

gratitude, shukrani

gratuity, bakshishi

grave, _1_ kaburi(ma); _2_ -kubwa, -zito

gravel, changarawe

graveyard, makaburini

gravitate, kuvutwa

gravitation, uvutano

gravity, uzito; uvutano

gravy, mchuzi

graze, _1_ kuparuza, kuchubua; _2_ kula majani

grazing, malisho

grease, mafuta

greasy, -enye mafuta

great, -kubwa, -kuu

greatly, sana

greed, ulafi

greedily, kwa pupa

greedy, -lafi

Greek, Mgiriki; Myunani

green, kijani kibichi

greengrocer, mwuza mboga na matunda

greens, mboga ya majani

greet, kusalimu

greetings, maamkizi; salamu

grew, _see_ **grow**

grey, kijivu

grief, huzuni

grievance, uchungu

grieve, kuhuzunika; kuhuzunisha

grievous, -a kusikitikia

grill, kuchoma nyama; banzi(ma)

grim, bila furaha

grin, kucheka

grind (ground) kusaga

grip, kushika sana

grit, mchanga

gritty, -a kukwaruza

groan, kuugua

grocer, mwuza vyakula

groceries, vyakula

groove, mfuo

grope, kupapasapapasa

gross, _1_ jumla; _2_ dazani 12

grotesque, -a kuchekesha

ground, _1_ _see_ **grind**; _2_ ardhi, chini

groundless, pasipo sababu

groundnuts, njugu; karanga

grounds, _1_ sababu; _2_ mashapo

groundwork, msingi

group, kundi(ma)

grouse, kunung'unika

grove, kichaka

grow (grew, grown) kukua; kuota; kumea

growl, kunguruma

growth, maendeleo; kukua

grub, _1_ buu(ma); _2_ chakula

grudge, fundo la moyo; kutoa kwa kinyongo

grudgingly, kwa kinyongo

gruel, uji

grumble, kunung'unika

grunt, kukoroma

guarantee, dhamana; kudhamini

guard, mlinzi; kulinda

guess, kisio(ma); kukisi

guest, mgeni wa nyumbani

guidance, maongozi

guide, kiongozi

guild, chama

guilt, hatia

guilty, -enye hatia

guinea, shilingi 21

guinea-fowl, kanga

guitar, gitaa

gulf, ghuba

gulp, kugugumia

gum, _1_ gundi; _2_ ufizi(f) wa meno

gun, bunduki

gunpowder, baruti
gush, kububujika
gust, upepo wa ghafula
gutter, mchirizi
gymnastics, mazoezi ya mwili

H

habit, mazoea
habitable, -a kukaliwa na watu
habitation, maskani; makao
habitual, -a kawaida
hack, kukatakata
had, see have
hail, 1 kupiga kelele; kusalimu;
 2 mvua ya mawe
hair, nywele
half (halves) nusu
hall, chumba kikubwa
hallucination, mazigazi
halo, uzingo
halt, kutua; kusimamisha
halve, kukata nusu kwa nusu
hammer, nyundo
hammock, machila
hamper, jamanda(ma)
hand, mkono
handbag, mkoba
handful, konzi(ma)
handicap, kizuizi
handicraft, kazi ya mikono
handkerchief, kitambaa; anka-
 chifi
handle, mpini; shikio(ma); mkono
handsome, -zuri
handwriting, hati ya mkono
handy, -a kufaa
hang (hung) kutungika
 be hanged, kunyongwa
hang round, kulondea
hangar, banda la eropleni
haphazard, ovyo-ovyo
happen, kutukia
happiness, heri, furaha
happy, -a furaha
harangue, hotuba ndefu
harass, kuudhi
harbour, bandari
hard, -gumu
harden, kufanya -gumu
hardhearted, bila huruma
hardly, kwa shida
hardness, ugumu

hardship, taabu
hard-up (be), kuishiwa na fedha
hardy, -enye nguvu
hare, sungura
harlot, kahaba(ma)
harm, madhara; kudhuru
harmful, -a kudhuru
harmless, bila hatari
harmonious, -enye ulinganifu
harmony, upatano; mchanga-
 nyiko wa sauti
harness, matandiko
harp, kinubi
harp upon, kurudiarudia
harrow, haro; kulima kwa haro
harsh, -kali
harshness, ukali
harvest, mavuno
has, see have
haste, haraka
hasten, kuhimiza; kufanya ha-
 raka
hastily, kwa haraka
hasty, -a haraka
hat, kofia
hatch, kuangua mayai
hatchet, shoka(ma)
hate, chuki; kuchukia
hateful, -a kuchukiza
hatred, chuki
haughty, -a kutakabari
haul, kukokota; vuo la samaki
haunt, kurudiarudia
have (has, had) kuwa na
have to, kupaswa
having, -enye
havoc, uharibifu mwingi
hawk, mwewe
hay, majani makavu
hazard, 1 bahati; kubahatisha;
 2 hatari; kuhatarisha
hazardous, -a hatari
haze, unyenyezi; ukungu
hazy, si dhahiri
he, yeye
head, kichwa; mkuu
headache, maumivu ya kichwa
headland, rasi
headlong, kwa haraka mno
headmaster, mwalimu mkubwa
head-on, dafurao
headquarters, afisi kuu
headstrong, -kaidi

headway, maendeleo
heal, kupona; kuponya
health, healthiness, afya
healthy, -enye afya
heap, chungu; biwi(ma)
hear, hearing, kusikia
hearsay, uvumi
heart, moyo
hearth, jiko(meko)
heartily, kwa moyo
heartless, bila huruma
heartrending, -a kuhuzunisha sana
hearty, -a kirafiki
heat, joto, moto; kupasha moto
heath, pori
heave, kuinua kwa nguvu
heaven, mbinguni; peponi
heavenly, -a mbinguni; -zuri sana
heavy, -zito
heckle, kuudhi kwa maswali
hedge, kitalu cha miti mifupi
hedgehog, nungu mdogo
heed, kuangalia; kujali
heedless, -zembe
heel, kisigino cha mguu
heifer, mtamba wa ng'ombe
height, kimo
heighten, kuongeza
heir, heiress, mrithi
held, see **hold**
  be **held,** kushikwa
Hell, Jehanum
helm, usukani
helmet, kofia ya chuma
helmsman, rubani
help, msaada; kusaidia
helpful, -a kusaidia
helpless, hoi
hem, upindo; kupinda
hemisphere, kizio
hemp, bangi
hen, kuku
hence, 1 kwa hiyo; 2 toka hapa
henceforth, tangu sasa
her, yeye; -ake
herbs, mboga za kukolezea chakula
herd, kundi(ma); kuchunga ng'ombe
herdsman, mchungaji
here, hapa, huku, humu

hereafter, baadaye
hereditary, -a kurithiwa
heredity, ufananaji wa mtoto na wazazi wake
heresy, uzushi
heritage, urithi
hermit, mkaa pekee
hero, heroine, shujaa
heroic, -a kishujaa
heroism, ushujaa
herself, yeye mwenyewe
hesitate, hesitation, kusitasita
hew, kukata, kutema
hibernate, kupisha wakati wa baridi kwa usingizi
hide (hid, hidden) kuficha; kujificha
hide, ngozi ya mnyama
hideous, -enye sura ya kuchukiza
high, 1 -refu; 2 -kuu
highland, nchi ya juu
highly, sana
highroad, barabara
hike, kusafiri kwa miguu
hill, mlima; kilima
hilly, -a vilima
hilt, mpini wa sime
  up to the **hilt,** kabisa
him, himself, yeye
hinder, kuzuia
hindrance, kizuizi
hinge, pata(ma); njesi
hint, dokezo(ma); kudokeza
hip, nyonga
hippopotamus, kiboko
hire, kuajiri; kupanga
hire (*wages*) ujira; (*rent*) upangaji
hire-purchase, kuchukua kwa deni
his, -ake
hiss, kulia kama nyoka
history, historia
hit, kupiga
  hit it off, kupatana
hitch, kizuio
hitherto, mpaka sasa
hive, mzinga wa nyuki
hoard, akiba; kuweka akiba
hoarse (be), kupwewa sauti
hoary, -a kale; -enye mvi
hoax, mzaha; kudanganya kwa mzaha
hobby, kazi ya kujifurahisha

hoe, jembe(ma); kupalia

hog, nguruwe dume

hoist, kuinua, kupandisha

hold (held) kushika

hold off, hold up, kupinga

hold together, kushikamana

hold (*ship*) ngama

hole, tundu; shimo(ma)

holiday, ruhusa; likizo

holiness, utakatifu

hollow, wazi ndani; bonde(ma)

hollow out, kukomba

holy, -takatifu

home, at home, kwetu; nyumbani

homeless, msikwao

homesick, hamu ya kwao

homicide, kuua mtu

honest, -nyofu

honestly, kwa kweli

honesty, uaminifu

honey, asali ya nyuki

honeycomb, sega la asali

honeymoon, fungate ya maarusi

honorary, -a heshima tu, bila mshahara

honour, heshima

honourable, *1* mheshimiwa; *2* -nyofu

hoof, ukwato(k)

hook, kulabu

hookworm, chango za safura

hop, kurukaruka kama ndege

hope, matumaini; kutumaini

hopeful, -enye matumaini

hopeless, bila tumaini

horde, msongano

horizon, upeo wa macho

horn, pembe; honi

hornet, nyigu

horrible, -a kuchukiza

horrify, kutisha

horror, hofu kuu

horse, farasi

horticulture, kilimo cha matunda

hose, *1* soksi; *2* bomba la kurushia maji

hospitable, -teremeshi; -karimu

hospital, hospitali

hospitality, ukarimu

host, hostess, mwenye kupokea wageni nyumbani

host, jeshi(ma); wingi

hostage, mtu achukuliwaye amana

hostel, nyumba ya wageni

hostile, -enye uadui

hostility, uadui

hot, -a moto

hotel, hoteli

hound, mbwa

hour, saa

hourly, kila saa

house, nyumba

household, watu wa nyumbani

housekeeper, mtunza nyumba

hovel, kibanda kibovu

hover, kusinzia hewani

how?, jinsi gani? -je?

however, walakini, kwa vyo vyote

howl, kulalamika (*mbwa*)

huff, chuki

hug, kukumbatia

huge, -kubwa mno

hull, kiunzi cha meli

hum, uvumi; kuvuma

human, -a kibinadamu

humane, -enye huruma

humanity, *1* utu; *2* huruma

humble, -nyenyekevu; -nyonge

humbly, kwa unyenyekevu

humbug, mjanja; ujanja

humid, -nyevu

humidity, unyevu

humiliate, kudhili

humiliation, udhilifu

humility, unyenyekevu

humorous, -a kuchekesha

hump, kigongo; nundu

hump (hunch) back, kibiongo

humus, rutuba

hundred, mia

hundredfold, mara mia

hundredweight, ratli 112

hung, *see* hang

hunger, njaa

hungry, -enye njaa

hunt, kuwinda

hunt for, kutafuta

hunter, mwindaji

hurl, kuvurumisha

hurricane, tufani

hurry, haraka; kufanya haraka; kuhimiza

hurt, kuuma; kuumiza

hurtful, -enye hasara
husband, mume
hush, kimya
hush up, kusetiri
husks, kapi
husky, -enye sauti ya kupwewa
hustle, kusukumiza
hut, kibanda
hutch, kizimba
hyena, fisi
hygiene, elimu ya afya
hymn, wimbo(ny) wa dini
hyphen, kiungo
hypocrisy, unafiki
hypocrite, mnafiki
hypothesis, kisio(ma)
hysteria, ugonjwa wa akili
hysterical (be), kutoweza kujizuia

I

I, mimi
ice, barafu
iceberg, mwamba wa barafu baharini
idea, wazo(ma)
ideal, kipeo cha ubora; -kamilifu
identical, sawasawa kabisa
identification, utambulishi
identify, kuainisha; kuthibitisha
idiomatic, -enye ufasaha wa kienyeji
idiot, juha(ma)
idiotic, -a upuzi
idle, -vivu
idleness, uvivu
idol, sanamu ya kuabudiwa
idolatry, ibada ya sanamu
idolize, kupenda mno
i.e., yaani
if, kama; ikiwa
ignite, kushika moto; kuwasha
ignorance, be ignorant, kutojua
ignore, kutoangalia
ill (be), kuwa mgonjwa; kuugua
illegal, kinyume cha sheria
illegible (be), kutosomeka
illegitimate, *1* -a haramu; *2* si kanuni
illicit, marufuku
illiterate (be), kutojua kusoma
ill-natured, -korofi
illness, ugonjwa

illuminate, kuangaza
illumination, mwangaza
illusion, wazo lisilo kweli
illustrate, kueleza kwa mifano au picha
illustration, mfano; picha
ill-will, husuda
image, mfano; picha ya mawazoni
imaginary, -a kuwazika tu
imagination, uwazo
imagine, kuwazia
imitate, kufuatisha; kuiga
imitation, mwigo
immaculate, safi kabisa
immaterial, si kitu
immature, -changa
immediate, -a mara moja
immediately, papa hapa
immense, -kubwa sana
immerse, immersion, kuchovya; kuzamisha
immigrant, mhamiaji
immigration, uhamiaji
imminent, -a karibu sana
immoderate, bila kiasi
immoral, -enye tabia mbaya
immortal, -a kuishi milele
immovable, imara
immune (be), kutoweza kudhurika
immunity, salama
impart, kushirikisha
impartial, bila upendeleo
impartiality, unyofu
impassable (be), kutopitika
impatience, pupa
impatient, -enye haraka
impede, kuzuia
impediment, kizuizi
impel, kusukumiza
impending, -a karibu sana
impenetrable, *i*siyopenyeka
impenitent, bila toba
imperative, -a lazima
imperceptible, -dogo sana
imperfect, -enye ila
imperfection, ila
impertinent, -enye ujuvi
impervious (be), kutopenyeka
impetuous, -a haraka
implement, chombo cha kazi; kufikiliza

implicate, kutia hatiani

implore, kuomba sana

imply, kufahamisha bila kutaja sawasawa

import, kuingiza bidhaa katika nchi

importance, maana

important, muhimu

imports, bidhaa zinazoingia

impose, kuamuru

impose on, kuhadaa

imposing, -a kuvuta macho

impossibility, jambo lisilowezekana

impossible (be), kutowezekana

impostor, ayari

imposture, ulaghai

impotent, pasipo nguvu

impoverish, kufukarisha

impracticable, *isiyo*wezekana

impregnable, *isiyo*shindika

impress, kutia moyoni, kutia alama

impression, *1* chapa, alama; *2* maono

impressive, -enye maana

imprison, kufunga

improbable, si yamkini

improve, kukuza hali

improvement, maendeleo mazuri

improvident, si wekevu

imprudent, -enye kukosa busara

impudence, ujuvi

impudent, -juvi

impulse, usukumizi

impulsive, -enye haraka

impure, si safi

impurity, uchafu; unajisi

For prefix in *see page* 82

inability, kutoweza

inaccessible, pasipofikika; *isiyo*fikika

inaccurate, si sahihi

inactive, kimya; -legevu

inadequate, pungufu

inadmissible, *isiyo*kubalika

inanimate, pasipo uhai

inapplicable (be), kutokupasa

inattention, purukushani

be inattentive, kupurukusha sikio

inaudible (be), kutosikika

inaugurate, kufungua; kuzindua

incalculable, *isiyo*pimika; kubwa mno

incapable (be), kutoweza

incarnation, kutwaa mwili

incendiary, -a kuchoma moto

incense, uvumba; kukasirisha

incentive, kishawishi

inception, mwanzo

incessant, bila kikomo

incest, zinaa ya maharimu

inch, inchi

incident, tukio(ma)

incidental, -a bahati tu

incinerator, jiko la kuchoma takataka

incipient, *ina*yoanza

incise, incision, kukata

incite, incitement, kuchochea

inclination, *1* maelekeo; *2* mwinamo

be inclined to, kuelekea

include, kutia pamoja na vitu vingine

including, pamoja na

inclusive, -ote pamoja

incoherent, a kukosa maana

income, mapato

income tax, kodi ya mapato

incomparable, bila kifani

incompatible (be), kutopatana

incompetent (be), kutofaa kwa kazi fulani

incomplete, si kamili

incomprehensible (be), kutoweza kufahamika

inconsiderate, asiyejali wengine

inconsistent, -a kigeugeu

inconvenient, -a wakati usiofaa

incorrect, si sahihi

increase, nyongeza; kuongeza

incredible, -a kutosadikika

incredulous, -enye shaka

incriminate, kutia hatiani

inculcate, kufundisha

incur, kujipatia

incurable, *isiyo*ponyeka

indecent, -pujufu

indecision, kusitasita

indeed, kweli

indefinite, si dhahiri

indelible, *isiyo*futika

independent (be), kujiangalia mwenyewe

indescribable, *isiyo*elezeka
indestructible, *isiyo*haribika
index, fahirisi
indicate, kuonyesha
indication, ishara
indigenous, -a nchi yenyewe
indigestible, *isiyo*tulia tumboni
indigestion, maumivu ya tumboni
indignant, -enye hasira ya haki
indignation, hasira ya haki
indirect, kwa kuzunguka
indiscreet, -a kukosa busara
indiscriminate, bila kutofau-
tisha
indispensable, -a lazima
indisposition, ugonjwa
indistinct, *isiyo*onekana sawa-
sawa
individual, mtu mmoja; kitu
kimoja
indivisible, *isiyo*gawanyikana
indoors, ndani ya nyumba
induce, kushawishi
inducement, kishawishi
indulge in, kujifurahisha kwa
indulgent, -pole
 self-indulgent, kujifurahisha
industrious, -enye bidii ya kazi
industry, kazi za viwanda
inefficient, *isiyo*fanya kazi vizuri
ineligible, *isiyo*ruhusiwa
inevitable, *isiyo*epukika
inexcusable, -baya sana
inexhaustible, -ingi sana
inexperienced, bado kupata ujuzi
inexplicable, *isiyo*elezeka
inexpressible, -a kupita maneno
yote
infallible, *isiyo*weza kukosa
infancy, utoto
infant, mtoto mdogo
infectious, -a kuambukiza
inference, ufahamu uliopatikana
inferior, duni
inferiority, uduni
infested with (be), kujaa tele
infinite, pasipo mwisho
infinitely, sana mno
infirm, -dhaifu
infirmary, hospitali
inflame, kuchochea
inflammable, -a kuwaka moto
upesi

inflammation, uvimbe wa ku-
choma
infliction, msiba
influence, uvutaji
influential, -enye ushawishi
inform, kuarifu
information, habari
infrequent, si mara nyingi
infringe, infringement, kuasi
ingenious, -enye akili; -stadi
ingenuity, akili; ustadi
ingratitude, utovu wa shukrani
ingredient, kitu kilichomo katika
mchanganyiko
inhabit, kukaa
inhabitable, -a kukalika
inhabitant, mwenyeji
inhale, kuvuta pumzi
inherit, kurithi
inheritance, urithi
iniquitous, -baya sana
initial, -a kwanza; herufi ya
kwanza
initiate, initiation, kuanzisha;
kuingiza katika chama, unyago,
etc.
initiative, utangulizi
inject, kuingiza
injection, dawa ya sindano
injure, kudhuru
injurious, -a kudhuru
injury, madhara; jeraha(ma)
injustice, udhalimu
ink, wino
inland, barani
inn, hoteli
inner, -a ndani
innocence, usafi
innocent, bila hatia
innovation, jambo jipya
innumerable, -ingi sana
inoculate, kutia dawa ya ku-
zuia ugonjwa
inopportune, kwa wakati usiofaa
inquest, upelelezi wa sababu ya
kifo
inquire, kuuliza; kutafuta habari
inquiry, swali; upelelezi
inquisitive, -dadisi
insane, -enye wazimu
insanity, kichaa
insatiable, *isiyo*tosheleka
inscribe, kuandika

inscription, mwandiko; mchoro
insect, mdudu
insecticide, kiua-wadudu
insecure, si imara; si salama
insecurity, hatari; mashaka
insensible (be), kuzimia; kupotewa na ufahamu
inseparable, *isiyo*tengeka
insert, kuingiza ndani
insertion, kitu kilichoingizwa
inside, ndani
insight, ufahamu
insignificant, duni
insincere, -danganyifu
insinuate, kuingiza kidogo kidogo
insinuation, uchongezi
insipid, chapwa
insist, insistence, kusema kwa nguvu; kushurutisha
insolence, ufidhuli
insolent, -fidhuli
inspect, kukagua
inspection, ukaguzi
inspector, mkaguzi
inspiration, maongozi ya moyoni
inspire, kutia moyoni
instability, utovu wa imara
instalment, fungu moja katika mfulizo
instance, mfano
for instance, kwa mfano
instantaneous, pale pale
instantly, mara moja
instead of, badala ya
instigate, kuanzisha
instigation, usukumizi
instinct, silika
instinctively, bila kufikiri
institute, institution, kuanzisha; kuweka
instruct, kufundisha
instruction, mafundisho
instructive, -enye mafundisho
instructor, mwalimu; fundi(ma)
instrument, chombo cha kufanyia kazi, hasa cha muziki
instrumental, -a kusaidia; -a muziki
insubordinate, -asi
insubordination, uasi
insufficient, haba
insulate, insulation, kuzuia
insult, kutukana; matukano

insuperable, *isiyo*shindika
insupportable, *isiyo*vumilika
insurance, bima
insure, kufanya bima
insurrection, maasi juu ya serkali
intact, kamili
integrity, unyofu
intellect, intelligence, akili
intellectual, intelligent, -enye akili
intelligible, -a kufahamika
intemperance, ulevi
intemperate, bila kiasi
intend, kukusudia
intention, kusudi
intense, -a nguvu
intensify, kuongeza
intentionally, kwa kusudi
inter-, katikati; wao kwa wao
intercede for, kuombea
intercept, kushika njiani
intercession, maombezi
interchange, kubadilishana
interchangeable, -amfanommoja
intercourse, mazungumzo; *2* mambo ya mume na mke
interest, *1* usikizi; *2* faida; *3* kuvuta moyo
interesting, -a kuvuta moyo
interfere, interference, kujiingiliza
interim, muda wa kati
interior, upande wa ndani
intermediate, -a kati
interment, maziko
interminable, -a daima
intermission, kituo
intermittent, -a vipindi
intern, kufungia mahali fulani
internal, -a ndani
international, -a kuhusu mataifa yote
internment, kufungiwa
interpose, kujitia, kupangilia
interpret, kufasiri
interpretation, tafsiri; maana
interpreter, mfasiri
interrogate, kuulizauliza
interrogation, maulizo
interrupt, kudakiza
interruption, madakizo
interval, nafasi kati ya vipindi viwili

intervene, intervention, kujitia kati

interview, kuonana kwa habari fulani

intimate, -a siri

intimation, habari

intimidate, kutisha

intimidation, kitisho

into, ndani ya

intolerable, isiyovumilika

intolerance, ushupavu

intolerant, bila uvumilivu

intoxicant, kileo

  be intoxicated, kulewa

intoxication, ulevi

intricate, -enye matatizo

intrigue, shauri la hila

introduce, kuingiza; kujulishana

introduction, *1* kuingiza; kujulishana; *2* dibaji

intrude, kujidukiza

intruder, mdukizi

intrusion, udukizi

invade, kushambulia; kuruka mpaka

invalid, *1* mgonjwa; *2* batili

invasion, mwingilio; mashambulio

invaluable, -a thamani sana

invariable, sawasawa sikuzote

invent, kuvumbua; kubuni

invention, uvumbuzi; ubuni

inverse, -a kinyume

inversion, invert, kupindua

invest, investment, kukopesha fedha kwa riba

investigate, kupeleleza

investigation, upelelezi

inveterate, -zoevu

invigorate, kutia nguvu

invincible, isiyoshindika

invisible, isiyoonekana

invitation, barua ya kukaribisha

invite, kualika; kukaribisha

inviting, -a kuvuta

invoice, ankra; orodha ya bidhaa

involuntary, isiyokusudiwa

involve, kuingiza; kushughulisha

inward/ly, ndani

irate, -enye hasira

iron, *1* chuma; *2* pasi: kupiga pasi

ironmonger, mwuza vyombo vya chuma

irrational, isiyo na maana

irrecoverable, isiyopatikana tena

irregular, si ya kawaida; si ya taratibu

irrelevant, isiyohusu

irresistible, isiyoshindika

irresponsible, -zembe

irreverent, pasipo heshima

irrigate, kuleta maji shambani

irritable, -a hamaki

irritate, kuudhi

irritation, *1* kiwasho; *2* udhia

is, ni

island, kisiwa

isolate, kutenga

isolation, upweke

issue, matokeo; kutokea

italics, italiki

itch, upele; kuwasha

item, kitu kimoja; habari moja

its, -ake

itself, -enyewe

  by itself, peke yake

ivory, pembe

J

jackal, mbweha

jacket, koti

jagged, -a kuchongoka

jail, gereza

jam, *1* msongamano; kukwama; *2* matunda na sukari

jar, 1 chupa; *2* kukwaruza

jaw, taya(ma)

jealous (be), kuona wivu

jealousy, wivu

jeer, kufanya mzaha

jeopardize, kutia hatarini

jeopardy, hatari

jerk, mshtuo; kushtua, kushtuka

jest, neno la kuchekesha

jet, mruko wa ghafula

jetty, gati

Jew, Myahudi

jewel, johari

jigger, funza

jilt, kuvunja uchumba bure

job, kazi

join, kiungo; kuunga

joint, kiungo

jointly, kwa shirika
joke, neno la kuchekesha
jolly, -changamfu
jolt, kutikisa
jostle, kusukumana
jot down, kuandika kwa kifupi
journal, gazeti(ma)
journalist, mwandishi wa gazeti
journey, safari
joy, furaha
joyful, -enye furaha
jubilant, -enye shangwe
jubilation, shangwe
jubilee, sikukuu ya ukumbusho
judge, hakimu; jaji; kuhukumu
judgement, hukumu
judicial, -a kisheria
judicious, -a busara
juggler, mfanya kiinimacho
juice, maji ya matunda
jumble, takataka; kuburuga
jump, mruko; kuruka
junction, mwungano; njia panda
jungle, mwitu
junior, -dogo kwa umri au cheo
junk, takataka
jurisdiction, mamlaka
jury, waamuzi wa hatia ya mshtakiwa
just, *1* -a haki; *2* ndiyo kwanza; *3* tu
justice, haki
justification, sababu ya haki
justify, kuthibitisha haki
jut out, kutokeza
juvenile, mtoto; -a kitoto

K

kapok (*tree*) msufi; (*cotton*) sufi
keel, mkuku
keen, -kali; -enye bidii
be keen on, kutaka sana
keep (kept) *1* kuweka; *2* kufuga; *3* kukaa bila kuoza
keep on, kuendelea
keep to, kushika
keeper, mlinzi
keepsake, kikumbusho
kennel, tundu la mbwa
kept, *see* **keep**
kernel, kiini
kerosine, mafuta ya taa

kettle, birika(ma)
key, ufunguo(f); msingi wa tuni
kick, teke(ma); kupiga teke
kid, mwana-mbuzi
kidnap, kuiba mtoto; kuteka mtu
kidney, figo
kill, kuua
kiln, tanuu
kin, kindred, jamaa
kind, *1* namna; *2* -ema
kindle, kuwasha moto
kindness, fadhili
king, mfalme
kingdom, ufalme
kipper, samaki kavu
kiss, kubusu
kitchen, jikoni
kitchen-garden, shamba la mboga
kite, mwewe; tiara
kitten, mtoto wa paka
knapsack, shanta
knead, kukanda
knee, goti(ma)
kneel (knelt) kupiga magoti
knew, *see* **know**
knife, kisu
knight, cheo cha heshima
knit, knitting, kufuma
knob, kinundu
knock, pigo(ma); kugonga
knot, kifundo
know (knew, known) kujua
knowingly, kwa kusudi
knowledge, maarifa
known (be), kujulikana
well-known, maarufu
knuckles, konzi

L

label, kibandiko chenye jina; kubandika jina
laboratory, nyumba ya sayansi
laborious, -a kuchosha
labour, kazi; watu wa kazi; utungu wa kuzaa
labourer, mfanyi kazi
lace, nguo ya kimia; kigwe cha kiatu
lack, utovu
lacking, -tovu
lad, mvulana

ladder, ngazi
laden, -enyi mizigo
ladle, kata
lady, bibi(ma)
lag, kukawia nyuma
laid, lain, *see* lay, lie
lair, malalo ya mnyama wa mwitu
laity, *see* layman
lake, ziwa(ma)
lamb, mwanakondoo
lame, kiwete
lament, kuomboleza
lamentable, -a kusikitisha
lamentation, maombolezo
lamp, taa
lance, mkuki; kutia kisu
lancet, kisu cha daktari
land, nchi; nchi kavu; kushuka pwani
landlord, mpangisha nyumba
landmark, kionya njia
landscape, mandhari
landslide, maporomoko ya ardhi
lane, njia nyembamba
language, lugha
  bad language, matusi
lanky, mrefu na mwembamba
lantern, taa ya mkono
lap, pajani; kunywa kwa ulimi
lapse, usahaulifu; kurudi nyuma; kupita
lard, mafuta ya nguruwe
larder, kabati ya kuwekea chakula
lark, *1* ndege; *2* mchezo wa kitoto
large, -kubwa
largely, zaidi; hasa
larva, buu(ma)
larynx, kikoromeo
lash, kupiga mjeledi
lass, msichana
last, *1* kudumu; *2* -a mwisho
  last year, mwaka uliopita
late (be), kuchelewa
lately, siku hizi
lateral, -a upande
latest, -a mwisho;-a kisasa
lath, ufito(f); upapi(p)
lather, povu la sabuni
latitude, latidudo; nafasi
latrine, choo
latterly, siku hizi

laudable, -a kusifiwa
laugh, kucheka
laughable, -a kuchekesha
laughter, kicheko
launch, motaboti; kushua; kuanzisha
laundry, kiwanda cha dobi
lava, mawe yaliyoyeyuka
lavatory, choo
lavish, maridhawa
law, sheria
law court, korti
lawful, halali
lawless, -asi
lawn, bustani ya majani mafupi
lawsuit, kesi
lawyer, mwana sheria
lax, -legevu
laxative, dawa ya kuharisha
lay (laid) kuweka; kulaza; kutaga mayai
lay wait for, kuotea
lay waste, kuharibu nchi
layer, tabaka
  in layers, tabaka-tabaka
layman, Mkristo asiye padre
laziness, uvivu
lazy, -vivu
lead, risasi
lead (led), kuongoza
leader, kiongozi
leaf, jani(ma); ukurasa
leaflet, karatasi iliyochapwa habari
league, shirika(ma)
leak, kuvuja
lean (*people*) -embamba (*meat*) -nofu
lean (leant) kwenda upande
  lean on, kuegemea
leap, kuruka
leap year, mwaka mrefu
learn, kujifunza; kupata habari
learned, -enye elimu
learner, mwanafunzi
learning, elimu
least, -dogo kabisa
  not in the least, hata kidogo
leather, ngozi
leave (left) kuacha; kuondoka; kubakiza
leave, ruhusa; likizo
  take leave of, kuaga

leaven, chachu
leavings, mabaki
lecture, hotuba; kuhutubu; kukaripia
lecturer, mwalimu; mtoa hotuba
led, *see* lead
be led by, kufuata
ledge, ushi(ny)
ledger, daftari ya hesabu
leech, ruba
left, *1 see* leave; *2* -a kushoto
leg, mguu
legacy, urithi
legal, halali; a kisheria
legality, uhalali
legalize, kuhalalisha
legend, hekaya; mapokeo ya wazee
legible, -a kusomeka
legion, wingi
legislate, legislation, kufanya sheria
legitimate, halali
leisure, wasaa
leisurely, pasipo haraka
lemon (*tree*) mlimau; (*fruit*) limau(ma)
lend (lent) kuazima; kukopesha
length, urefu
lengthen, kuongeza urefu
lengthy, -refu
leniency, huruma
lenient, -enye huruma
lens, lenzi
lent, *1 see* lend; *2* Kwaresima
lentils, dengu
leopard, chui
leper, mwenye ukoma
leprosy, ukoma
less, -chache zaidi
-less, pasipo
lessen, kupunguza
lesson, somo(ma); maonyo
lest, isiwe
let, *1* kuacha; *2* kuruhusu; *3* kupangisha
lethal, -a kufisha
lethargic, -legevu
lethargy, ulegevu
letter, *1* herufi; *2* barua
lettuce, saladi
level, usawa; sawasawa; kusawazisha

lever, mtaimbo
levy, chango; kutoza
lewd, -pujufu
liability, madaraka; welekevu; kizuizi
be liable for, kupasiwa
liable to, kuelekea
liar, mwongo
libel, kashifa; kukashifu
liberal, -karimu; tele
liberality, ukarimu
liberate, kufanya huru
liberty, uhuru
librarian, mtunza vitabu
library, maktaba
lice, chawa
licence, leseni; hati ya ruhusa
license, kuruhusu
licensee, mwenye leseni
lick, kulamba
lid, kifuniko
lie, uongo; kusema uongo
lie (lay, lain) kulala
life, uhai; maisha
lifebelt, mshipi wa kuelezea mtu majini
lifeboat, mashua ya kuopoa watu baharini
lifetime, maisha
life insurance, bima ya maisha
lift, mtambo wa kuinulia; kuinua
light (lit) *1* kuwasha; *2* nuru; *3* -epesi
lighten, *1* kuangaza; *2* kupunguza uzito
lighter, *1* tishari(ma); *2* -epesi zaidi
lighthouse, mnara wenye taa
lightning, umeme
like, *1* kupenda; *2* kama
be like, kufanana na
likely, yamkini
likeness, wajihi; kifani
likewise, kadhalika
lily, yungiyungi(ma)
limb, mkono, mguu
lime, *1* (*tree*) mndimu; (*fruit*) ndimu; *2* chokaa
limit, mpaka; kuweka mpaka
limitation, mpaka; kizuizi
limited, -a kadiri
limitless, pasipo mpaka
limp, *1* dhaifu; *2* kwenda chopi

limpid, -angavu
line, mstari; safu; kutabikisha
linen, kitambaa cha kitani
liner, meli
linger, kukawia
lingering, -a kukawia
linguist, mwenye elimu ya lugha
lining, tabaka ya nguo
link, kiungo; kuunga
lion, lioness, simba
lionize, kutukuza
lip, mdomo
lipstick, rangi ya midomo
liquid, kitu cha majimaji
lisp, kitembe
list, *1* orodha; *2* kuinamia upande
listen, kusikiliza
listener, msikiaji
listless, -tepetevu
lit, *see* light
  be lit, kuwaka
literal, -a kufuata maneno
literary, -a kuhusu vitabu
  be literate, kujua kusoma na
    kuandika
literature, vitabu
litigation, daawa
litter, *1* taka zilizotupwa ovyo;
  2 wana-mbwa, etc., wa uzazi
  mmoja
little, -dogo
  a little, kidogo
live, hai; kuishi; kukaa
livelihood, maishilio
lively, -changamfu
livestock, mifugo
liver, ini(ma)
living, hai; maishilio
lizard, mjusi
load, mzigo; kupakiza
loaf, mkate
loam, udongo
loan, mkopo
loath to (be), kutotaka
loathe, kuchukia kabisa
loathing, machukio
loathsome, -a kuchukiza
lobby, ukumbi
local, -a kuhusu mtaa
locality, mahali fulani
locate, kuvumbua mahali
location, mtaa
lock, kufuli; kitasa; kufunga

locomotive, gari moshi
locust, nzige
lodge, kukaa
lodger, mpanga chumba
lodgings, mahali pa kukaa
loft, nafasi chini ya mapaa
lofty, -a juu sana
log, gogo(ma)
log-book, kitabu cha tarehe na
  habari
logical, -enye maana dhahiri
loin, kiuno
loincloth, shuka(ma)
loiter, kutangatanga
loiterer, mtangatanga
loneliness, upweke
lonely, -kiwa
long, -refu
long for, kutamani
long ago, zamani sana
long-standing, -a siku nyingi
long-suffering, -vumilivu
look, look at, kutazama
look after, kutunza
look for, kutafuta
look like, kufanana na
looking-glass, kioo
loom, kitanda cha mfumi
loop, kitanzi
loophole, tundu ukutani; njia ya
  kuokoka
loose, -a kulegalega: -a kupwaya
loosen, kulegeza; kufungua
loot, mateka; kuteka nyara
lop, kupogoa
lop-sided, pogo
Lord, Maulana; Bwana
lose (lost) kupoteza; kukosa ku-
  pata
loss, hasara
  be lost, kupotea
lot, *1* wingi; *2* kura
  cast lots, kupiga kura
  a lot of, -ingi
lotion, dawa ya kuoshea
lottery, mchezo wa bahati nasibu
loud, kwa sauti kuu
loud-speaker, kikuza-sauti
lounge, kukaa kivivu
louse, *see* lice
lovable, -a kupendwa; -a ku-
  pendeza
love, upendo: upendano; kupenda

lovely, -zuri
loving, -enye moyo wa kupenda
low, -fupi; -a chini
lower, chini zaidi; kushusha
lowlands, tambarare za chini
lowly, -nyenyekevu
loyal, -aminifu
loyalty, uaminifu
lozenge, kidonge cha kufyonza
lubricant, mafuta
lubricate, kulainisha kwa mafuta
lucid, -a kufahamika kwa urahisi
luck, bahati njema
lucky, -a bahati njema
lucrative, -a kuleta faida
ludicrous, -a kuchekesha
luggage, mizigo
luggage-van, behewa la mizigo
lukewarm, uvuguvugu
lull, muda wa kutulia; kutuliza
lullaby, kitumbuizo
luminous, -a kung'aa
lump, bonge(ma)
lump together, kutia pamoja
lumpy, -a vidongedonge
lunacy, kichaa
lunar, -a mwezi
lunatic, mkichaa
lunch, chakula cha adhuhuri
lung, pafu(ma)
lurch, kupepesuka; kuenda mra-
  ma
  leave in the lurch, kuacha ka-
  tika shida
lure, mvuto; kuvuta
lurid, -a kutisha
lust, tamaa mbaya
lustily, kwa nguvu
lustre, mng'aro
lusty, -a nguvu
luxurious, -a anasa
luxury, anasa

M

machine, mtambo; mashine
mad, -enye wazimu
madam, bibi
madden, kukasirisha
made, see make
  be made, kufanywa; kushuruti-
  shwa
madness, ujinga kabisa

Madonna, Bikira Mariamu
magazine, *1* gazeti(ma); *2* bohari;
  magazini
maggot, buu(ma)
magic, uganga; kiinimacho
magician, mchawi
magistrate, jaji mdogo
magnanimous, -enye moyo
  mwema
magnet, sumaku; kitu cha ku-
  vuta
magnetism, nguvu ya kuvuta
magnificent, -zuri kabisa
magnify, kukuza
magnitude, ukubwa
maid/en, mwanamwali; mtumishi
  wa kike
mail, posta
maim, kulemaza
main, -kuu
mainland, bara
maintain, kushika; kudumisha;
  kugharimia
maintenance, msaada; riziki
maize, mihindi; mahindi
majestic, -tukufu
majesty, enzi
major, -kubwa zaidi
majority, wingi (*zaidi ya nusu*)
make (made) *1* kufanyiza; *2* ku-
  shurutisha
make believe, kujifanya
make do, kutumia ingawa haifai
  sana
make good, kufaulu
make off, kukimbia
make out, kufahamu
make sure, kuhakikisha
make up, *1* kubuni; *2* kuacha
  ugomvi; *3* kujitia uzuri
make up for, kusawazisha
make up to, kujipendekeza kwa
malady, ugonjwa(ma)
malaria, homa ya mbu
male, -a kiume
malevolent, -enye nia ovu
malformation, kilema; kombo-
  (ma)
malice, kijicho
malicious, -ovu
malign, kusingizia
malignant, -a shari
mallet, nyundo

malnutrition, ukosefu wa chakula chema

mammal, mnyama anyonyeshaye

man (men) mwanadamu; mtu; mwanamume

manage, kuongoza na kusimamia

manage to, kuweza; kudiriki

manageable, -a kuwezekana

management, maongozi; wakuu wa kazi

manager, meneja

mandate, amri

mane, manyoya ya shingoni

manfully, kwa ushujaa

mange, upele wa mbwa

mango (*tree*) mwembe; (*fruit*) embe(ma)

mangrove, mkoko; mkandaa

manhood, utu uzima

maniac, mkichaa

manifest, kudhihirisha; dhahiri

manifestation, ufunuo

manifesto, tangazo(ma)

manifold, -ingi

manioc, muhogo

manipulate, kutengeneza kwa mkono au akili

mankind, wanadamu

manly, -a kiume

manner, jinsi; namna

manners, adabu

mansion, jumba(ma)

manslaughter, kumwua mtu bila kusudi

manual, *1* -a mikono; *2* kitabu cha mafundisho

manufacture, kufanyiza bidhaa

manufacturer, mfanyiza bidhaa

manure, mbolea

manuscript (MSS) maandiko kwa mikono

many, -ingi

map, ramani

mar, kuumbua

marauder, mtekaji

marble, *1* marmari; *2* gololi(ma)

march, kuenda kiaskari

mare, farasi jike

margarine, namna ya siagi

margin, ukingo(k); pambizo(ma)

marine, -a bahari

mariner, baharia(ma)

maritime, kando ya bahari

mark, alama; kutia alama

market, soko(ma)

market-garden, shamba la mboga

marmalade, mseto wa machungwa na sukari

marquee, hema kubwa

marriage, ndoa

be married, kuozwa

marry (*man*) kuoa; (*woman*) kuolewa

marsh, bwawa(ma)

martial, -a vita

martyr, shahidi(ma); mteswa

martyrdom, mauti ya kishahidi

marvel, ajabu(ma); kustaajabu

marvellous, -a ajabu

masculine, -a kiume

mash, mseto; kuseta

mask, kifuniko cha uso

mason, mwashi

mass, wingi: chungu zima

massacre, mauaji; kuchinja ovyo

massive, -kubwa sana

mast, mlingoti

master, bwana(ma); mwalimu; kushinda

masterful, -enye nguvu

masterpiece, kazi bora kabisa

mat, jamvi(ma); mkeka

match, *1* kiberiti; *2* shindano-(ma); *3* kulingana

matchless, *isiyo* na kifani

mate, mwenzi

material, nguo; kitambaa; kitu cha kufanyia kazi

materialism, kufikiri mambo ya duniani tu

maternal, -a mama

mathematics, elimu ya hesabu

matrimony, ndoa

matron, bibi mkubwa

matter, *1* asili ya vitu vyote; *2* jambo(ma); *3* usaha

it doesn't matter, haidhuru

mattress, godoro(ma)

mature, -pevu; kupevuka

maturity, upevu

maul, kurarua kwa meno na makucha

maxim, mithali

maximum, kipeo

may (might) *1* ruhusa; *2* labda
maybe, labda
maze, tatizo(ma)
me, mimi
meadow, shamba la majani
meagre, haba
meal, *1* chakula; *2* unga
mean, *1* wastani; *2* -nyonge; *3* -enye choyo
mean (meant) *1* kukusudia; *2* kumaanisha
meaning, maana
meaningless, bila maana
meanness, unyimivu
means, uwezo wa kutenda
meanwhile, meantime, huko nyuma
measles, surua
measure, kipimo; kupima
measurement, kipimo
meat, nyama
mechanic, fundi(ma) wa mashine
mechanical, -a mashine
mechanization, utumizi wa mashine badala ya watu
medal, nishani
meddle, kujiingiza bure
mediaeval, zamani za miaka elfu; -a kale
mediate, kuamua; kupatanisha
mediation, upatanisho
mediator, mpatanishi
medical, -a dawa
medical department, Idara ya Utabibu
medicine, dawa
mediocre, si -zuri sana
meditate, meditation, kutafakari
medium, *1* -a kadiri; *2* njia
medley, mchanganyiko wa vitu kadha wa kadha
meek, -pole
meekness, upole
meet, kukutana
meeting, mkutano
melancholy, -a huzuni
melodious, -enye sauti tamu
melody, sauti tamu; tuni
melon, tikiti(ma)
melt, kuyeyuka; kuyeyusha
member, kiungo; mwanachama
memento, kumbukumbu(ma)

memorable, -a kukumbukwa
memorandum, maandiko mafupi ya kukumbusha
memorial, ukumbusho
memorize, kujifunza kwa moyo
memory, uwezo wa kukumbuka; kumbukumbu
menace, kitisho; kutisha
mend, kutengeneza kito kilichovunjika
menial, -nyonge
menstruate, kuingia mwezini
menstruation, hedhi
mental, *1* -a moyoni; *2* -a kichaa
mention, kutaja
  not to mention, licha ya
menu, orodha ya vyakula
mercenary, -enye tamaa ya mshahara; askari mgeni wa mshahara
merchandise, biashara
merchant, tajiri; mfanyi biashara
merciful, -enye rehema
merciless, bila huruma
mercy, rehema; huruma
mere/ly, tu
merge, kuungana
merit, ustahili; kustahili
merited, -a haki
meritorious, -a kusifiwa
mermaid, zimwi la baharini
merriment, furaha
merry, -changamfu
mess, fujo(ma); matata
message, agizo(ma)
messenger, tarishi(ma)
metal, madini
metaphor, mfano
metaphorically, kwa mfano
meteor, kimwondo
meter, chombo cha kupimia
method, njia; taratibu
methodical, -a taratibu
metre (*length*) meta; (*poetry*) mizani
microbe, mikrobi; kijidudu
microphone, kikuza-sauti
microscope, darubini ya kukuza ukubwa
mid, middle, -a katikati
middle-aged, mtu wa makamu
middle ages, *see* mediaeval

middling, -a kadiri
midges, usubi
midnight, saa sita usiku
midway, katikati ya mwendo
midwife, mkunga
midwifery, ukunga
might, *1 see* **may**; *2* uwezo na nguvu
migrate, kuhama
migration, uhamaji
mild, baridi; -pole
mile, maili
mileage, jumla ya maili
militant, vitani
military, -a askari
milk, maziwa; kukama
mill, kinu cha kusagia
millet, mtama
millipede, jongoo(ma)
mimic, mimicry, kuiga
mince, nyama iliyosagwa; kusaga
mincemeat, *mince* ya matunda
mind, akili; kuangalia
  never mind, haidhuru
  I don't mind, Ni mamoja kwangu
mine, *1* -angu; *2* shimo la madini; *3* maini ya baruti
mineral, jamii ya mawe
mineral water, kinywaji kama *soda*
mingle, kuchanganya pamoja
miniature, mfano mdogo
minister (*church*) mhudumu; (*state*) waziri(ma)
minister to, kuhudumia
ministry, huduma; wizara
minor, -dogo zaidi
minority, -chache (*wasiofika nusu*)
minus, pasipo; kasa
minute, dakika; -dogo sana
miracle, mwujiza; ajabu(ma)
miraculous, -a ajabu
mirage, mazigazi
mire, tope(ma)
mirror, kioo cha kujitazamia
mirth, macheko
  For **mis-** *see page* 82
misadventure, tukio(ma) baya
misbehave, kukosa adabu
miscalculate, kufikiri yasivyo
miscarriage, kuharibika mimba

miscarry, kuenda upande mwingine
miscellaneous, -a namna nyingi
mischance, bahati mbaya
mischief, fitina; utundu
mischievous, -enye nia mbaya; -tundu
misconduct, misdeeds, matendo mabaya
miser, bahili
miserable, -enye hali mbaya
misery, huzuni; hali mbaya
misfortune, bahati mbaya; msiba
misgiving, shaka(ma)
misguided (**be**), kuongozwa vi baya
misinformed (**be**), kuarifiwa yasiyo kweli
misjudge, kupima visivyo
mislay (**laid**) kupoteza kwa muda
  be mislaid, kupotea
mislead, kukosesha
  be misled, huongozwa vibaya
mismanage, kutengeneza vibaya
misprint, kosa(ma) katika chapa
misrepresent, kueleza yasiyo kweli
miss, kukosa
  be missing, kutokuwapo
missile, silaha ya kurushwa kama kombora
mission, ujumbe; upelekwa
missionary, mpelekwa
mist, ukungu
mistake, kosa(ma)
mistake (**mistook, mistaken**) kukosea
mistress, bibi(ma)
misunderstand (**stood**) kutofahamu vema
misuse, kutumia vibaya
mitigate, mitigation, kupunguza
mix, kuchanganya pamoja
mixture, mchanganyiko
moan, kuugua
mob, ghasia ya watu
mobile, -enye mwendo
mobility, wepesi wa mwendo
mobilize, kuandaa vita
mock, kudhihaki
mockery, dhihaka
mode, namna, mtindo

model, mfano wa kufuatwa
moderate, -a kiasi; kupungua; kupunguza
moderately, si sana
moderation, kiasi
modern, -a kisasa
modernize, kugeuza upya
modest, -enye haya; -nyenyekevu
modesty, haya
modification, ugeuzi
modify, kugeuza kidogo
moist, -bichi; chepechepe
moisture, rutuba; maji
mole, fuko
molest, kusumbua
mollify, kuridhisha
moment, nukta
momentary, -a kupita upesi
momentous, -a maana sana
monarch, mfalme
monastery, nyumba ya wanaume watawa
money, fedha
mongrel, mbwa wa mbegu mbili
monk, mtawa mwanamume
monkey, kima, tumbili, etc.
monkey-nuts, njugu
monopolize, kujishikia yote
monopoly, haki ya peke yake
monotone, sauti (toni) isiyobadilika
monotonous, -a kuchosha kwa kuwa ileile tu
monsoon, msimu wa kaskazini au kusini
monster, dubwana(ma)
month, mwezi
monthly, kila mwezi
monument, nguzo ya ukumbusho
mood, tabia ya mtu
moon, mwezi
moonlight, mbalamwezi
mop, kitambaa cha kufutia maji; kufuta maji
moral, -a adili; mafundisho mema
morality, adili
more, zaidi
moreover, zaidi ya hayo
morning, asubuhi
morsel, kipande kidogo; mmego
mortal, -a mauti
mortality, mauti; hesabu ya watu waliokufa

mortar, 1 chokaa; 2 kinu
mortification, uchungu
mortify, kuaibisha; kufisha
mosque, msikiti
mosquito, mbu
mosquito net, chandalua
most, kupita yote
mostly, zaidi
moth, nondo
mother, mama mzazi
mother-in-law, mkwe
motion, mwendo
motionless, kimya
motive, kusudi(ma)
motor, mota; mtambo wa kuendesha
motorboat, motaboti
motorcar, motakaa
motorcycle, pikipiki(ma)
mottled, -enye madoadoa
mould, 1 udongo; 2 kuvu
moult, kupukutika manyoya
mound, chungu
mount, kupanda juu
mount, mountain, mlima
mountainous, -enye milima mingi
mourn, kuomboleza
mournful, -enye huzuni
mourning, kilio; matanga
mouse (mice) panya mdogo
mouth, kinywa
movable, -a kuweza kusogezwa
move, kusogea; kusogeza
movement, mwendo
mow, kukata majani
much, -ingi
muck, taka za zizini, etc.
mud, matope
muddle, fujo(ma)
muddy, enye matope mengi
mug, kikombe; kopo(ma)
mulberry (tree) mforsadi; (fruit) forsadi
mule, nyumbu
multiplication, multiply, kuzidisha
multitude, umati
mum, kimya
mumble, kumumunya maneno
mumps, matubwitubwi
mundane, -a dunia

municipal, -a kuhusu baraza ya mji
murder, uuaji wa kusudi
murderous, -a kutaka kuua
murmur, kunong'ona; kunung'unika
muscle, mshipa; musuli
muscular, -enye tambo
museum, nyumba ya kuwekea vitu vya tunu
mushroom, kiyoga
music, muziki
musical, -enye kupenda muziki
musician, mutribu
must, lazima
mustard, haradali, mustadi
muster, kukusanya
musty, -enye kuvu
mute, bila sauti; bubu
mutilate, kukata; kuvunja sehemu ya mwili
mutineer, askari mwasi
mutiny, maasi ya askari au mabaharia
mutter, kunung'unika
mutton, nyama ya kondoo
mutual, wao kwa wao; -ana
my, -angu
myself, mimi mwenyewe
mysterious, -a fumbo
mystery, siri; fumbo(ma)
mystify, kutatanisha
myth, hadithi ya zamani

N

nag, nagging, uchokochoko; kuzozana
nail, ukucha(k); msumari; kupiga misumari
naked, -tupu
name, jina; kutaja jina
  be named, kuitwa; kutajwa
namely, yaani
namesake, mwenye jina sawa
nap, usingizi mfupi
napkin, kitambaa cha mezani; winda wa mtoto mdogo
narrate, kusimulia
narration, narrative, masimulizi
narrow, -embamba
narrowly, kwa shida

narrow-minded, -a kukataa mawazo mapya
nasal, -a pua
nasty, -a kuchukiza
nation, taifa(ma)
national, -a taifa lote
nationality, taifa la mtu fulani
nationalize, kugeuza mali ya watu iwe mali ya taifa
native, mzalia
nativity, kuzaliwa
natural, -a kawaida; -a asili
naturalist, mwenye elimu ya viumbe
naturalize, kumhalalisha mgeni awe mwananchi
naturally, bila shaka
nature, utaratibu wa ulimwengu; maumbile
naught, hapana kitu
naughty, -baya
nautical, -a meli na bahari
naval, -a manowari
navigable, -a kupitika kwa vyombo
navigate, navigation, kuongoza vyombo vya baharini au hewani
navigator, nahodha(ma); baharia(ma)
N.B., Angalia sana
navy, jamii ya manowari
near, nearly, karibu
neat, nadhifu
neatly, vizuri
neatness, unadhifu
necessaries, mahitaji
necessarily, kwa lazima
necessary, -a lazima
necessitous, maskini
necessity, dhiki; kitu kilicho lazima
neck, shingo
necklace, mkufu
necktie, tai
need, haja; kuhitaji
needle, sindano; shazia
negative, kusema "La"; kukana
neglect, kutoangalia
neglectful, negligent, -zembe
negligence, uzembe
negligible, -dogo kabisa

negotiate, negotiation, kushauriana

neighbour, jirani

neighbourhood, ujirani

neighbourly, -enye hisani

neither, wala

nephew, mpwa

nerve, mshipa wa fahamu; neva

  have the nerve, kuthubutu

nervous, -enye woga

nest, kiota; tundu

net, netting, wavu(ny)

  mosquito net, chandalua

neuralgia, maumivu ya neva

-neutral, bila upendeleo; nchi baki

neutrality, kutokuwamo

never, hapana kabisa; kamwe

nevertheless, walakini

new, -pya

New Testament, Agano Jipya

new year, mwaka mpya

news, habari

newspaper, gazeti(ma)

next, -a kufuata

nibble, kumegamega; kuguguna

nice, -zuri; -tamu

nicely, vizuri

nickname, jina la utani

nicotine, sumu iliyomo katika tumbako

niece, mpwa wa kike

nigh, karibu

night, usiku

  all night, usiku kucha

nightingale, ndege mwenye sauti tamu

nil, hapana kitu

nimble, -epesi

nine, tisa, kenda

nineteen, kumi na tisa

ninety, tisini

nip, *1* kufinya; *2* kwenda upesi

no, siyo; la; hapana

noble, bora

nobly, kwa uhodari

nobody, hapana mtu

nod, kuinamisha kichwa; kusinzia

nodule, kinundu

Noel, Krismas

noise, makelele; kishindo

noiseless, kimya

noisome, -a kuchukiza

noisy, -enye makelele

nominate, kutaja

nomination, kutajwa

non-, si

none, hata moja

nonsense, upuzi

nook, kipembe

noon, adhuhuri

no one, hapana mtu

noose, tanzi(ma)

nor, wala

normal, -a kawaida

normally, kwa kawaida

north, kaskazini

nose, pua

not, si

notable, mashuhuri

notch, pengo; kutia pengo

note, *1* barua fupi; *2* sauti katika muziki; *3* kuangalia

notes, muhtasari

noteworthy, notable, -a maana

nothing, hapana kitu

notice, tangazo(ma); kuona

notification, taarifa ya kujulisha

notify, kujulisha

notion, fikira; dhana

notoriety, sifa mbaya

notorious, -enye sifa mbaya

notwithstanding, ijapokuwa

nought, si kitu; sifuri

  come to nought, kubatilika

nourish, kulisha vema

nourishment, maakuli mema

novel, *1* -pya; -a kigeni; *2* kitabu cha hadithi

novelist, mtunga kitabu cha hadithi

novelty, kitu kipya

novice, anayejizoea kazi fulani

now, sasa; siku hizi

  now and then, mara kwa mara

nowadays, siku hizi

nowhere, si mahali po pote

noxious, -a kuchukiza

nucleus, kiini

nude, -tupu

nudge, kutia mdukuo

nuisance, udhia; mchokozi

null, batili

nullification, tanguko(ma)

nullify, kubatilisha; kutangua

numb (be), kufa ganzi

number, hesabu; idadi; namba
  a number of, -ingi
numeral, tarakimu
numerous, -ingi
nun, mtawa wa kike
nuptual, -a arusi
nurse *(children's)* aya; kupakata; *(sick)* mwuguzi; kuuguza
nurture, malezi; kulea
nut, njugu, korosho, etc.; kokwa
nutritious, -a kulisha mwili

O

oar, kasia(ma)
oasis, chemchemi jangwani
oath, kiapo
oats, nafaka kama shayiri
obedience, utii
obedient, -sikivu
obey, kutii
object, *1* kitu; *2* kusudi; *3* kukataa
objection, pingamizi(ma)
objectionable, -a kuchukiza
objective, shabaha
obligation, wajibu
oblige, *1* kulazimisha; *2* kufanyia hisani
obliging, -enye hisani
obliterate, kufuta
oblivion, usahaulifu
oblong, umbo la mstatili
obnoxious, kuchukiza
obscene, -pujufu
obscenity, upujufu
obscure, si dhahiri
observant, -angalifu
observe, observation, *1* kutazama; kuangalia; *2* kusema
obsolete, isiyotumika sasa
obstacle, kizuizi
obstinacy, ukaidi
obstinate, -kaidi
obstruct, kupinga
obstruction, pingamizi(ma)
obtain, kujipatia
  be obtainable, kupatikana
obtrude, obtrusion, kujiingiza
obvious, dhahiri
occasion, nafasi; wakati(ny); sababu
occasional/ly, mara kwa mara

occupant, mkaazi; mwenyeji
occupation, kazi; uchumi
  be occupied, kushughulika
occupy, kukalia; kushughulisha
occur, kutukia
occurrence, matukio
ocean, bahari kuu
oculist, tabibu wa macho
odd, *1* -a kuchekesha; -a kigeni; *2* isiyo na mwenzake
odious, -a kuchukiza
odour, harufu
of, -a
off, katika; mbali
offal, matumbo ya mnyama
offence, kosa(ma)
  take offence, kuchukizwa
offend, kuchukiza
offensive, -a kuchukiza
  take the offensive, kuanzisha vita
offer, kutoa; kutolea
  be offered, kutolewa
offering, kipaji; sadaka
offhand, *1* bils kujiweka tayari; *2* bila heshima
office, afisi; kazi
officer, afisa wa askari; mwenye kazi ya serkali
official, *1* rasmi; *2* mwenye kazi ya serkali
offspring, mzao
often, mara nyingi
ogre, zimwi(ma)
oil, mafuta laini
ointment, mafuta ya kupaka
old, -a kale; -kuukuu
  old person, mzee
old-fashioned, -a mtindo wa zamani
olive *(tree)* mzeituni; *(oil)* halzeti
omen *(good)* ndege njema; *(bad)* ndege mbaya
omission, jambo lililoachwa
omit, kuacha kusudi; kukosa kutia
omnibus, basi(ma)
omnipotent, mwenyezi
on, *1* juu ya; *2* mbele
once, mara moja tu
  once upon a time, hapo kale
  at once, mara moja
one, moja
  one by one, -moja -moja

one-sided, -a upande mmoja

onion, kitunguu

only, *1* tu; *2* lakini

onward, mbele

opaque, *isiyo*penyeka kwa nuru

open, wazi; kufungua; kufumbua

opening, nafasi; kipenyo

opera, hadithi iliyoigizwa na waimbaji

operate, kutenda kazi; kupasua mgonjwa

operation, kazi fulani; utabibu wa kupasua

opinion, rai; maono

opium, afyuni

opponent, mshindani

opportune, -a wakati wa kufaa

opportunity, nafasi; saa ya kufaa

oppose, kupinga

opposite, kuelekeana; kinyume

opposition, upingaji

  the Opposition (*Parliament*) Wajadili

oppress, kudhulumu

oppression, udhalimu

oppressive, -dhalimu

optical, -a macho

optimistic, -enye tumaini

option, hiari

optional, -a hiari

or, au; ama

oral, -a midomo

orange (*tree*) mchungwa; (*fruit*) chungwa(ma)

oration, hotuba

orator, msemaji

orchard, shamba la matunda

orchestra, kikosi cha wapiga ala za muziki

ordain, kuagiza

ordeal, jaribio kali

order, *1* taratibu; *2* amri; kuamuru

orderly, *1* askari mtumishi; *2* kwa taratibu

ordinance, sheria

ordinary, -a kawaida

ordination, kuamriwa wahudumu wa kanisa

ore, mawe yenye madini

organ, *1* kiungo cha mwili; *2* kinanda

organist, mpiga kinanda

organize, kuratibisha

oriental, -a mashariki

origin, asili

originally, mwanzoni

originate, kuanza; kuanzisha

ornament, pambo(ma)

orphan, yatima

orphanage, nyumba wanamotunzwa yatima

ostensible, -a kuonyeshwa kwa nje

ostentatious, -a majivuno

ostrich, mbuni

other, -ingine

otherwise, ama sivyo

ought to, kupaswa

  I ought to, imenibidi; imenipasa

ounce, wakia

our/s, -etu

ourselves, sisi wenyewe

out, nje

outbreak, matokeo mabaya ya ghafula

outcast, msikwao; maskini

outcome, tokeo(ma)

outcry, makelele

outdo, kushinda

outfit, mahitaji ya kazi fulani

outhouse, kibanda cha nje

outing, matembezi; mandari

outlaw, haramia(ma); kuharimisha

outlay, gharama

outline, kuandika kwa kifupi habari au picha

outlook, *1* sura ya nchi; *2* hali ya mbele

outnumber, kuzidi

outrage, kosa baya sana

outrageous, -baya kabisa

outright, papo hapo; kabisa

outside, nje

outskirts, kiungani

outspoken (be), kusema bila kuficha

outstanding, *1* -a kutokeza; *2* bado kulipwa

outwardly, kwa nje

outwit, kukalamkia

oval, -enye umbo la yai

oven, jiko la kuokea

over, juu; zaidi ya
  over again, tena
  be over, *1* kubaki; *2* kuisha
overboard, baharini
overcome, kushinda
overflow, mafuriko; kufurika
overhear, kusikia maneno yasi-yokuhusu
overlook, *1* kutazama kutoka juu; *2* kusamehe; *3* kukosa kuona
oversight, *1* kosa la usahaulifu; *2* usimamizi
overtake, kufuata hata kufikia
overtime, kazi na malipo ya ziada
overturn, kupinduka; kupindua
owe, kuwa na deni; kuwiwa
owing to, kwa sababu ya
owl, bundi(ma)
own, *1* kuwa na kitu; *2* kukiri
  my own, -angu mwenyewe
owner, mwenyewe
ox (oxen), ng'ombe maksai
oyster, chaza

P

pace, hatua; mwendo
pacifist, mkana vita
pacify, kutuliza
pack, *1* kundi(ma); *2* mtumba; *3* kufunganya
package, packet, bahasha(ma)
pact, mapatano
pad, kitakia; kata
paddock, kitalu cha ng'ombe
paddle, kafi
padlock, kufuli
page, ukurasa(k)
pageant, igizo la mambo ya historia
paid, *see* **pay**
  be paid, kulipwa
pail, ndoo
pain, maumivu
  be painful, kuuma
painstaking, -angalifu
paint, rangi; kupaka rangi; kuandika picha
painting, picha ya rangi
pair, jozi; vitu viwili vya namna moja
palace, jumba la mfalme

palatable, -tamu
palate, kaa la kinywa
pale, pallid, -eupe
palm, *1* mnazi, mtende, etc.; *2* kitanga cha mkono
palm oil, mawese
palpable, dhahiri
palpitation, papo la moyo
paltry, hafifu
pamper, kudedekeza
pamphlet, kitabu kidogo bila jalada
pan, sufuria, kikaango, etc.
pandemonium, makelele mengi
pane, kipande cha kioo
pang, kichomo cha ghafula
panic, woga mkuu
  be panic-stricken, kushikwa na woga mkuu
pant, kutweta
pantry, kabati ya kuwekea chakula
pants, suruali
paper, karatasi; gazeti(ma)
paperbacks, jamii ya vitabu
parable, mfano wenye mafundisho
parachute, mwavuli wa kutelemshia watu
parade, gwaride; kukoga
paradise, peponi
paraffin, mafuta ya taa
paragraph, fungu la sentensi
parallel, sambamba
paralyse, kupoozesha
  be paralysed, kupooza
paralysis, kipooza
paramount, -kuu
parasite, kimelea
parcel, bahasha
parched (be), kukauka
pardon, masamaha; kusamehe
pardonable, -a kusameheka
parent, mzazi
parentage, ukoo
parish, mtaa wa Kanisa
parity, usawa
park, *1* bustani kubwa; *2* kiwanda cha motakaa
parliament, halmashauri kuu
parochial, -a kuhusu *parish*
parody, mwigo wa kuchekesha
parole, ahadi ya kutotoroka

parrot, kasuku
parry, kukinga, kuepa
parson, padre(ma)
part, sehemu; kipande; kuachana
partake, kushiriki
partial, si kamili
be partial to, kupenda; ku-pendelea
partiality, upendeleo
participate, kushiriki; kuwamo
particle, kipande kidogo mno
particular, -angalifu; maalum
particularly, hasa
particulars, habari zote moja moja
parting, kuachana
partisan, mfuasi mshupavu
partition, gawio(ma); mkato; kugawa; kukata
partly, kwa nusu
partner, mshiriki katika kazi
partnership, bia; shirika
party, *1* karamu; *2* jamii ya watu wenye shauri moja
pass, *1* kipito; kupita; *2* cheti cha njia; *3* kufaulu
passage, kichochoro; usafiri
passenger, abiria
passer-by, mpitaji
passion, harara; tamaa
passionate, -enye harara
passport, ruhusa ya kupitia nchi za kigeni
past, -a zamani; *iliyo*pita
go past, kupita
paste, wambiso; kuambatisha
pastime, mchezo
pastor, mchungaji wa roho
pastry, maandazi yaliyookwa
pasture, machunga; malisho
pat, kupapasa kwa mapigo me-pesi
patch, kiraka; kutia kiraka
patchy, -a hali mbalimbali
paternal, -a baba
path, njia ndogo
pathetic, -a kutia huruma
patience, saburi; uvumilivu
patient, -vumilivu; mgonjwa ana-yetibiwa
patiently, kwa saburi
patriot, mzalendo
patriotism, uzalendo

patrol, askari wa zamu; kute-mbelea mahali
patron, mfadhili
patronize, kufadhili
pattern, kielezo; namna
pauper, fukara
pause, kituo; kutua
pavement, sakafu kando ya njia
pavilion, banda(ma); hema kubwa
paw, mguu wa mnyama
pawn, kuweka rehani
pawpaw (*tree*) mpapai; (*fruit*) papai(ma)
pay (*paid*), mshahara; kulipa; kuleta faida
payment, malipo
pea, mbaazi, choroko, etc.
peace, amani
peaceful, peaceable, -tulivu
peacemaker, msuluhishi
peak, kilele; ncha ya juu
peal, mlio wa radi au kengele nyingi
pearl, lulu
peasant, mkulima
pebbles, makokoto
peck, kudonoa
peculiar, -a peke yake
peculiarity, tofauti
peculiarly, hasa
pedal, kanyagio(ma)
pedestrian, mwenda kwa miguu
pedigree, ukoo bora
peel, ganda(ma); kumenya
peep, kuchungulia
peephole, ufa wa kuchungulia
peg, kigingi; chango
pelican, mwari
pellet, kidonge
pell-mell, kaka-kaka
pen, kalamu ya wino
penalty, adhabu; malipo
penance, kitubio
pencil, kalamu
pendulum, mizani (*ya saa*, etc.)
penetrate, kupenya
penetrating, -a kupenya ndani
penguin, *1* ndege ya nchi za baridi; *2* jamii ya vitabu
penis, uume
penitence, toba
penitent, -enye toba
pension, malipo ya uzeeni

pent up (be), kuzuiwa
penury, umasikini
people, watu; taifa(ma)
pepper, pilipili
peppermint, peremende
per, kwa
perceive, kuona; kutambua
percentage, sehemu ya mia
perch, kituo cha ndege; kutua
perchance, labda
peremptory, -kali; -a lazima
perfect, kamili
perfection, ukamilifu
perforate, kutoboa
perforation, kitundu
perform, kutenda; kutimiza; kucheza mbele ya watu
performance, mchezo wa kuiga, kuimba, etc.
perfume, marashi
perhaps, labda; yumkini
peril, hatari
perilous, -a hatari
period, kipindi
periodical, 1 -a kurudiarudia; 2 gazeti(ma)
perish, kufa; kuharibika
perishable, -a kuharibika upesi
perjury, kuapa uongo
permanent, -a kudumu
permeate, kupenya na kuenea ndani
permissible, halali
permission, ruhusa
permit, 1 cheti cha ruhusa; kuruhusu
pernicious, -baya sana
perpendicular, -a wima
perpetrate, kufanya tendo baya
perpetual, -a daima
perplex, kutatanisha
perplexity, mashaka
persecute, kudhulumu; kutesa
persecution, udhalimu; mateso
perseverance, persistence, udumu; bidii
persevere, persist, kudumu; kuendelea bila kuchoka
person, mtu
personal, -a mwenyewe tu
personnel, jamii ya watumishi
perspective, kitu kinavyoonekana kikitazamwa toka mbali

perspiration, jasho
perspire, kutoka jasho
persuade, kushawishi
persuasion, ushawishi
persuasive, -enye maneno ya kuvutia
pertain to, kuhusiana na
perturb, kufadhaisha
pervade, kuingia na kuenea
pervasive, -a kuenea
perverse, -kaidi
perversity, ukaidi
pervious, -a kupenyeka
pessimism, upesi wa kukata tamaa
pest, balaa
pester, kuudhi
pestilence, maradhi mabaya ya kuenea sana
pestle, mchi wa kutwangia
pet, kipenzi
petition, dua; kuomba
petrify, kuduwaza
be petrified, kuduwaa
petrol, mafuta ya motakaa
petty, -dogo, hafifu
phase, hali ya kipindi
phenomenal, -a ajabu sana
philanthropic, -karimu
philanthropy, upendo na ufadhili
philosophical, -tulivu, -a busara
philosophy, elimu ya asili; filosofia
phlegm, makohozi
phonetics, elimu ya matamko
photograph, picha iliyopigwa kwa kamera
phrase, fungu la maneno machache
physical, -a kuhusu mwili
physician, tabibu(ma)
piano, kinanda
pick, kuchuma
pick, pickaxe, sululu(ma)
pick out, kuchagua
pick up, kuokota
pickle, 1 matata; 2 kupika achali
pickles, achali
pickpocket, poketimani(ma)
picnic, mandari
pictorial, -enye picha nyingi

picture, picha; sanamu

picturesque, -a kupendeza macho

pie, nyama au matunda katika *pastry*

piece, kipande

pier, gati itokezayo baharini

pierce, kutoboa; kupenya

pig, nguruwe

pigeon, njiwa

pigeon-hole, daka(ma)

pile, chungu; kupanganya

pilfer, kuiba kidogo kidogo

pilgrim, mhaji

pilgrimage (make a), kuhiji; kuzuru mahali patakatifu

pill, kidonge cha dawa

pillar, nguzo

pillow, mto

pillow-case, mfuko wa mto

pilot, rubani(ma)

pimple, dutu(ma)

pin, pini

pin-up girl, kisura

pincers, kibano

pinch, kufinya

pineapple, nanasi(ma)

pink, -ekundu -eupe

pint, kibaba

pioneer, mtangulizi

pious, -tawa

pip, kokwa dogo

pipe, *1* kiko; *2;* *2* bomba(ma); *3* filimbi

pirate, haramia(ma) wa bahari

pistol, bastola

pit, shimo(ma)

pitch, *1* lami; -eusi sana; *2* kutupa; kuvurumisha

pitcher, gudulia

piteous, pitiable, -a kuhuzunisha

pitiful, *1* -enye huruma; *2* -enye kuhuzunisha

pitiless, bila huruma

pitted (be), kududuka

pity, *1* huruma; *2* jambo la kusikitisha

placard, tangazo la kubandikwa ukutani

placate, kuridhisha

place, mahali; mwahali; kuweka

placid, -tulivu

plague, tauni; balaa

plain, *1* tambarare; *2* dhahiri; *3* bila mapambo

plaintiff, mdai

plait, ukili(k); shupatu(ma); kusuka; kusokota

plan, ramani; shauri(ma); mpango; kuazimia

plane, *1* randa; kupiga randa; *2* eropleni

planet, sayari

plank, ubao(mb)

plant, mmea; kupanda

plantation, shamba(ma)

plaster, lipu; kandiko(ma); kupiga lipu; kukandika

plate, sahani

platform, jukwaa(ma); sakafu ya stesheni

play, mchezo; kucheza

player, mchezaji

plea, maombi

plead, kuleta hoja

plead guilty, kukiri kosa

pleasant, -a kupendeza

please, kupendeza; tafadhali

pleasure, furaha; anasa

pledge, ahadi; kuahidi; rehani; kuweka rehani

plentiful, tele; -ingi

plenty, wingi

pliable, pliant, -a kupindika

plight, hali mbaya

plod, kuenda kwa taabu

plot, *1* kiwanja; *2* hila; kufanya hila

pluck, *1* kuchuma; kunyonyoa; *2* moyo wa kiume

plug, kizibo; kuziba

plumage, manyoya ya ndege

plumber, fundi wa mabomba ya maji

plump, -nene; -nono

plunder, kuteka

plunge, kutumbukiza; kujitupa

poach, kuiba mawindo

poacher, mwizi wa mawindo

pocket, mfuko wa nguo

pod, ganda(ma)

poem, poetry, mashairi

poet, mshairi

point, *1* ncha; *2* jambo(ma); *3* kuelekeza kwa kidole

pointed, *i*liyochongoka

pointless, bila maana
poison, sumu; kutia sumu
poisonous, -a sumu
poke, kuchokoa; kuchocha
pole, mti, nguzo; mlingoti
north pole; south pole, ncha ya kaskazini; ncha ya kusini
police, polisi(ma)
policy, *1* hati ya bima, etc.; *2* maongozi
polish, dawa ya kung'arisha; kung'arisha
political, -a kuhusu utawala wa nchi
political party, chama cha siasa
politics, siasa
polite, -enye adabu
politeness, adabu; heshima
poll, *1* kichwa; *2* uchaguzi wa manaibu
pollute, kuchafua; kunajisi
pollution, uchafu; unajisi
pomegranate (*tree*) mkomamanga; (*fruit*) komamanga(ma)
poly-, -ingi
polygamy, kuoa wake wawili au zaidi
pompous, -a kutakabari
pond, ziwa dogo
ponder, kufikiri
ponderous, -zito sana
pony, farasi mdogo
pool, kidimbwi
poor, maskini
pop, kuzibuka bu!
popcorn, bisi
popular, -a kupendwa na watu wengi
popularity, sifa za watu
populated (**be**), kukaliwa na watu
population, jamii ya watu wa mahali fulani
populous, -enye wakaaji wengi
porch, ukumbi(k)
porcupine, nungu
pore, kinyweleo
pore over, kukazia mawazo
pork, nyama ya nguruwe
porous, -a kupapa maji
porpoise, pomboo
porridge, uji mzito
port, bandari

portable, -a kuchukulika mkononi
porter, mchukuzi
portfolio, *1* jalada ya kutia barua, etc.; *2* uwaziri
portion, fungu(ma)
portrait, picha ya mtu
Portuguese, Mreno
position, mahali; hali; cheo
positive, -a hakika
possess, kuwa na
possession, mali; milki
possessor, mwenyewe
possibility, yumkini
be possible, kuwezekana
possibly, labda
post, *1* nguzo; *2* mahali pa kazi; *3* posta
postage, ada ya posta
postman, mpeleka barua
postmark, chapa ya posta
poster, tangazo la ukutani
posterity, vizazi vitakavyokuja
postpone, postponement, kuahirisha
pot, chombo; chungu; etc.
potato, kiazi
potent, -a nguvu
potential, -a kuwezekana baadaye
pothole, shimo refu; kishimo barabarani
pottery, vyombo vya udongo
pouch, mfuko
poultry, kuku, mbata, etc.
pounce on, kuvamia
pound, ratli; pauni; kuponda; kutwanga
pour, kumimina
pour away, kumwaga
poverty, umaskini
powder, unga; poda
power, uwezo; mamlaka
powerful, -enye nguvu nyingi
powerless, bila nguvu
practicable, -a kuwezekana
practical, -a kufaa; -a busara
practically, kwa kweli; karibu
practice, desturi; mazoezi
practise, *1* kufanya kazi fulani; *2* kujizoeza
praise, sifa; kusifu
praiseworthy, -a kusifiwa
pram, kigari cha mtoto mdogo

pray, kusali
prayer, sala
preach, kuhubiri
preacher, mhubiri
For prefix pre see page 82
precarious, -a hatari
precaution, hadhari
precautionary, -a hadhari
precede, kutangulia
precedence, utangulizi wa he-
shima
precedent, jambo la zamani la
kuongoza
preceding, -iliyotangulia
precious, -enye thamani
precipice, genge(ma)
precipitate, kuhimiza kwa ha-
rara
précis, muhtasari
precise, halisi
precision, usawa
preclude, preclusion, kuzuia
predecessor, mtangulizi
predicament, hatari; mashaka
predict, kubashiri
prediction, ubashiri
predominant, iliyo kuu
preface, dibaji
prefer, kupenda zaidi
preferable, afadhali
preference, upendeleo
preferential, -a kupendelewa
preferment, nyongeza ya cheo
pregnant (be), kuwa na mimba
prejudice, machukio bila sababu
ya haki
preliminary, -a kutangulia
premature, kabla ya wakati
wake
premeditated, iliyokwisha kuku-
sudiwa
premises, nyumba na kiwanja
chake
premium, 1 malipo ya kufanya
bima; 2 ziada
premonition, onyo la mbele
preparation, matengenezo
preparatory, -a kwanza
prepare, kufanya tayari
prepay, kulipa mbele
preponderance, wingi zaidi
preposterous, -a upuzi
prescribe, kuagiza

prescription, dawa iliyoagizwa
presence, be present, kuwapo
at present, sasa; siku hizi
present, 1 zawadi; kutoa; 2 -a
sasa
presently, baadaye kidogo
presentiment, maono ya mbele
preserve, preservation, kuhi-
fadhi
preside over, kusimamia
president, rais
press, kusonga
the press, waandishi wa maga-
zeti
pressing, muhimu; -a haraka
pressure, mkazo
prestige, sifa ya ubora
presume, 1 kudhani; 2 kuthubutu
presumption, 1 lililo yamkini;
2 ujuvi
pretence, uongo
pretend, kujifanya; kudanganya
pretext, sababu isiyo kweli
pretty, -zuri
prevail, kushinda
prevalent, -a kuenea
be prevalent, kuchaga
prevent, kuzuia
preventative, kitu kinachozuia
prevention, zuio(ma)
previous, -a kutangulia
prey, mateka
price, bei
priceless, -a thamani sana
prick, kuchoma
prickle, mwiba
pride, kiburi
pride oneself on, kujivunia
priest, kuhani(ma); kasisi(ma)
primary, -a kwanza
prime, -a kwanza; bora
Prime Minister, waziri mkuu
primitive, -a zamani za kwanza
prince, mwana wa mfalme
princess, binti wa mfalme
principal, 1 -kuu; mwalimu
mkuu; 2 rasilmali
principally, zaidi; hasa
principle, kanuni
print, chapa; kupiga chapa
printer, mpiga chapa
priority, haki ya kutangulia
prison, kifungo; gereza(ma)

prisoner, mfungwa
privacy, faragha
private, *1* -a mwenyewe tu; *2* -a faragha
privately, in private, faraghani
privation, dhiki
privilege, haki ya mtu fulani
prize, tuzo; kuthamini
be probable, kuelekea; yamkini
probability, yamkini
probably, labda
probation, wakati wa kupimwa
probe, kuchungua
problem, matatizo
problematic, si hakika
procedure, utaratibu; mwenendo
proceed, kuendelea
proceedings, mambo yatendwayo
proceeds, mapato
process, njia ya kufuatwa; kazi
procession, mafuatano; maandamano
proclaim, kutangaza
proclamation, tangazo(ma)
procrastination, kuahirisha
procurable, -a kupatikana
procure, kupata
prodigy, kitu cha ajabu
produce, kutoa; kuzaa
product, mazao; matokeo ya kazi
production, matoleo; ufanyizaji
profane, -a kudharau matakatifu; kutia unajisi
profess, kusema wazi; kujidai
profession, *1* kazi ya elimu; *2* ushuhuda
professor, mwalimu mkuu
proffer, kutoa
proficiency, ustadi
proficient, -stadi
profit, faida
profitable, -a kuleta faida
profound, -a maana sana
profusion, wingi
progeny, wazao
programme, azimio la mambo ya kufanyika
progress, maendeleo; kuendelea mbele
progressive, -a kuendelea mbele
prohibit, kukataza
prohibition, makatazo

project, azimio(ma)
projectile, kitu cha kurushwa
prolong, kuongeza urefu
prolonged, -refu
prominent, -a kutokeza; -a kujulikana sana
promise, ahadi; kuahidi
promising, -a kutumainiwa
promote, kuendeleza; kuongeza cheo
promotion, nyongeza ya cheo
prompt, *1* -epesi; *2* kukumbusha maneno
promptly, mara moja
pronounce, kutamka
pronouncement, tangazo(ma)
pronunciation, matamko
proof, ushahidi
prop, nguzo; kuegemeza
propaganda, ushawishi
propagate, kuzalisha; kueneza
propel, kusukumia mbele
propensity, maelekeo
proper, -a kufaa
properly, vizuri
property, mali
prophecy, unabii; ubashiri
prophesy, kutoa unabii; kubashiri
prophet, nabii(ma); mbashiri
propitiate, kuridhisha
propitiation, kipatanisho
propitious, -a heri
proportion, sehemu; kadiri
proposal, proposition, shauri(ma); azimio(ma)
propose, kutoa shauri; kuazimu
proprietor, mwenyewe
prose, maandiko yasiyo mashairi
prosecute, *1* kuendesha; *2* kushtaki kortini
prosecution, *1* mfulizo; *2* ushtaki
prosecutor, mshtaki
prospect, yanayotazamiwa mbele
prospector, mchunguzi wa ardhi ya madini
prospectus, maelezo mafupi ya kampuni, skuli, etc.
prosper, kusitawi
prosperity, usitawi
prostitute, kahaba(ma); malaya
prostrate, kifudifudi
protect, kulinda

protection, ulinzi; himaya
protest, teto(ma); makatazo; kushuhudia; kutokubali
protracted, -a muda mrefu
proud, -enye kiburi
 be proud of, kuona fahari
prove, kuthibitisha; kuhakikisha
proverb, mithali
proverbial, -a kujulikana sana
provide, kuweka tayari
provided that, iwapo
providence, maongozi ya Mungu
providential, kwa rehema ya Mungu
province, jimbo(ma)
provisional, -a kitambo
provisions, vyakula
provocation, uchokozi
provoke, kuchokoza
prow, omo(ma); gubeti
prowl, kuzungukazunguka kama simba
proximity, ujirani
prudence, busara
prudent, -enye busara
pry, kudadisi
P.S., nyongeza ya barua
psalm, zaburi
P.T.O., tazama kwa pili
puberty, ubalehe
public, waziwazi; -a watu
 the public, watu
publication, *1* tangazo(ma); *2* vitabu na magazeti
public-house, hoteli
publicity, maenezi ya habari
publish, kuchapa na kutoa vitabu; kutangaza
publisher, mtoa vitabu
pudding, chakula kitamu
puddle, kidimbwi
puff, kupuliza; kutweta
 be puffed up, kuringa
pugnacious, -a kutaka vita
pull, kuvuta
pullet, mtoto wa kuku
pulp, mseto; kuseta
pulpit, mimbara
pulse, vipigo vya mishipa ya damu
pump, bomba(ma); kuvuta kwa bomba
pumpkin, boga(ma)
punch, kupiga ngumi

punctual, kwa saa barabara
punctuate, kutia vituo
punctuation, vituo
puncture, kitundu; kichomeo; kuchoma
punish, kuadhibu
punishment, adhabu
punt, kuendesha mashua kwa pondo
pupil, mwanafunzi
puppet, mtoto wa bandia
puppy, mtoto wa mbwa
purchase, kununua
purchases, vitu vilivyonunuliwa
pure, safi
purge, purify, kutakasa
purity, usafi
purple, urujuani
purpose, kusudi
 on purpose, makusudi
purse, kifuko cha kutilia fedha
pursue, kufuatia; kufukuzia
pursuit, ufukuzo
pus, usaha
push, kusukuma
put, kuweka
put off, kuahirisha
put on, kuvaa
put out, *1* kutoa; *2* kuzima
 be put out, kuudhika
put to flight, kukimbiza
put up with, kuvumilia
puzzle, kitendawili; kutatanisha
pygmy, mbilikimo(-)
python, chatu

Q

quack, *1* ayari; *2* kulia kama bata
quadruped, mnyama mwenye miguu minne
quake, kutetemeka
qualification, sifa ya uwezo
qualify, kustahili
quality, aina; ubora
quantity, kiasi
quarantine, kutengwa kwa sababu ya ugonjwa
quarrel, ugomvi; kugombana
quarry, chimbo(ma); kuchimbua
quarter, *1* robo; *2* mtaa
quarterly, kila miezi mitatu
quarters, makao

quash, kutangua; kukomesha
quay, gati
queen, malkia
queer, -a kigeni
quench, kuzima; kutuliza
query, swali(ma); kuuliza
question, swali(ma)
questionable, -a shaka
queue, kujipanga mstarini
quick, -epesi
  be quick! Upesi!
quickly, upesi
quiet, kimya; -tulivu
quit, kuacha
  be quits, kuwa sawa
quite, kabisa
quiver, podo; kutikisika
quiz, mashindano ya maswali
quota, fungu la mtu au mtaa katika chango
quote, quotation, kutaja maneno ya mtu mwingine
q.v., rejea

R

rabbit, kisungura
race, *1* mashindano ya mbio; kushindana mbio; *2* taifa
racial, -a kuhusu taifa
rack, chanja(-)
racket, *1* kibao cha kuchezea mpira; *2* makelele; *3* ujanja
radiance, mwangaza
radiate, kuenea pande zote
radiation, maeneo ya nuru, joto, etc.
radical, -a tangu chini
radio, redio
radius, kipimo toka katikati ya duara
raffle, bahati nasibu
raft, chelezo
rafter, kombamoyo(ma)
rag, *1* kitambaa kibovu; *2* mzaha
rage, hasira
ragged, *ili*yotatuka
raid, shambulio(ma); kushambulia
rail, reli; upapi
railings, kitalu cha nguzo na papi
raiment, mavazi
rain, mvua; kunyesha mvua

rainbow, upindi wa mvua
raise, kuinua
raisins, zabibu kavu
rake, jembe la meno
rally, kusanyiko(ma); kukusanyika
ram, *1* kondoo dume; *2* kushindilia
ramble, matembezi mashambani
rampart, boma(ma)
ramshackle, -bovubovu
ran, *see* **run**
rang, *see* **ring**
ransack, kutafuta kila mahali
ransom, ukombozi; kukomboa
rap, kugotagota
rape, kunajisi mwanamke kwa jeuri
rapid, -a kwenda kasi
rare, adimu
rarely, mara chache tu
rash, *1* upele; *2* -jasiri
rat, panya
rate, *1* mwendo; kadiri; *2* kodi
  at any rate, iwayo yote
rather, *1* afadhali; *2* kidogo si sana
ratification, idhini; thibitisho (ma)
ratify, kuthibitisha
ratio, uhusiano
ration, kupimia; kipimo
rational, -enye akili
rations, posho
rattle, kayamba(ma); kutatarika
ravage, kuteka; kuharibu
ravenous, -enye njaa kuu
ravine, genge(ma)
raw, -bichi
ray, mshale wa nuru
raze, kuangusha hata chini
razor, wembe(ny)
reach, kufikia
react, reaction, kushawishiwa na jambo lililotangulia
reactionary, mwenye kupinga maendeleo
read, reading, kusoma
reading (*printed matter*) somo(ma)
ready, tayari
ready-made, -a kutungua
real, -a hakika
reality, hakika

realize, kutambua
really, kweli, hasa
realm, milki
reap, kuvuna
reaper, mvunaji
rear, *1* upande wa nyuma; *2* kulea
reason, *1* akili; kufikiri; *2* sababu; maana
reasonable, -a maana; -a haki
reassure, kuondoa shaka
rebate, kipunguzi
rebel, mwasi; kuasi
rebellion, maasi
rebuke, karipio(ma); kukaripia
recall, *1* kukumbuka; *2* kumwita mtu arudi
recapitulate, kurudia kwa machache
recede, kurudi, nyuma
receipt, stakabadhi
receive, kupokea; kupewa
recent, -a siku hizi
recently, juzi; hivi karibuni
receptacle, chombo cha kuwekea kitu
reception, baraza; makaribisho
recess, *1* daka(ma); *2* likizo(ma)
recipe, maelezo ya upishi
recipient, mtu apewaye
reciprocal, -a wao kwa wao; -ana
reciprocate, kutendeana
recital, tafrija ya muziki
recitation, masimulizi
recite, kusimulia
reckless, -bila uangalifu
reckon, kuhesabu; kudhani
reclaim, kurudishia ardhi hali njema
recognition, utambuzi
recognize, kutambua
recoil, kurudi nyuma
recollect, kukumbuka
recollection, ukumbuko
recommend, kusifu
recommendation, sia njema
recompense, kutuza; uradhi; fidia; kuridhisha
reconcile, kupatanisha
reconciliation, upatanisho
record, *1* kuandika habari; *2* kipeo cha ubora; *3* sahani ya gramafoni

recount, *1* kusimulia; *2* kuhesabu tena
recover, recovery, *1* kupata tena; *2* kupata nafuu
recreation, maburudisho; tafrija
recrimination, lawama(ma)
recruit, kuandika askari
recruits, askari wapya
rectangular, -enye pembe nne za mraba
rectify, kusahihisha; kuondoa kosa
recur, recurrence, kurudia
recurrent, -a kurudia mara kwa mara
red-, -ekundu
red tape, uzuizi wa bure
redeem, kukomboa
redemption, ukombozi
redouble, kuzidisha
redress, njia ya kupata haki
reduce, reduction, kupunguza
redundance, be redundant, kuzidi kuliko hesabu inayotakiwa
reed, tete(ma)
reef, mwamba baharini
reek, kunuka
reel, *1* kidonge; *2* kulewalewa
refectory, mezani
refer to, kurejea; kutaja
referee, mwamuzi
reference, *1* marejeo; *2* cheti cha sifa
with reference to, kwa habari ya
refine, kutakasa
refinery, kinu cha kufanyizia sukari
reflect, reflection, *1* kurudisha nuru; *2* kufikiri
reflector, kioo cha kurudisha nuru
reform, reformation, kuondoa makosa; kutengeneza
reformatory, nyumba wanamoongolewa watoto wakosaji
refractory, -kaidi
refrain, *1* kiitikio cha wimbo; *2* kujizuia
refresh, kuburudisha
refreshment, kiburudisho
refrigerator, chombo cha baridi cha kuwekea chakula
refuge, kimbilio(ma)
take refuge, kukimbilia

refugee, mkimbilizi
refuse, refusal, kukataa
refuse, takataka, kifusi
refute, refutation, kukanusha
regal, -a kifalme
regale, kufurahisha
regard, kuangalia; kudhania
regarding, kwa habari ya
regardless, bila kujali
regards, salamu
regiment, jeshi la askari
region, wilaya
register, daftari(ma); orodha ya majina
regret, majuto; kujuta
regular, -a kawaida; -a taratibu
regularity, utaratibu
regularly, kwa taratibu
regulate, kurekebisha
regulation, sharti(ma); amri
rehearse, rehearsal, kujizoeza kabla ya siku yenyewe
reign, enzi; kumiliki
reimburse, kurudisha gharama
reinforce, kutia nguvu zaidi
reinforcements, watu na manufaa ya kuongeza nguvu
reject, kukataa
rejoice, kufurahi
rejoicing, furaha; shangwe
rejoin, kurudia; kujibu
rejoinder, jibu(ma)
relapse, kurudia hali mbaya
relate, *1* kuhadithia; *2* kuhusu
be related, kuhusiana; kuwa na ukoo mmoja
relation, relative, jamaa
relax, relaxation, kulegea; kulegeza
relay, kupokea na kupeleka
release, kufungua
relent, kuacha ukali
relentless, pasipo huruma
relevant, -a kuhusu
be relevant, kuhusu
reliable, -a kutumainiwa; madhubuti
reliance, tumaini
relic, kitu cha zamani kilichobaki hata sasa
relief, faraja
relieve, kuondoa taabu
religion, dini

relinquish, kuacha
relish, kufurahia; *2* kitoweo
reluctance, moyo usiotaka
be reluctant, kutotaka
rely on, kutegemea
remain, kubaki; kukaa
remainder, remains, mabaki; masazo
remand, kurudisha kifungoni
remark, maneno machache; kusema
remarkable, -a ajabu; -a maana
remedy, dawa
remember, kukumbuka
remembrance, ukumbuko
remind, kukumbusha
reminder, ukumbusho
remission, masamaha
remit, *1* kusamehe; *2* kupeleka fedha
remittance, fedha iliyopelekwa
remnant, baki(ma)
remonstrance, udaku; onyo(ma)
remorse, majuto
remorseless, bila huruma
remote, -a mbali
remove, removal, kuondoa; kuhamisha
remunerate, kulipa
remuneration, ijara; ujira
rend, kurarua
render, kutoa
renew, renewal, kufanya upya
renounce, renunciation, kukataa
renovate, kufanyiza kama kwanza
renown, sifa
renowned, mashuhuri
rent, *1* mahali palipopasuka; *2* kodi ya nyumba
reorganize, kuratibisha upya
repair, kutengeneza kitu kibovu
repairs, matengenezo
reparation, malipo
repay, kurudisha fedha
repeal, kubatilisha
repeat, kusema *or* kufanya tena
repetition, marudio
repel, kurudisha nyuma; kuchukiza
repellent, -a kuchukiza
repent, be repentant, kutubu
repentance, toba

replace, kuweka badala
replenish, kujaza tena
reply, jibu(ma); kujibu
report, taarifa; ripoti; kuarifu
reporter, ripota(ma); mwandishi
repose, mustarehe
reprehensible, -a kulaumika
represent, *1* kufananisha; *2* ku-
wakilisha
representative, naibu(ma)
repress, kutiisha; kuonea
repressive, -a kutiisha
reprieve, achilio(ma); kuachilia
reprimand, lawama; kukemea
reprisal, kisasi
reproach, lawama; kulaumu
reproduce, kuzaa; kufuatisha
reproduction, uzazi; mfano
reproof, karipio(ma)
reprove, kukaripia
reptile, jamii ya nyoka na mjusi
republic, jamhuri
repudiate, kujitenga na
repugnant, -a kuchukiza
repulse, kuepusha
repulsive, -a kuchukiza
reputation, sifa
request, maombi; kuomba
require, *1* kuhitaji; *2* kuamuru
requisition, kutoza kwa nguvu
requite, kulipa mema au ma-
baya
rescue, kuokoa; kuopoa
research, uchunguzi
resemblance, sura moja
resemble, kufanana na
resent, kuchukia
resentful, -enye uchungu
resentment, uchungu
reserve, *1* akiba; kuweka: *2* ri-
savu;
be reserved, *1* kuwekewa; *2*
-nyamavu
reside, kukaa
residence, makao; nyumba
resident, mwenyeji
residue, baki; mashudu
resign, resignation, kujiuzulu
be resigned, kuridhika; kushu-
kuru
resist, kupinga
resistance, upinzani
resolute, thabiti

resolution, *1* uthabiti; *2* shauri
mkataa
resolve, kuyakinia
resort, mahali pa kuendea kwa
matembezi au msaada
resource, mahali patokapo msa-
ada
resourceful, -enye busara
respect, staha; kustahi
respectable, -stahiki
respectful, -enye adabu
respecting, kwa habari ya;
mintarafu
respiration, respire, kuvuta
pumzi
respite, pumziko(ma)
resplendent, -a fahari
respond, kuitika
response, itikio(ma)
responsibility, madaraka
responsible, -enye madaraka;
-aminifu
rest, *1* pumziko(ma); kupumzika;
2 mabaki
restaurant, hoteli; mkahawa
restitution, malipo
restive, restless, pasipo utulivu
restore, restoration, *1* kuru-
disha; *2* kutengeneza
restrain, kuzuia
restraint, kizuizi
restrict, kuwekea mpaka
restriction, sharti ya kuzuia
result, matokeo
result from, kutokea
result in, kutokeza
resume, kuanza tena
resumption, mwanzo mpya
resurrection; ufufuo; kiyama
retail, rejareja
retailer, mchuuzaji
retain, kushika
retaliate, kulipiza kisasi
retaliation, kisasi
retard, kukawilisha
retention, kushikilia
retire, *1* kurudi nyuma; *2* kuacha
kazi
retirement, faragha; mapumziko
retort, kujibu kwa ubishi
retreat, mahali pa kukimbilia;
kurudi nyuma
retrench, kupunguza gharama

retribution, mapatilizo

retrograde, kurudia hali ya nyuma

retrospective, -a kutazama nyuma

return, marejeo; kurudi; kurejea

reunion, mkutano baada ya kufarakana

reveal, kufunua

revel in, kufurahia

revelation, ufunuo

revenge, kisasi; kulipiza kisasi

revenue, mapato ya Serkali kwa kodi, etc.

reverence, uchaji; staha

reverent, -nyenyekevu

reverse, upande wa pili; kupindua

revert to, kurejea

review, ukaguzi; kukagua

revile, kushutumu; kutukana

revise, revision, kusahihisha; kujikumbusha masomo

revival, ufufuo

revive, kuhuisha; kufufua

revoke, kutangua

revolt, maasi; kuasi

revolution, _1_ mzunguko; _2_ mageuzi makuu; _3_ maasi juu ya mtawala

revolve, kuzunguka

revolver, bastola

reward, tuzo; kutuza

rheumatism, baridi yabis

rhino/ceros, kifaru

rhyme, kina

rhythm, mwendo; mizani

rib, ubavu(mb)

ribbon, utepe(t)

rice, mpunga; mchele; wali

rich, tajiri

riches, utajiri; mali

rid of (get), kujiondolea; kuachia mbali

riddle, kitendawili

ride, kupanda baiskeli au mnyama

ridge, mgongo; tuta(ma)

ridicule, dhihaka

ridiculous, -a kuchekesha

rifle, bunduki

rift, ufa(ny)

right, _1_ -a kuume; _2_ -a haki; _3_ sawasawa

all right! vema!

rigid, _i_liyokazana

rim, ukingo(k)

rind, ganda(ma)

ring (rang, rung) kupiga kengele

ring, pete; duara

ringleader, mtangulizi katika matata

rinse (_clothes_) kusuza; (_mouth_) kusukutua

riot, ghasia

rioters, wafanya ghasia

R.I.P., Astarehe kwa amani

rip, kupasua

ripe, -bivu

ripen, kuiva

ripple, kiwimbi

rise (rose, risen) kuinuka; kuumuka

risk, hatari; kuhatarisha

risky, -a hatari

rival, mshindani; kushindana

river, mto

road, njia; barabara

roar, ngurumo; kunguruma

roast, kuoka motoni

rob, kuibia

robber, mwizi; mnyang'anyi

robe, vazi(ma); kuvaa

robin, ndege mwenye kifua chekundu

rock, _1_ mwamba; _2_ kupembea; kupembeza

rod, ufito(f)

rogue, ayari

roll, kwenda mrama

roll along, kufingirika; kufingirisha

roll up, kukunja kwa kuzungusha

roll, _1_ mkate; _2_ orodha ya majina; _3_ mdundo

romp, kucheza na kurukaruka

roof, mapaa; dari

room, chumba

roomy, -enye nafasi

root, shina(ma); mizizi

rope, kamba

rosary, tasbihi

rose, _1 see_ rise; _2_ waridi(ma)

rosette, shada

rosy, -ekundu; -zuri

rot, kuoza

rotate, *1* kuzunguka; *2* (*crops*) kupangilia

rotation, *1* mzunguko; *2* mapangilio

rotten, -bovu

rough, -a kuparuza

round, duara; mviringo

be round, kuviringana

go round, kuzunguka

turn round, kugeuka

rouse, kuamsha; kustusha

route, njia

routine, taratibu ya kila siku; kawaida

row, *1* safu; *2* kupiga makasia; *3* makelele

royal, -a kifalme

royalty, *1* ujamaa wa mfalme; *2* malipo ya mtunga kitabu

R.S.V.P., Tafadhali lete jibu

rub, kusugua; kufikicha

rubbish, takataka; upuzi

rudder, usukani(s)

rude, -enye kukosa adabu

rudimentary, -a mwanzo tu

rudiments, maarifa ya kwanza

rug, zulia(ma)

ruin/s, magofu; mabomoko; kuangamiza; kuharibu

rule, kanuni; amri; kutawala

as a rule, kwa kawaida

ruler, *1* mtawala; *2* rula

rumour, uvumi; fununu

be rumoured, kuvumika

run (ran) *1* kwenda mbio; *2* kuchujuka rangi

run after, kufuatia mbio

run away, kukimbia; kutoroka

run down, *1* kupotewa na nguvu; *2* kusingizia

run out of, kuishiwa na

rung, *1* *see* ring; *2* kipandio cha ngazi

rupture, kuvunja

rural, -a mashambani

rush, kikaka; kuenda kasi

rushes, matete

rust, kutu

rustle, mchakacho; kuchakarisha

rut, mfuo wa magurudumu njiani

ruthless, pasipo huruma

S

sabotage, kuharibu makusudi

sack, gunia(ma); kuondoa kazini

sacred, wakf; -takatifu

sacrifice, dhabihu; kutoa dhabihu

sad, -enye huzuni

sadden, kuhuzunisha

saddle, kiti cha baiskeli au farasi

sadness, huzuni

safe, salama

safeguard, kinga; kuhifadhi

safety, usalama

sag, kunepa

said, *see* say

sail, tanga(ma); kutweka tanga

sailor, baharia(ma)

saint, mtakatifu

sake, ajili

salad, mboga mbichi; saladi

salary, mshahara; ujira

sale, mnada; upunguzi wa bei

saliva, mate

salt, chumvi

salutary, -enye faida

salutation, salamu

salute, kusalimu

salvage, vitu vilivyookolewa baada ya gharika au moto

salvation, wokovu

same, ile ile; kile kile; etc.

sample, kiolezo; mfano

sanctify, kutakasa

sanction, idhini

sanctions, matendo ya kuonya

sanctity, utakatifu

sanctuary, mahali patakatifu au pa salama

sand, mchanga

sandbank, fungu(ma)

sandal, kiatu

sane, -enye akili timamu

sang, *see* sing

sanitary, -a kutunza afya

sanitation, maangalizi ya afya na usafi

sanity, akili timamu

sap, utomvu

sapling, mti mchanga

sarcasm, maneno machungu

sardines, dagaa

sash, mshipi

Satan, Shetani

satchel, shanta; mkoba
satellite, kizunguka-dunia; kifuasi
satire, dhihaka
satirical, -a dhihaka
satisfaction, ridhaa
satisfactory, -a kufaa
satisfy, kuridhisha; kutosheleza
saturate, kuloweshwa kabisa
Saturday, Jumamosi
sauce, mchuzi
saucepan, sufuria
saucer, kisahani
saunter, kutembea polepole
savage, -kali
save, *1* kuokoa; *2* kuweka akiba
savings, fedha iliyowekwa
saviour, mwokozi
savoury, -a kukolea vema
saw, *1 see* sae; *2* msumeno
sawdust, unga wa mbao
say (said) kusema
say to, kuambia
scaffold, jukwaa(ma)
scald, kuunguza kwa maji ya moto
scale, *1* kipimio; *2* gamba(ma)
scales, mizani
scan, kutazama
scandal, aibu; machongezi
scandalize, kuchukiza
scandalous, -a kuchukiza
scanty, haba
scar, kovu
scarce, haba
scarcely, kwa shida
scarcity, uchache
scare, kutisha
scarecrow, kitisha-ndege
scarlet, rangi nyekundu
scatter, kutapanya
be scattered, kutapanyika
scene, scenery, sura ya nchi; mandhari
scent, harufu; marashi
sceptical, -enye shaka
sceptre, fimbo ya kifalme
scheme, mpango
scholar, *1* mtaalamu; *2* mwanafunzi
scholarship, *1* elimu ya juu; *2* tuzo ya kulipiwa masomo
school, chuo; shule

science, elimu; sayansi
scissors, mkasi
scold, kukaripia
scoop, kukomba
scope, eneo(ma); nafasi
scorch, *1* kuunguza; *2* kuendesha kasi
score, korija; kuandika bao
scorn, dharau; kudharau
scornful, -bezi
scorpion, nge
scoundrel, mlaghai
scourge, mjeledi; maafa; kupiga
scout, mpelelezi; skauti; kupeleleza
scrap, kipande kidogo
scrape, kuparuza
scrape through, kufaulu kwa shida
scratch, mtai; kupiga kucha; kukuna
scrawl, scribble, kuandika vibaya; kuchorachora
scream, screech, kiyowe; kulia kwa nguvu
screen, *1* kiwambo; kusetiri; *2* kuchunguza sana
screw, skrubu
scribble, *see* scrawl
Scripture, Maandiko Matakatifu
scrub, kusugua kwa burashi
scruple, shaka
scrupulous, -angalifu sana
scrutinize, kuchunguza
scrutiny, uchunguzi
scuffle, kububurushana
sculptor, mchora mawe
sculpture, sanamu ya kuchora
scum, povu
scythe, mundu mkubwa
sea, bahari
sea-level, usawa wa bahari
seal, *1* muhuri; kutia muhuri; *2* mnyama wa bahari
search, kutafuta
searchlight, kurunzi
season, *1* majira ya mwaka; *2* kukoleza chakula
seasonable, -a kupatana na wakati
seasoning, kiungo cha chakula
seat, kiti
secede, kujitoa katika ushirika

secluded, -a faragha
seclusion, faragha
second, *1* nukta; *2* -a pili
secondary, -a cheo cha pili
secondhand, si mpya
secondrate, hafifu
secrecy, faraghani
secret, siri
secretary, karani(ma)
secrete, kuficha
secretly, kwa siri
sect, madhehebu
section, mkato; sehemu
secular, -a kuhusu ulimwengu huu
secure, salama
security, usalama
sedative, dawa ya kutuliza
sediment, mashudu
seduce, kutongoza: kupotoa
see (saw, seen) kuona; kufahamu
seed, mbegu; mzao
seedling, mche
seek, kutafuta
seem, kuonekana
seemly, -zuri
seen (be), kuonekana
seesaw, pembea
segregate, segregation, kubagua
seize, seizure, kukamata; kushikilia
seldom, mara chache
select, kuchagua
selection, vitu vilivyochaguliwa
self, nafsi; -enewe; -ji-
self-assertion, kujitanguliza
self-confidence, kujitegemea
self-control, kujiweza
self-importance, majivuno
self-respect, kujistahi
self-same, *ile ile*
self-service store, duka la kujihudumia wenyewe
selfish, -enye choyo
self will, ukaidi
sell (sold) kuuza
semblance, dalili; ufananaji
semi-, nusu
send (sent) kupeleka; kutuma
  send back, kurudisha
senior, mkubwa kwa umri au cheo
seniority, utangulizi

sensation, ushangao; maono
sensational, -a kushangaza
sense, akili; maana
  common-sense, busara
sensible, -a busara
sensitive, upesi wa kuchomwa moyo
sensual, -a kuamsha tamaa
sent (be), kutumwa; kupelekewa
sentence, *1* hukumu; kukata hukumu; *2* fungu la maneno
sentimental, -enye moyo mwananana
sentry, askari wa zamu; mlinzi
separate, mbalimbali; kutenga; kuachana
separation, kuachana
sepulchre, kaburi(ma)
sequel, matokeo; mwisho
sequence, ufuatano
seraph, malaika
serene, -tulivu
serenity, utulivu
serf, mtumwa
sergeant, sajini
serial, -a kufuatana kwa utaratibu
series, mfululizo
serious, -a maana; -enye fikira
sermon, mahubiri
serpent, nyoka
servant, mtumishi
serve, kutumikia; kufaa
service, kazi; ibada
serviceable, -a kufaa
servitude, utumwa
session, kipindi cha mkutano
set, *1* kuweka; *2* kuchwa jua
settle, *1* kutuliza; *2* kukata shauri; *3* kukaa mahali
settlement, makao
settlers, maşetla; wageni
seven, saba
seventeen, kumi na saba
seventy, sabini
sever, kukata
several, -ingi kidogo; baadhi ya
severe, -kali
severity, ukali
sew, kushona
sewage, maji machafu ya nyumbani na mjini

sewer, bomba la kuchukulia maji machafu

shabby, -a kuchakaa

shade, shadow, kivuli; kutia kivuli

shake (shook, shaken) kutikisa; kutikisika

shaky, -a kutikisika

shallow (maji) machache

sham, -a uongo

shame, aibu; kuaibisha
a shame, si haki

shameful, -a kuaibisha

shampoo, kuosha nywele

shape, umbo(ma); namna

share, fungu(ma); kugawa; kushiriki

shareholder, mshiriki mali ya kampuni

shark, papa

sharp, -kali; -erevu

sharpen (knife, etc.) kunoa; (pencil) kuchonga

shatter, kuvunja vipande vipande

shave, kunyoa

she, yeye (mwanamke)

sheaf, mganda

shear, kukata manyoya ya kondoo

shears, mkasi mkubwa

sheath, ala(ny); kifuniko

shed, kibanda

sheep, kondoo

sheet (bed) shuka; (paper) karatasi

shelf(ves), rafu; kibao

shell, kombe na kome za pwani; ganda gumu; kumenya

shelter, kimbilio(ma); kifuniko

shepherd, mchungaji

shield, ngao; kinga; kulinda; kusetiri

shift, kusogeza; zamu ya kazi

shine (shone) kung'aa

ship, meli; chombo

shipwreck, kuvunjika meli

shirk, kuepuka kazi

shirt, shati(ma)

shiver, kutetemeka

shoal, 1 kundi la samaki; 2 maji haba

shock, kishindo; mshtuko; kufadhaisha

shocking, -a kuchukiza

shoddy, hafifu

shoe, kiatu

shook, see shake

shoot (shot), 1 kupiga bunduki; 2 kuchipuka

shooting star, kimwondo

shop, duka(ma)

shopkeeper, mwenye duka

shoplifting, kuiba vitu dukani

shore, pwani

short, -fupi; -pungufu

shortcomings, ukosefu

shorten, kufupisha; kupunguza

shorthand, mwandiko wa kukata

shorthanded, bila watu wa kutosha

shortly, baadaye kidogo

shortsighted, -a kuweza kuona vya karibu tu

short-tempered, -a hamaki

shot, 1 see shoot; 2 marisaa

shoulder, bega(ma)

shout, kupiga kelele

shove, kusukuma

shovel, sepeto(ma)

show, onyeshano(ma); tamasha; kuonyesha

show off, kupiga mikogo; kuringa

shower, manyunyu

shrink (shrank, shrunk) kunywea; kurudi

shrink from, kutotaka

shrivel, kukauka; kusinyaa

shroud, saanda

shrub, mti mfupi

shudder, kutetemeka

shun, kuepuka

shunt, kusogeza

shut, kufunga, kufumba

shutters, mbao za dirisha

shy, -enye haya

shyness, haya

sick, mgonjwa

sickle, mundu

sickness, ugonjwa

side, upande

sideways, kwa upande; kimbavumbavu

siding, njia ya kando

siege, mazingiwa ya vitani

sieve, chekecheke

sieve, sift, kuchekecha

sigh, kuhema

sight, uoni
sign, *1* dalili; alama; *2* kutia sahihi
signal, ishara; kionyo; kuashiria; kuonya
signature, sahihi
significance, maana
significant, -enye maana
signify, kuonyesha maana fulani
silage, majani mabichi ya *silo*
silk, hariri
silly, -jinga; -puzi
silo, shimo la kutengenezea chakula cha ng'ombe
silver, fedha
similar, -a kufanana
similarity, ufanani
similarly, vilevile
similitude, mfano
simmer, kuchemka polepole
simple, rahisi; bila mambo mengi
simplification, simplify, kufanya rahisi
simulate, simulation, kujifanya; kuiga
simultaneous, sawia; palepale
sin, dhambi
since, tangu; tokea
sincere, -nyofu
sincerely, kwa moyo
sincerity, unyofu; kweli
sinful, -enye dhambi
sing(sang, sung) kuimba
singer, mwimbaji
single, moja tu; peke yake
singly, moja moja
singular, -a peke yake
singularity, tofauti
sinister, -a shari
sink, kuzama
  sink in, kutopea
sinner, mwenye dhambi
sip, kionjo; kunywa kidogo kidogo
sir, bwana
sisal, katani
sister, dada
sister-in-law, shemeji
sit, kukaa; kuketi
site, kiwanja; mahali
sitting-room, sebule
situation, mahali; hali; mambo yalivyo
six, sita

sixteen, kumi na sita
sixty, sitini
size, ukubwa; kipimo
skate, kuteleza juu ya barafu
skein, fundo la uzi; kataa
skeleton, mifupa ya mwili
sketch, picha iandikwayo upesi
skid, kuteleza
skilful, -stadi; -bingwa
skill, ustadi; ubingwa
skim, *1* kuengua; *2* kusoma juu-juu
skin, ngozi; ganda(ma)
skip, kurukaruka
skipper, nahodha; kapiteni(ma)
skirt, shuka ya kike
skit, kiigo cha kuchekesha
skull, fuu la kichwa
sky, mbingu; anga
sky-blue, samawati
skyscraper, jengo lenye orofa nyingi
slab, bamba(ma)
slack, -legevu; -a kulegalega
  be slack, kulegea
slacken, kulegeza
slam, kushindika kwa kishindo
slander, masingizio; kusingizia
slang, maneno ya kutumika katika maongezi tu
slanting, mshazari; -a kwenda upande
slap, kupiga kofi
slapdash, -a purukushani
slash, kukatakata
slate, kigae cha kuezekea; kibao cha kuandikia
slaughter, kuchinja
slave, mtumwa
slavery, utumwa
slay, kuua
sledge, sleigh, gari ya kuteleza bila gurudumu
sleep (slept) kulala usingizi
  be sleepy, kusinzia
  be sleepless, kuwa macho
sleeve, mkono wa nguo
slender, -embamba
slice, ubale(mb); kipande chembamba
slide, kuteleza
slight, madhili; -dogo
slightly, kidogo

slim, -embamba
slime, tope la kunata
sling (slung) kombeo(ma); mweleka; kuvurumisha
slink, kwenda kisirisiri
slip, kuteleza; kuponyoka
slipper, kiatu
slippery, -enye utelezi
slipshod, -a kupurukusha
slit, kupasua; kuchana
slope, mtelemko; kutelemka
sloping, -a kwenda upande
slot, tundu jembamba
slothful, -vivu
slovenly person, mkoo
slow, -kokotevu; si -epesi
slowly, polepole
slug, koa uchi
sluggard, mvivu
slum, mtaa mchafu wenye nyumba mbovu
slumber, usingizi; kulala usingizi
slump, mshuko wa bei wa ghafula
sly, -enye hila
slyly, kwa hila
small, -dogo
smallpox, ndui
smart, _1_ malidadi; _2_ -epesi; _3_ kuchochota
smash, kuvunja kabisa
smear, kupaka
smell, harufu; kunusa; kunuka (_bad_); kunukia (_sweet_)
smile, kuchekelea
smith, mhunzi
smoke, moshi; kutoa moshi; kuvuta tumbako
smooth, laini
smother, kusonga roho; kufunika
smoulder, kuwaka kidogo tu
smudge, waa(ma)
smuggle, kuingiza kwa siri
smuggler, mpenyezi
smuts, masizi
snack, chakula kidogo
snag, kizuizi
snail, konokono(ma)
snake, nyoka
snap, kukatika; kualika
snap at, kung'akia; kusema kwa hamaki
snap up, kushikilia upesi

snapshot, picha iliyopigwa kwa kamera
snare, tanzi(ma); kunasa
snarl, kutoa ukali
snatch, kunyakua
sneak, kuenda kifichifichi; kuchongea
sneer, kudharau
sneeze, kupiga chafya
sniff, kuvuta puani
snip, kukata kidogo kwa mkasi
snob, mpenda makuu
snore, kukoroma usingizini
snort, (_animals_) kukoroma
snout, pua ya mnyama
snow, theluji
snub, kukatiza kwa dharau
snuff, ugolo
so, hivi; sana; kwa hiyo
so that, ili
soak, kulowesha
soap, sabuni
soar, kuruka juu angani
sob, kulia kwa kwikwi
sober, -a kiasi; -enye busara; si mlevi
sociable, -kunjufu
social, -a urafiki
social centre, jumba la starehe
society, _1_ urafiki; _2_ chama; shirika
socket, tundu la kushikia kitu
soda, magadi
soft, -ororo; -teketeke
soften, kulainisha
soil, udongo; kuchafua
sojourn, kukaa kwa muda
solace, faraja; kufariji
solar, -a jua
sold, _see_ **sell**
  be sold, kuuzwa
solder, lehemu; kulehemu
soldier, askari
sole, _1_ -a peke yake; _2_ wayo(ny)
solemn, -a kuheshimiwa
solicit, _1_ kuomba; _2_ kubemba
solicitor, mwanasheria
solid, imara; -gumu
solitary, -a peke yake
solitude, upweke: faragha
soluble, -a kuyeyuka
solution, _1_ myeyusho; _2_ ufumbuzi

solve, kufumbua
solvent, dawa ya kuyeyusha
  be solvent, kutofilisika
sombre, -a kuondoa furaha
some, -ingine; baadhi ya
somebody, **someone**, mtu (sijui nani)
somehow, kwa njia yo yote
something, kitu (sijui nini)
sometimes, mara kwa mara
somewhere, mahali (sijui wapi)
son, mwana
son-in-law, mkwe
song, wimbo(ny)
soon, sasa hivi
soot, masizi
soothe, kutuliza
sorceror, mchawi
sorcery, uchawi
sordid, -chafu
sore, kidonda
  be sore, kuuma
sorely, sana
sorrow, huzuni
  be sorry, kusikitika
sort, namna; aina
sort out, kuainisha; kupanga
S.O.S., wito wa kutaka msaada
soul, roho
sound, *1* sauti; *2* -zima
soup, mchuzi
sour, -chungu
source, asili; mwanzo
south, kusini
southern, -a kusini
souvenir, kumbukumbu
sovereign, mfalme
sow, nguruwe jike; kupanda mbegu
sower, mpandaji
space, *1* nafasi; *2* anga za juu
spacious, -enye nafasi; -kubwa
spade, jembe la kizungu
spanner, koleo
spare, -a akiba; kutoa; kuachilia
spark, cheche
sparkling, -a kumetameta
sparse, haba
spasm, mshtuko; bidii ya kipindi
spasmodic, mara kushika, mara kuacha
spawn, mayai ya samaki; kutoa mayai

speak (**spoke**, **spoken**) kusema, kunena
speaker, mwenye kusema
spear, mkuki
special, maalum; -a peke yake
specialist, mtaalamu katika kazi fulani; daktari mkuu
specialize, kufuata elimu ya namna moja
specially, hasa; zaidi
species, aina
specific, *1* dhahiri; *2* -a kuainisha; *3* dawa maalum
specification, taarifa ya kuainisha
specify, kupambanua; kutaja sawasawa
specimen, kiolezo
speck, kiwaa kidogo
speckled, -enye mawaa
spectacle, jambo la kutazamisha
spectacles, miwani
spectacular, -a kutazamisha
spectator, mtazamaji
speculate, kukisia; kubahatisha
speculation, mabahatisho ya fedha
speech, usemi; lugha; hotuba
  be speechless, kuduwaa
speed, *1* kadiri ya mwendo; *2* kwenda mbio
speedily, kwa haraka
speedometer, mtambo wa kupimia mwendo
speedy, -a haraka
spell, **spelling**, kuendeleza herufi za neno
  cast a spell, kutabana
spend, kutumia fedha au nafasi
sphere, umbo la mpira; mazingira
spice, bizari, basibasi, dalasini, etc.
spider, buibui
  spider's web, utando(t)
spike, ncha kali ya chuma
spill, kumwaga; kuangusha
spin, kusokota uzi; kuzunguka vuru
spine, uti wa mgongo
spinster, mwanamke asiyeolewa
spire, mnara uliochongoka juu
spirit, *1* roho; pepo; *2* mvinyo
spiritual, -a kiroho

spit, kutema mate
spite, chuki
  in spite of, ingawa; ijapokuwa
spiteful, -a chuki
splash, kurusha maji
splendid, -zuri sana
splendour, fahari
splice, kuunganisha
splint, gango(ma)
splinter, kibanzi
split, kupasua; kuchana
spoil, nyara; kuteka; kuharibu
spoke, 1 see **speak; 2** tindi(ma); taruma(ma)
spokesman, msemaji kwa ajili ya wenzake
sponge, sifongo
spongy, yavuyavu
sponsor, mdhamini
spontaneous, kwa hiari; bila ushawishi
spoon, mwiko; kijiko
sport, michezo; kuwinda
spot, 1 doa(ma); kipele; 2 mahali
spotless, safi kabisa
spouse, mume; mke
spout, mdomo wa chombo
sprain, kutegua; kuteguka
sprawl, kutandawaa
spray, marasharasha; kunyunyiza
spread, kuenea; kueneza; kupaka
sprig, kitawi
spring, 1 (*England*) miezi March–May; 2 chemchemi; 3 mtambo
spring (sprang, sprung) kuruka
sprinkle, kunyunyiza
sprout, kuchipuka
sprung, see **spring**
spur, 1 kichocheo; 2 mahali panapotokeza
spurious, -a uongo
spurn, kukataa kwa dharau
spurt, mbio za ghafula; bubujiko la ghafula
spy, mpelelezi; kupeleleza
squabble, kubishana
squad, kundi dogo la askari
squalid, -chafu; duni
squander, kupoteza mali
square, mraba
squash, kuponda; kusonga
squeak, kulia kama panya

squeal, kulia kama watoto wa nguruwe
squeeze, kukamua
squint, makengeza
squirt, kupuliza maji kwa kibomba
stab, kuchoma mkuki
stability, imara
stabilize, kuimarisha
stable, 1 imara; 2 banda(ma); zizi(ma)
stack, chungu ya majani, kuni, etc.; kupanganya
staff, 1 fimbo; 2 jamii ya wafanya kazi
stage, jukwaa; mwendo kati ya kituo na kituo
stagger, kupepesuka
staggering, -a kushangaza
stagnant water, maji yanayolala
stagnate, kukosa maendeleo
stain, waa(ma); kutia waa
stainless, bila waa; isiyoshika kutu
staircase; stairs, ngazi ya nyumbani
stale, -kavu; -bovu
stalk, kikonyo; kunyatia
stall, 1 meza ya kuwekea bidhaa; 2 zizi
stammer, kigugumizi; kugugumiza
stamp, 1 tikiti ya posta; 2 kuchapua miguu
stampede, makimbizi ya ghafula
stand, kusimama
standard, kanuni ya ubora
standardize, kuweka kanuni; kufuata kanuni
staple, -enye maana zaidi
star, nyota
starch, wanga; kutia wanga
stare, kukaza macho
start, mwanzo; kuanza; kuanzisha
startle, kustusha
startling, -a kustusha
starvation, njaa kali
starve, kudhoofika kwa njaa
state, 1 Serkali; 2 hali
statement, taarifa
statesman, mwenye rai katika mambo ya Serkali

station, kituo; cheo; kuweka mahali
stationary, -a kusimama
stationery, vifaa vya kuandika
statistics, maelezo kwa hesabu
statue, sanamu iliyochorwa
stature, kimo
statute, amri
staunch, thabiti; kuzuia damu
stay, kukaa kwa muda
steadfast, steady, imara, thabiti
steal (stole, stolen) kuiba; kwenda kimya
stealthy, -a siri
steel, chuma cha pua
steep, *1* -a kuinuka ghafula; *2* kulowesha
steer, kushika usukani; kuongoza
stem, shina(ma)
stench, uvundo
step, hatua; daraja(ma)
sterile, tasa, gumba
sterilize, kufisha vijidudu vya ugonjwa
sterling, *1* fedha ya Kiingereza; *2* -a kuaminiwa
stern, *1* -kali; *2* shetri
stew, kutokosa
steward/ess, mtumishi wa abiria
stewardship, maangalizi ya mali ya watu
stick, *1* fimbo; *2* kunata
sticky, -a kunata
stiff, -gumu
stifle, kusonga
stigma, aibu
stile, daraja ya kuvukia kitalu
still, *1* -tulivu; *2* lakini; hata sasa
stillness, shwari
stimulant, stimulus, kichocheo
stimulate, kuchochea; kutia nguvu
sting, kuuma kama nyuki
stingy, -nyiminyimi
stink, kuvunda
stipulate, kuweka masharti
stipulation, sharti(ma)
stir, kukoroga
stir up, kuvuruga; kuchochea
stitch, kushona
stock, akiba
stockade, boma(ma)

stockings, soksi ndefu
stodgy, -zito
stoical, -vumilivu
stoke, kutia makaa
stolen, *see* **steal**
  be stolen, kuibiwa
stomach, tumbo(ma)
stone, jiwe(mawe); (*of fruit*) kokwa(ma)
stood, *see* **stand**
stool, kiti kifupi
stoop, kuinama
stop, kituo; kikomo; kusimama, kusimamisha; kukoma, kukomesha
stop up, kuziba
stopgap, badala(ma); funikapengo
stopper, kizibo
store, akiba; ghala(ma); duka(ma); kuweka akiba
storey, orofa
stork, korongo(ma)
storm, dhoruba
story, hadithi
stout, -nene
stove, jiko(meko)
stow, kupakiza mizigo
stowaway, mjificha melini
straggler, mtangatanga
straight, sawa; -a kunyoka
straighten, kunyosha
strain, *1* kuvuta kwa nguvu; *2* kuchuja; kichujio
strand, *1* jino la kamba; *2* ufukoni
  be stranded, kupwelewa; kuachwa katika shida
strange, -a kigeni
stranger, mgeni
strangle, kunyonga
strap, ukanda(k)
stratagem, werevu
strategy, maarifa ya vita
straw, mbua kavu za nafaka
stray, kupotea njia
streak, mlia
stream, kijito
street, njia ya mji
strength, nguvu
strengthen, kuongeza nguvu
strenuous, -gumu
stress, mkazo; kukaza
stretch, kunyosha

stretcher, machela ya kuchukulia mgonjwa
strew, kutawanya chini
strict, -kali
stride, hatua ndefu
strife, ugomvi
strike, *1* pigo(ma); kupiga; *2* mgomo; kugoma
string, uzi; kigwe
stringent, -a mkazo
strip, kipande chembamba; chane; kuondoa; kuvua
stripe, mlia
striped, -enye milia
strive, kujitahidi
stroke, *1* pigo(ma); *2* kupapasa
stroll, kutembea polepole
strong, -a nguvu
stronghold, ngome
structure, muundo; jengo(ma)
struggle, kushindana; kufanya jitihada
stubborn, -kaidi
student, mwanafunzi
study, kujifunza; kuchungua
stuff, *1* kitambaa; *2* kujaza
stuffing, kitu cha kujazia
stumble, kujikwaa
stumbling-block, kikwazo
stump, kigutu
stun, kuzimisha akili; kuduwaza
 be stunned, kuzimia; kuduwaa
stunted (be), kuvia
stupefy, kuduwaza
stupid, -pumbavu
stupidity, upumbavu
sturdy, -a nguvu
stutter, kigugumizi: kugugumiza
sty, banda la nguruwe
style, mtindo
sub, chini ya
subdue, subject, subjugate, kutiisha
subject, *1* raia; *2* jambo; kisa
submarine, chini ya bahari
submerge, kuzamisha
submission, utii
submit to, kutii; kuvumilia
subordinate, -a chini
subscribe, kutoa fedha kwa gazeti, etc.
subscription, malipo ya gazeti, etc.

subsequent, -a baadaye
subside, kushuka; kupungua
subsidize, kusaidia kwa fedha
subsidy, fedha ya msaada
subsist on, kuponea
subsistence, maishilio
substance, kitu
substantial, -a hakika; -a maana
substantiate, kuthibitisha
substitute, substitution, kutia badala
subterranean, chini ya nchi
subtract, kutoa
suburb, kiunga
suburban, -a kiungani
subversion, upinduzi
subvert, kupindua
succeed, *1* kufaulu; *2* kufuata
success, sudi
successful, -enye kufaulu
succession, mafuatano
successive, -a kufuatana
successor, mrithi; mwenye kufuata
succour, msaada; kusaidia
succumb, kushindwa
such, -a namna hiyo
 such as, kama
suck, kufyonza; kunyonya
suckle, kunyonyesha
suction, mfyonzo
sudden, -a ghafula
sue, kudai
suffer, kuumwa; kupatwa na
suffering, maumivu
suffice, kutosha
sufficient, -a kutosha
suffocate, suffocation, kuzuiwa pumzi
suffrage, haki ya kuchagua madiwani kwa kura
sugar, sukari
sugarcane, muwa(miwa)
suggest, kutoa shauri
suggestion, shauri(ma)
suggestive, -a kufikirisha
suicide, kujiua
suicidal, -a kuleta hasara kubwa
suit, kufaa
suitable, -a kufaa
sulk, kununa
sulky, -kimwa

sulphur, kiberiti
sultry, -a hari
sum, jumla
summarily, bila kukawia
summarize, kufupisha
summary, muhtasari
summer, kiangazi
summit, kilele; upeo
summon, kualika
summons, mwaliko kortini
sun, jua(ma)
Sunday, Jumapili
sundry, kadha wa kadha
sung, see sing
sunrise, mapambazuko; kucha
sunset, kuchwa; machweo
sunshine, jua
super, bora
superb, -zuri kabisa
supercilious, -a kiburi
superficial, -a juujuu
superfluity, mazidio
superfluous, -a zaidi
superintend, kuangalia
superintendence, maangalizi
superintendent, mwangalizi
superior, bora
superiority, ubora
supernatural, si ya ulimwengu
   huu
superstition, ibada ya ujinga
supervise, kuangalia
supervision, maangalizi
supper, chakula cha jioni
supplant, kutwaa mahali pa
supplement, nyongeza
supplementary, -a kuongeza
supplication, maombi
supplies, vyakula; manufaa
supply, kutoa; kuruzuku
support, 1 tegemeo(ma); kutege-
   meza; 2 msaada; kusaidia
suppose, kudhani; kukisi
supposing, ikiwa
supposition, wazo(ma)
suppress, suppression, kuko-
   mesha; kushinda
supremacy, enzi kuu
supreme, juu ya yote
supremely, sana mno
sure, -a hakika
   make sure, kuhakikisha
surely, bila shaka

surety, dhamana
surf, povu ya mawimbi
surface, uso; upande wa nje
surfeit, kinaya
   be surfeited, kukinaishwa
surge, kuumuka
surgeon, daktari wa kupasua
surgery, kazi ya kupasua; afisi ya
   daktari
surmise, kudhani
surmount, kushinda
surname, jina la ukoo
surpass, kushinda
surplus, ziada
surprise, jambo lisilotazamiwa;
   kushangaza
surrender, kujitoa
surreptitious, -a siri
surround, kuzunguka
surroundings, mazingira
survey, kutazama; kuaua
surveyor, bwana pima
survival, survive, kupona katika
   hatari
survivor, mwenye kuokoka
susceptible, -epesi wa kupatwa
suspect, kushuku
suspend, 1 kutundika; 2 kuacha
   kwa muda
suspense, mashaka
suspension, kuachwa kwa muda
suspicion, shaka
suspicious, -enye kushuku
sustain, 1 kutegemeza; 2 kupatwa
   na
sustenance, riziki
swab, pamba au kitambaa cha
   kupangusia
swagger, kuranda
swallow, 1 mbayuwayu; 2 ku-
   meza
swam, see swim
swamp, bwawa(ma)
swampy, -a matope
swan, ndege mkubwa wa maji
swarm, kundi la wadudu; ku-
   songamana
sway, kuwayawaya
swear, kuapa
swear at, kulaani; kutukana
sweat, jasho; kutoa jasho
sweep, kufagia
   sweep up, kuzoa

sweepstake, mchezo wa bahati nasibu
sweet, -tamu
sweetheart, mchumba
sweetness, utamu
swell (swelled, swollen) kuvimba; kuumuka
swelling, kivimbe
swerve, kuepa
swift, -epesi
swim (swam, swum) kuogelea
swindle, kupunja
swindler, ayari
swine, nguruwe
swing, pembea; kuning'inia
  swing arms, kupunga mikono
switch, mtambo wa stimu; swichi
swollen (be), kuvimba
swoop, kurukia
swap, kubadili
sword, upanga(p)
swum, *see* **swim**
syllable, silabi
syllabus, muhtasari
symbol, dalili
symmetrical, -enye ulinganifu
sympathetic, -enye huruma
sympathize with, kufariji
sympathy, faraja
symptom, dalili
synagogue, sinagogi(ma)
synonymous, -enye maana moja
synopsis, ufupisho wa habari
synthetic, -a kubuniwa; si asilia
syphilis, kaswende
Syria, Sham
syrup, asali
system, utaratibu; mwili
systematic, -a utaratibu

T

table, *1* meza; *2* orodha
taboo, mwiko
tabulate, kupanga kwa orodha
tacit, bila kusema
taciturn, -nyamavu
tack (*sailing*) kubisha; (*sewing*) kushikiza
tackle, *1* vifaa; *2* kushikilia
tacks, misumari midogo
tact, busara
tactics, njia za busara

tadpole, mtoto wa chura
tail, mkia
tailor, mshona nguo
taint, uvundo
take (took, taken) kutwaa
take after, kufanana na
take away, kuondoa
take care, kuangalia
take fright, kuogopa
take hold, kushika
take in, *1* kufahamu; *2* kudanganya
take leave, kuaga
take off, kuvua
take out, kutoa
take place, kufanyika
take to, *1* kupenda; *2* kupeleka
take to pieces, kukongoa
take up, kujishughulisha na
tale, hadithi
  tell tales of, kuchongea
tale-bearer, mchongezi
talent, majaliwa; akili
talented, -elekevu
talk, maongezi; kuongea
talkative, -enye maneno mengi
tall, -refu
tally, kuwa sawa
tame, kufuga; -pole
tamper with, kuchezea bila ruhusa
tan, kutia ngozi dawa isioze
tangerine, chenza
tangible, -a kugusika
tangle, mtatizo; kutatiza
tank, tangi(ma)
tanker, meli ichukuayo mafuta
tap, *1* bulula; *2* kugotagota; *3* kugema
tape, utepe
tape-measure, kipimio
tapestry, zulia ya ukutani
tar, lami
tardy, -a kukawia
target, shabaha
tariff, orodha ya bei
tarnish, kupata kutu
tarry, kukawia
tart, *1* -chungu; *2* matunda na *pastry*
task, kazi
tassel, kishada
taste, ladha; kuonja

tasteless, chapwa
tasty, -a kukolea
tatters, nguo mbovumbovu
tattoo, *1* mdundo; tamasha ya kiaskari: *2* chale
taught, *see* teach
 be taught, kufundishwa
taunt, kudhihaki
taut, iliyokazwa
tavern, hoteli
tax, kodi
taxi, taksi
tea, chai
teapot, birika ya chai
teach(taught), kufundisha
teacher, mwalimu
teaching, mafundisho
team, timu
tear (tore, torn) kutatua
tears, machozi
tease, kuchokoza
teaspoon, kijiko kidogo
teat, chuchu
technical, -a ufundi
tedious, -a kuchosha
teenager, kijana; msichana
teeth, meno
teethe, kuota meno
telegram, simu
telegraph, kupeleka simu
telephone, simu ya midomo
telescope, darubini ya nyota
tell (told) kuambia; kuarifu
temper, temperament, tabia
 lose temper, kukasirika
temperance, kiasi
temperate, -a kiasi
temperature, kadiri ya joto
tempest, tufani
temple, hekalu(ma)
temporal, -a dunia hii
temporarily, kwa muda tu
temporary, -a kitambo
tempt, kushawishi
temptation, mvuto
tempting, -a kutamanisha
ten, kumi
tenacious, -a kushikamana
tenacity, nguvu ya kushikamana
tenant, mpangaji wa nyumba
tend, kutunza
tend to, kuelekea
tendency, maelekeo

tender, -ororo
tender-hearted, -enye huruma
tense, *1* wakati (*grammar*); *2* iliyo-kazwa; -a kufadhaisha
tension, kadiri ya mkazo
tent, hema
tentative, -a kujaribia
tepid, -a uvuguvugu
term, muda
terminate, kukomesha
termination, mwisho
terminus, kituo cha mwisho
termites, mchwa
terms, masharti
 come to terms, kupatana
terrace, mtaro
terrestrial, -a dunia
terrible, -a kutisha
terribly, sana
terrific, -kubwa mno
terrify, kutisha
territory, nchi
terror, hofu kuu
test, kujaribu; kupima
testament, wusia; agano(ma)
testify, kushuhudia
testimonial, barua ya sifa
testimony, ushahidi
tether, kufungasha kwa kamba
text, aya
textbook, kitabu cha mafundisho
textiles, vitambaa kwa jumla
than, kuliko
 more than, zaidi ya
thank, kushukuru
thankful, -enye shukrani
thankfulness, shukrani
thankless, pasipo shukrani
thanks, thank you, ahsante
thanksgiving, ibada ya kushu-kuru
that, -le
thatch, kuezeka; maezeko
thaw, kuyeyuka barafu
theatre, jumba la michezo ya kuigiza
theft, wizi
their, theirs, -ao
them, wao
themselves, wao wenyewe
then, wakati ule; ndipo; kisha
thence, toka huko
thenceforth, tokeapo

theology, elimu ya Dini
theoretical, -a akili si matendo
theory, kisio(ma)
there, pale; kule; mle
thereafter, baada ya hayo
therefore, kwa hiyo
therewith, thereupon, ndipo
thermometer, kipima-joto
these, hawa, hizi, etc.
they, wao
thick, -nene
thicket, kichaka
thickness, unene
thief, mwizi, mwivi
thimble, subana
thin, -embamba
  get thin, kukonda
thing, kitu; jambo(mambo)
think (thought) kuwaza; ku-
  dhani; kufikiri
third, -a tatu
  a third, thuluthu
thirst, kiu
  thirst for, kuonea shauku
thirsty, -enye kiu
thirteen, kumi na tatu
thirty, thelathini
this, huyu, hii, etc.
thither, huko
thorn, mwiba
thorny, 1 enye miiba; 2 -enye
  matata
thorough, thoroughly, kamili
thoroughfare, barabara
those, wale; zile; etc.
though, ingawa, ijapo
thought, wazo(ma); see think
thoughtful, -zingativu
thousand, elfu
thrash, kupiga
thread, uzi mwembamba
  thread a needle, kutunga uzi
threat, tisho(ma)
threaten, kutisha
three, tatu
thresh, kupura
threw, see throw
thrice, mara tatu
thrifty, -wekevu
thriller, hadithi ya kusisimua
thrilling, -a kusisimua
thrive, kusitawi
throat, koo; umio

throb, kupwita
throne, kiti cha enzi
throng, msongamano; kusonga-
  mana
through, kupitia
throughout, wakati wote
throw (threw, thrown) kutupa
  be thrown, kutupwa
thrust, kusukuma
thud, mshindo
thumb, kidole gumba
thunder, ngurumo; radi; kupiga
  radi
Thursday, Alhamisi
thus, hivyo
thwart, kupinga
tick, kupe; papasi; pigo la saa
ticket, tikiti
tickle, kutekenya
tide, maji kujaa na kupwa
tidings, habari
tidy, nadhifu; kunadhifisha
tie, 1 tai; 2 kwenda sare; 3 ku-
  funga kwa kamba
tier, tabaka; daraja(ma)
tiger, simba wa Bara Hindi
tight, -a kukaza
  be tight, kubana
tighten, kukaza
tile, kigae
till, 1 kulima; 2 hata; mpaka
timber, boriti na mbao
time, wakati; saa
  be in time, kuwahi
times, mara
timetable, orodha ya saa
timid, mwoga
tin, bati; kopo
tin-opener, kifungua-kopo
tingle, kuchachatika damu
tinkle, kulia kama njuga
tint, tinge, rangi hafifu
tiny, -dogo sana
tip, 1 ncha; 2 bakshishi; 3 kuina-
  misha
tip over, kupindua, kupinduka
tipsy (be), kulewa
tire, kuchosha
  be tired, kuchoka
tiredness, uchovu
tiresome, -a kuchosha
tissue, shashi; tisu
title, jina

title-deed, hati ya kuthibitisha uenyeji
to, kwa
  to and fro, huko na huko
toad, chura
toadstool, uyoga wa sumu
toast, *1* mkate uliobanikwa; *2* salamu za karamuni
tobacco, tumbako
today, leo
toe, kidole cha mguu
together, pamoja
toil, kazi ngumu; kujikokota
toilet, *1* choo; *2* kuvalia
token, dalili
tolerable, -a kuvumilika
tolerant, -vumilivu
tolerate, kuchukuana na
toll, *1* ada ya kupita; *2* mlio wa kengele ya majonzi
tomato, nyanya
tomb, kaburi(ma)
tomorrow, kesho
ton, kiasi cha frasila 64
tone, sauti
  tone down, kupunguza
tongs, koleo
tongue, ulimi; lugha
tonic, dawa ya nguvu
tonight, usiku huu
too, kupita kiasi; mno; pia
tool, zana ya kazi
tooth, jino
toothbrush, mswaki
top, *1* upande wa juu; *2* pia
topic, jambo linalofikiriwa
topical, -a kuhusu wakati
torch, kurunzi; tochi
tore, *see* **tear**
torment, mateso; kutesa
torn (be), kutatuka
tornado, kimbunga
torpedo, topito
torpid, kimya kama mfu
torrent, furiko la maji
tortoise, kobe(ma)
tortuous, -a kuzungukazunguka
torture, mateso makali mno; kutesa mno
toss, kurusha juu
total, jumla
totter, kutikisika

touch, kugusa
  be in touch with, kuonana mara kwa mara
touching, -a kutia huruma
  be touchy, -a kuhamaki
tough, -gumu
tour, safari ya hiari; kusafiri
tourist, msafiri wa hiari
tournament, mchezo wa vita
tow, kuvuta kwa kamba
towards, kwenda kwa
towel, kitambaa cha kufutia
tower, mnara
town, mji
toxic, -a sumu
toy, kitu cha kuchezea
trace, *1,* dalili; *2* kufuatisha
track, njia; nyayo; kuaua nyayo
tract, *1* kitabu kidogo; *2* eneo la nchi
tractable, -sikivu
tractor, trakta(ma)
trade, biashara; kazi; kufanya biashara
trader, mchuuzi
trade-mark, chapa ya bidhaa
trade union, chama cha wafanyakazi
tradition, mapokeo
traditional, -a tangu zamani
traffic, magari yapitayo barabarani
tragedy, jambo la huzuni kuu
tragic, -a kuhuzunisha sana
trail, utambaazi; alama
train, garimoshi; kuongoza
training, mafundisho, mazoezi
traitor, msaliti
tramp, mtangatanga
trample, kukanyaga
tranquil, -tulivu
tranquillity, utulivu
tranquillize, kutuliza
trans-, kuvuka
transact, kufanyana shughuli
transaction, shughuli
transcribe, transcription, kufuatisha maandiko
transfer, kuhamisha
transform, transformation, kugeuza kabisa
transgress, kuvuka mpaka
transgression, dhambi; kosa(ma)

transition, wakati wa mabadiliko
transitory, -a kupita
translate, kufasiri
translation, tafsiri
translator, mfasiri
transmission, upelekaji
transmit, kupeleka
transparent, -angavu
transpire, kujulikana
transplant, kupandikiza
transport, uchukuzi
transpose, kubadilisha mahali
trap, mtego; kutega
trash, vitu hafifu; upuzı
travel, kusafiri
traveller, msafiri; abiria
traverse, kupitia
travesty, kiigo cha dhihaka
trawler, meli ya kuvulia samaki
tray, sinia; chano
treacherous, -danganyifu
treachery, usaliti
tread, kukanyaga
treason, uhalifu juu ya mtawala
treasure, hazina; tunu; kutunuka
treasurer, bwana fedha
treasury, hazina ya serkali
treat, kutendea; kutibu; karamu; tafrija
treatise, maandiko juu ya habari maalumu
treatment, utabibu; jinsi ya kutenda
treaty, mkataba wa mapatano
treble, -a mara tatu
tree, mti
tremble, kutetemeka
tremendous, -kubwa sana
trench, handaki(ma)
trend, maelekeo
trepidation, tetemeko(ma)
trespass, kuingia bila ruhusa
trial, taabu; kesi
triangle, pembetatu
tribe, kabila
tribunal, baraza ya hukumu; korti
tributary, -a chini; -dogo zaidi
tribute, kodi
  pay tribute to, kusifu
trick, hıla; kiinimacho
trickle, kutiririrka
trifle, kitu kidogo tu

trifling, -dogo
trigger, mtambo wa bunduki
trim, nadhifu; kusawazisha
trimming, mapambo; urembo
trinity, utatu
trinket, kishaufu
trip, matembezi ya kujifurahisha
triple, -tatu pamoja
triplets, watatu kwa uzazi mmoja
trip over, trip up, kujikwaa
trippers, watembezi katika *trip*
triumph, shangwe ya kushinda
triumphal, triumphant, -enye shangwe ya kushinda
trivial, hafifu
trolley, gari la kusukumwa
troop, kikosi
troops, jeshi la askari
trophy, kumbukumbu la kushinda
tropical, -a joto jingi
tropics, nchi za joto
trot, kuenda shoti
trouble, taabu; kusumbua
troublesome, -sumbufu
trousers, suruali
trousseau, nguo za bibi arusi
truant, mtoro
truce, amani ya muda
trudge, kujikokoteza
true, -a kweli
truly, kwa kweli
trumpet, tarumbeta
truncheon, rungu(ma)
trunk, *1* shina la mti; *2* kasha(ma)
trust, imani; kuamini
trustee, mdhamini
trustful, -tumainifu
trustworthy, -aminifu
truth, kweli
truthful, msema kweli
try, *1* kujaribu; *2* kuhukumu
trying, -sumbufu
tsetse fly, mbung'o
tub, pipa(ma)
tube, mrija
Tuesday, Jumanne
tuft, kishungi
tug, sitima ndogo; kuvuta kwa nguvu
tuition, mafundisho
tumble, kuanguka
tumbler, bilauri
tumour, kivimbe

tumult, msukosuko
tune, tuni; kulinganisha sauti
tuneful, -enye sauti nzuri
tunnel, shimo refu chini ya nchi
turban, kilemba
turbid, -enye matope
turbulent, -a msukosuko
turf, majani mafupi
turkey, *1* Turuki; *2* bata mzinga
turmoil, fujo(ma)
turn, zamu; kugeuka; kuzunguka
  in turn, kipokeo
  take turns, kupokezanya
turtle, kasa
turtle-dove, hua
tusk, pembe
tussle, kubumburushana
tutor, mwalimu
tweezers, kibano
twelve, thenashara
twenty, ishirini
twice, mara mbili
twig, kitawi
twilight, ukungu wa jioni
twin, pacha
twine, kitani
twinge, mchomo
twinkle, kumeremeta
twirl, kuzungusha vuru
twist, kusokota
two, mbili
type, *1* mtindo; *2* herufi za chapa;
  kuandika kwa taipu
typewriter, taipu
typhoon, kimbunga
tyranny, udhalimu
tyrant, mdhalimu
tyre, mpira wa gurudumu

U

ugly, -enye sura isiyopendeza
ulcer, kidonda
ulterior, -a siri; -a nyuma
ultimately, mwishowe
ultimatum, onyo la mwisho
umbrella, mwavuli
umpire, mwamuzi
  For un *see page* 82
unable (be), kutoweza
unaccustomed (be), kutozoea
unadorned, bila mapambo
unaided, bila msaada

unalterable, *i*siyobadilika
unanimous, kwa umoja
unanswerable, *i*siyokanikana
unanswered, *i*siyojibiwa
unarmed, bila silaha
unashamed, bila haya
unasked, bila kutakiwa
unassisted, bila msaada
unassuming, -nyenyekevu
unattainable, *i*siyopatikana
unavoidable, *i*siyoweza kuepu-
  kwa
unawares, bila kutazamiwa
unbearable, *i*siyovumilika
unbecoming, si -zuri
unbelief, be unbelieving, kuto-
  sadiki
unbiassed, bila upendeleo
unbind, kufungua
unbounded, bila mipaka
unbusiness-like, bila utaratibu
unbutton, kufungua vifungo
uncanny, -a kutisha
unceasing, -a daima
uncertain, bila hakika
uncertainty, shaka
unchangeable, *i*siyobadilika
uncharitable, bila huruma
uncivilized, bado kustaarabika
unclaimed, bado kudaiwa
uncle, mjomba; baba mdogo
uncomfortable, bila raha
uncommon, *1* -a kigeni; *2*
  nadra
uncomplaining, -vumilivu
uncompromising, -a kushikilia
  shauri lake
unconcerned, -kavu wa macho
unconditional, bila masharti
uncongenial, -a kuchukiza
unconnected, bila uhusiano
unconquerable, *i*siyoshindika
unconscious (be), kuzimia; kuto-
  fahamu
unconsciously, bila kujua
uncontrollable, *i*siyozuilika
unconventional (be), kutofuata
  kawaida
uncultivated, *i*siyolimwa
undamaged, *i*siyopata hasara
undated, *i*siyotiwa tarehe
undaunted, -shupavu
undecided (be), kusitasita

undeniable, *isiyokanikana*

under, chini ya

be underdone, kutoiva vema (*meat*)

be underfed, kudhoofika kwa njaa

undergo (went, gone) kutendewa

underground, chini ya ardhi

underhand, -enye hila

underlie (lay, lain) kuwa chini ya

underline, kupiga mstari chini

underling, mtu wa chini

undermine, kufukua chini: kudhoofisha

underneath, chini ya

underrate, kudunisha kupita kiasi

understand (understood) kufahamu

undertake (took, taken) kuahidi kufanya

undertaking, kazi iliyoahidiwa

undervalue, *see* underrate

underwear, nguo za kuvaa ndani; andawea

undeserved, *isiyo* haki

undesirable, *isiyofaa*

undid, *see* undo

undignified, si adabu

undiminished, *isiyopungua*

undisturbed, bila wasiwasi

undivided, -ote; -zima

undo (did, done) kufungua; kutangua

be undone, kufunguka

undoubted, bila shaka

undress, kuvua nguo

undue, unduly, kupita kiasi

undulating, -a kuinuka na kushuka

undying, *isiyo* na mwisho

unearth, kuzua

unearthly, si ya dunia hii

uneasiness, fadhaa

uneasy, -enye fadhaa

uneatable, *isiyofaa* kwa chakula

unedifying, -a aibu

uneducated, asiyesoma

unemployed, asiye na kazi

unequal, si sawa kwa kiasi

unequalled, bila kifani

unessential, si -a lazima

uneven, si sawa

unexpected, -a ghafula

unexplained, *isiyoelezeka*

unfailing, -a sikuzote

unfair, si haki

unfasten, kufungua

unfavourable, -baya

unfeeling, -enye moyo mgumu

unfold, kukunjua

unforeseen, *isiyotazamiwa*

unfortunate, -enye bahati mbaya

unfortunately, kwa bahati mbaya

unfounded, bila sababu ya haki

unhappy, -enye huzuni

unheeded, bila kuangaliwa

unhoped for, -a bahati njema

unicorn, "pembemoja", mnyama wa hadithi

unification, mwunga(ma)no

unify, kuungamanisha; kusawazisha

unilateral, -a upande mmoja tu

unimportant, -dogo

unintentional, si kwa kusudi

uninterrupted, bila kukatizwa

unique, -a namna ya peke yake

unison, kwa sauti moja

unite, kuungana; kuunganisha

unity, umoja

universal, -a mahali pote

universe, ulimwengu na mazingira yake

university, chuo kikuu

unjust, si haki

unjustifiable, bila sababu ya haki

unkind, unkindly, bila hisani

unknowingly, bila kujua

unknown, *isiyojulikana*

unlawful, haramu

unless, isipokuwa

unlike, mbalimbali; si kama

unlikely, si yamkini

unload, kupakua

unlock, kufungua

unluckily, kwa bahati mbaya

unlucky, asiye na bahati

unmannerly, -a kukosa adabu

unmerciful, -katili

unmistakable, dhahiri

unmitigated, kabisa

unnatural, -potofu

unnecessary, *isiyohitajika*

unnoticed, bila kuonekana

unobtainable, *isiyo*patikana
unoccupied (be) (*house*) kutoka-liwa; (*person*) kutokuwa na shu-ghuli
unopposed, bila kupingwa
unpack, kufungua mzigo
unpick, kufumua
unpleasant, -a kuchukiza
unpopular, *isoyo*pendeka
unprecedented, bila kifani
unprejudiced, bila upendeleo
unprepared, *isiyo*tayarishwa
unproductive, unprofitable, *isi-yo*leta faida
unquestionably, bila shaka
unreasonable, isiyo maana
unreliable, si thabiti
unremitting, bila kukoma
unreservedly, bila masharti
unripe, -bichi.
unrivalled, bila kifani
unroll, kukunjua
unruly, -kaidi
unsatisfactory, *isiyo*ridhisha
unsatisfied, asiyeridhika
unscrupulous, bila unyofu
unseen, *isiyo*onekana
unselfish, asiye na choyo
unsettled, asiyetulia
unspeakable, *isiyo*elezeka
unsuitable, *isiyo*faa
unthinkable, bila maana
unthinking, bila kufikiri
untidy, si nadhifu
untie, kufungua
until, hata; mpaka
untrue, uongo
unusual, si kawaida; nadra
unvarying, bila ugeuzi
unwell, mgonjwa
unwholesome, -baya kwa afya
unwilling, kwa kinyongo
unwind, kuzongoa
unworthy, *isiyo*stahili
unwritten, *isiyo*andikwa
up, upon, juu (ya)
up-country, barani
uphold, kuthibitisha
upkeep, gharama
upper, -a juu zaidi
upright, *1* wima; *2* -nyofu
uprising, maasi juu ya serkali
uproar, makelele

uproot, kung'oa
upset, turn upside-down, ku-pindua
upshot, matokeo
upstairs, katika orofa ya juu
up-to-date, -a siku hizi
upwards, juu
urban, -a mji
urge, kusisitiza
urgent, muhimu; -a haraka
urine, mkojo
us, sisi
usage, kawaida
use, faida; kutumia
used to, kufanya zamani
  be used to, kuzoea
useful, -a kufaa
useless, -a bure
usual, -a kawaida
usurp, kujitwalia bila haki
usurpation, unyang'anyi
usury, riba
utensil, chombo
utility, manufaa
utilize, kutumia
utmost, upeo
utter, utterly, kabisa
utterance, usemi
uvula, kilimi

V

vacancy, nafasi
vacant, -tupu
vacate, kuondoka
vacation, likizo(ma)
vaccinate, kuchanja
vaccine, dawa ya kuchanjia
vacuum, chombo kilichotolewa hewa ndani
vacuum cleaner, kifyonza-vumbi
vagabond, vagrant, mtanga-tanga
vague, si dhahiri
vain, *1* -a kujiona; *2* -a bure
  in vain, bure
valiant, -shujaa
valid, halali
valley, bonde(ma)
valour, ushujaa
valuable, -a thamani
valuation, kisio cha kima
value, kima; kutunuka

valueless, duni
van, motakaa ya mizigo
vandal, mharabu
vanguard, watangulizi
vanish, kutoweka
vanity, *1* ushaufu; *2* ubatili
vanquish, kushinda
vaporize, kugeuza mvuke
vapour, mvuke
variable, -badilifu
variation, badiliko(ma)
varied, various, -a namna nyingi
variegated, -a rangi nyingi
varnish, dawa ya kung'ariza mti
vary, kubadilika
vase, chombo cha kutilia maua
vast, -kubwa mno
vault, *1* kuba; *2* kuruka juu
vaunt, kujivuna
veal, nyama ya ndama
vegetables, mboga
vegetation, mimea
vehement, -a nguvu
vehicle, gari(ma)
veil, utaji; kifuniko
vein, mshipa wa damu
velocity, kadiri ya mwendo
venerable, mheshimiwa
venerate, kuheshimu
veneration, heshima
vengeance, kisasi
venomous, -enye sumu
ventilate, ventilation, kupisha hewa safi
venture, kuthubutu
venturesome, -jasiri
verandah, baraza
verbal, -a maneno tu
verdict, hukumu
verge, ukingo(k)
verifiable (be), kuweza kuthibiti-shwa
verify, verification, kuthibitisha
veritable, halisi
vermin, wanyama waharibifu
vernacular, lugha ya wananchi
versatile, hodari katika kazi za namna nyingi
verse, mashairi
versed, stadi
version, tafsiri; kisa
versus, kupambana na
vertical, wima

very, sana
vessel, chombo
vest, fulana
vestige, dalili
veteran, mzee mjuzi
veterinary, -a kuhusu mago-njwa ya wanyama
veto, katazo(ma); kukataza
vex, kutia uchungu
vexation, uchungu
  be vexed, kuona uchungu
vibrate, vibration, kutikisika
vicar, kasisi wa mtaa
vice, uovu; ufisadi
vice versa, kwa kinyume kadha-lika
vicinity, ujirani
vicious, -ovu; -kali
vicissitudes, mageuzi
victim, mteswa
victimize, kudhulumu
victor, mshindi
  be victorious, kushinda
victory, ushindi
view, mandhari; kutazama
vigil, mkesha
vigilance, hadhari
vigilant, -enye hadhari
vigorous, -a nguvu
vigour, nguvu
vile, -baya; -nyonge
village, kijiji
villain, mtu mkorofi
vindicate, vindication, kuthibi-tisha haki
vindictive, -a kuweka kisasi
vine, mzabibu
vineyard, shamba la mizabibu
violate, kutenda jeuri; kuvunja sheria
violation, jeuri; mvunjo
violence, nguvu; jeuri
violent, -a nguvu sana
viper, nyoka
virgin, bikira(ma)
virginity, ubikira
virtue, wema
virtuous, -ema
visa, sahihi ya mtazamaji
visibility, mwangaza
visible, -a kuonekana
vision, *1* uoni; *2* njozi
visit, ziara(ma); kuzuru

visitor, mgeni
vital, -a maana sana
vitality, afya na nguvu
vitiate, kupunguza nguvu
viva voce, mtihani kwa midomo
vivid, dhahiri
vivisection, uvumbuzi wa dawa
  kwa kutumia wanyama
vocabulary, jumla ya maneno;
  kamusi ndogo
vocal, -a sauti ya mtu
vocation, wito
vociferous, -enye makelele
voice, sauti ya mtu
void, -tupu
  be void, kubatilika
volcano, volkeno
voluble, -enye maneno mengi
volume, 1 kitabu; 2 ukubwa
voluminous, -kubwa
voluntary, kwa hiari
volunteer, mjitoa kwa hiari
vomit, kutapika
voracious, -lafi
vote, kuchagua kwa kura
voter, mchaguzi
vouch for, kushuhudia
voucher, cheti cha ushuhuda
vouchsafe, kujalia
vow, nadhiri
vowel, vokali
voyage, safari ya baharini
vulgar, 1 -a watu wote; 2 -a ku-
  kosa adabu
vulgarity, utovu wa adabu
vulnerable (be), kuweza kudhu-
  rika

W

wade, kupitia maji kwa miguu
wafer, mkate mdogo mwemba-
  mba
waft, kupeperusha
wag, 1 kusukasuka; 2 mcheshi
wage, mshahara; ujira
  wage war, kupigana
wager, bahatisho la fedha
wagon, gari la ng'ombe
wail, kuomboleza
wailing, kilio
waist, kiunoni
wait, muda wa kungoja; kungojea

waiter, waitress, mtumishi me-
  zani
waive, kuacha kudai
wake (woke) kuamka; kuamsha
walk, kwenda kwa miguu
  go for a walk, kwenda kutembea
wall, ukuta(k)
wallet, mkoba
wallow, kugaagaa matopeni
wan, -eupe
wand, fimbo nyembamba
wander, kuzungukazunguka
wane, kupungua
wangle, kupata kwa werevu
want, kutaka; kuhitaji
  be in want of, kuhitaji; kupu-
  ngukiwa na
wanton, -pumbavu
war, warfare, vita
ward off, kukinga
warden, mlinzi
wardrobe, kabati ya kuwekea
  nguo
warehouse, magazini
wares, bidhaa
warm, -enye moto wa kadiri
warmth, joto la kadiri
warn, kuonya
warning, onyo(ma)
warrant, taarifa rasmi
warrior, askari hodari
wart, dutu(ma)
warthog, ngiri
was, see be
wash, kuosha; (clothes) kufua;
  (hands) kunawa; (feet) kutawa-
  dha
washerman, dobi
wasp, mdudu kama nyuki
waste, kupoteza; -a kutupwa
waste away, kudhoofika
waste place, pori(ma)
  lay waste, kuharibu nchi
wasteful, -potevu
watch, 1 saa ya mkono; 2 ulinzi;
  kuangalia
watchdog, mbwa wa kulinda
watchman, mlinzi
water, maji; kutia maji
water-closet (W.C.), choo
waterfall, poromoko la maji
waterproof, watertight, isiyo-
  vuja maji

wave, wimbi(ma); kupepea; kupunga mkono
waver, kusitasita
wax, nta
way, njia
waylay, kuotea njiani
we, sisi
weak, dhaifu
weaken, kudhoofisha
weakness, udhaifu
  have a weakness for, kupenda sana
wealth, mali
wealthy, tajiri
wean, kuachisha ziwa
weapon, silaha
wear (wore, worn) kuvaa
  wear out, kuchakaa
  wear well, kudumu
wearisome, -a kuchosha
weary, kuchosha
  be weary, kuchoka
weather, hali ya hewa
weave (wove woven) kufuma
web, utando(t)
wed, kuoa; kuolewa
wedding, arusi
wedge, kabari
Wednesday, Jumatano
wee, -dogo sana
weeds, magugu; kwekwe
week, juma(ma)
weekly, kila juma
weep (wept) kulia
weevils, vidudu walao nafaka ghalani
weigh, kupima uzani
weight, uzani, uzito
weighty, -a maana
weird, -a kutisha kidogo
welcome, kukaribisha kwa furaha
welfare, hali njema
welfare centre, nyumba ya starehe; welfea
well, *1* kisima; *2* mzima; *3* vizuri; *4* je
  be well, kuwa hajambo
  get well, kupona
went, *see* **go**
west, magharibi
western, -a magharibi
wet, majimaji
  get wet, kulowana

whale, nyangumi
wharf, gati
what, nini
whatever, cho chote; nini?
what for? kwa nini?
what kind of? gani?
wheat, ngano
wheatmeal, unga wa ngano
wheedle, kurairai
wheel, gurudumu(ma)
wheelbarrow, kigari cha kutumiwa shambani
when, wakati wa; -po-; lini?
whence, mahali pa kutoka; wapi?
whenever, wakati wo wote; lini?
where, mahali; -po-; wapi?
wherever, mahali po pote; wapi?
whereupon, ndipo
whether, kama
which, ipi? zipi? etc.
whichever, yo yote; zo zote, etc.
while, wakati; maadam-; -po-
whine, kulalamika
whip, mjeledi; kupiga mjeledi
whip-hand, nguvu ya kutiisha
whirl, kuvurumisha
whirlwind, chamchela
whiskers, ndevu za mashavuni
whisper, mnong'ono; kunong'ona
whistle, filimbi; kupiga mluzi
white, -eupe
white ants, mchwa
white hair, mvi
whitewash, chokaa
whither, wapi?
whittle, kukatakata
whiz, vuruvuru; kuvurumika
who, whom, nani; -ye-; -o-
whoever, ye yote; wo wote
whole, -zima; kamili
wholesale, kwa jumla; kocho kocho
wholesome, -enye afya
wholly, kabisa
whooping cough, kifaduro
whore, kahaba
whose, -a nani?
why, kwa nini? mbona? kumbe!
wick, utambi(t)
wicked, -ovu
wickedness, uovu
wide, -pana
widen, kupanua**

wide awake (be) kuwa macho
widespread, -a mahali pengi
widow, widower, mjane
width, upana
wife, mke
wild, -a mwitu
wilderness, nyika
wilful, -kaidi
will, *1* nia; *2* usia(ma); *3* -ta-
willing, -enye nia
wilt, kufifia
wily, -janja
win (won) kushinda
wince, kunywea
wind, upepo
wind (wound) kuzonga; kutatia
windfall, pato la bahati
winding, -enye mapindi
windmill, kinu cha upepo
window, dirisha(ma)
wine, divai
wing, ubawa(mb)
wink, kukonyeza jicho
winner, mshindi
winnings, mapato ya ushindi
winter, majira ya baridi
wintry, -a baridi kali
wipe, wipe out, kufuta
wire, uzi wa madini, waya
wireless, simu ya upepo; redio
wisdom, hekima, busara
wise, -enye busara; mtaalamu
wish, ombi(ma); takwa(ma); ku-
taka
I wish, Laiti ninge . . .
wistfully, kwa kutaka sana
wit, uchekeshi
witch, mwanamke mchawi
witchcraft, uchawi
with, na; kwa; pamoja na
withdraw (drew, drawn) kutoa;
kujitoa
wither, kunyauka
withhold, kunyima
within, ndani (ya); katika
without, bila; pasipo
withstand, kupinga
witness, shahidi(ma); ushuhuda;
kushuhudia
wits, akili
witty, -a kuchekesha
wives, *see* **wife**
wizard, mwanamume mchawi

wizened, iliyofinyaa
wobble, kutikisika
woeful, -enye ole
wolf (wolves) mbwa mwitu
woman, mwanamke
  women, wanawake
womb, tumbo la uzazi
wonder, ajabu; kustaajabu
  I wonder if, Sijui kama
wonderful, -a ajabu; -zuri sana
won't, will not
woo, kuposa
wood, mti, mbao, mwitu
wooded, -enye miti mingi
wooden, -a mti
wool, sufu
woollen, -a sufu
word, neno(ma); ahadi
work, kazi; kufanya kazi
worker, workman, mfanya kazi
workmanship, ustadi
works, workshop, kiwanda cha
  kazi
world, ulimwengu; dunia
worldly, -enye kupenda anasa za
  dunia
worldwide, -a kuenea mahali pote
worm, nyungunyungu; mchango
  be wormeaten, kutobolewa na
  funza
worn, *see* **wear**
  be worn, kuvaliwa
  be worn out, kuchakaa
worry, udhia; kuudhi
  be worried, kuudhika
worrying, -sumbufu
worse, -baya zaidi
worship, ibada; kuabudu
worst, -baya kabisa
worth, thamani
worthless, duni
  be worthwhile, kustahili kufa-
  nyika
worthy, -a kustahili sifa
wound, *1 see* **wind**; *2* jeraha; ku-
  jeruhi
wrangle, kubishana
wrap up, kufunga kwa karatasi
  na uzi
wrapper, karatasi au nguo ya
  kufunikia
wrath, ghadhabu
wrathful, -enye ghadhabu

wreath, shada la maua mfano wa pete kubwa
wreck, wreckage, mavunjiko ya chombo baharini
be wrecked, kupwelewa; kuvunjika
wrench, kupopotoa
wrestle, kushindana mweleka
wretched, -enye hali mbaya
wriggle, kuvinginyika
wring, kukamua
wrinkle, kifinyo
be wrinkled, kufinyana
wrist, kiwiko cha mkono
writ, hati ya serkali
write (wrote, written) kuandika
writer, mwandishi
writing, mwandiko
writings, maandiko
wrong, -baya; si sahihi kudhulumu
be wrong, kukosea
be wronged, kudhulumiwa
do wrong, kukosa
wrongfully, bila haki

X

X-ray, Miali ipenyayo mwili

Y

yacht, chombo cha matanga
yard, _1_ ua(ny); _2_ yadi
yarn, _1_ uzi wa kufumia; _2_ hadithi
yawn, mwayo; kupiga miayo
year, mwaka
yearly, -a kila mwaka
yearn, kuonea shauku
yearning, shauku
yeast, chachu; hamira
yell, kupiga kelele
yellow, rangi ya manjano
yelp, kulia kama mbwa akiumia
yes, naam; ndiyo
yesterday, jana
yet, lakini
  not yet, bado
yield, _1_ mazao; kuzaa; _2_ kukubali
yoke, nira
yolk, kiini cha yai
yonder, kule; huko
you, wewe; ninyi
young, -dogo; -changa
  young man, kijana
youngster, mtoto
your, yours, -ako; -enu
yourself, wewe mwenyewe
  yourselves, ninyi wenyewe
youth, kijana
Yule, Yuletide, Krismas

Z

Zanzibar, Unguja
zeal, bidii
zealous, -enye bidii
zebra, punda milia
zero, sifuri; pa kuanzia
zigzag, upogoupogo
zinc, namna ya madini nyeupe
zip, kifungo cha kufungia nguo
zone, sehemu maalum ya dunia
zoo, mahali pa kutunza na kuonyesha wanyama
zoology, elimu ya wanyama